W0204281

4

ESO

FILOSOFÍA

D. SÁNCHEZ MECA,
J.D. MATEU ALONSO

Usa este código para:

Acceder al
BANCO DE RECURSOS
y descargar el
LIBRO DIGITAL
disponibles en
www.anayaeducacion.es

ANAYA

ASÍ ES
TU LIBRO

APERTURA DE UNIDAD

Presentación de la unidad. Planteamiento de los problemas sobre los que se va a trabajar en cada unidad con una breve introducción a ellos.

Pensamiento disruptivo. Presentación del tema principal de la unidad desde una perspectiva alternativa.

Distintos **puntos de vista** sobre una idea innovadora.

DESARROLLO DE LOS CONTENIDOS Y ACTIVIDADES

Exposición de contenidos clara y organizada en bloques de dos páginas.

Los **iconos** incluidos en algunas actividades sugieren la clave del proyecto que puede aplicarse en cada caso.

Dos tipos de actividades:

Comprende, piensa, investiga... Actividades que amplían los contenidos de cada apartado, fomentando la capacidad de reflexión.

Textos acompañados de preguntas orientadoras para analizarlos.

LAS CLAVES DEL PROYECTO

Compromiso ODS

Descubre los Objetivos de Desarrollo Sostenible y forma parte activa de nuestro compromiso para lograr un mundo más igualitario y habitable.

Plan Lingüístico

Pon en práctica tus destrezas comunicativas en los diferentes tipos de texto que te proponemos. El lenguaje siempre está presente, ¡comunícate!

Desarrollo del pensamiento

Trabaja estrategias de pensamiento: reflexiona sobre los contenidos que estás aprendiendo, genera ideas, organízalas, priorízalas, arguméntalas, exponlas...

Aprendizaje cooperativo

Implícate en tu aprendizaje y participa en el de todo el grupo; comprobarás que cooperar mejora el rendimiento y la convivencia en clase.

APARTADOS DESTACADOS

Definición de los **conceptos filosóficos** fundamentales de la unidad.

Materiales de apoyo en la web para asimilar y para ampliar los contenidos de la unidad.

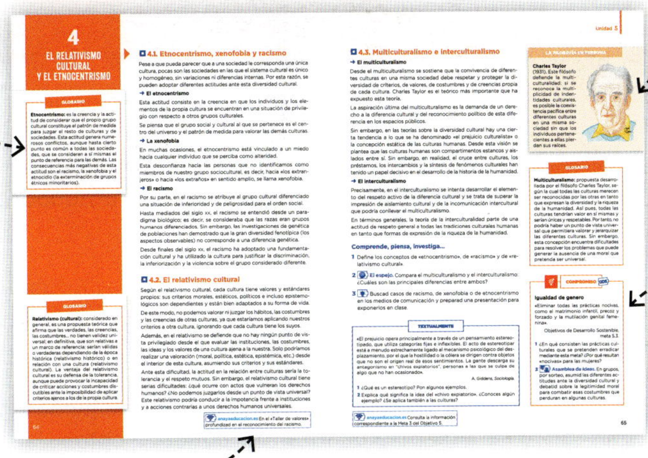

Biografías de las principales figuras de la filosofía ilustradas con su retrato.

Apartado específico sobre los **Objetivos de Desarrollo Sostenible** promovidos por la ONU.

COMPRUEBA LO APRENDIDO

Mapa mental en el que se organizan interrelacionados los contenidos de la unidad.

Apartado para **«Aprender a mirar»** la realidad de una forma alternativa a partir de las propuestas y de las películas sugeridas.

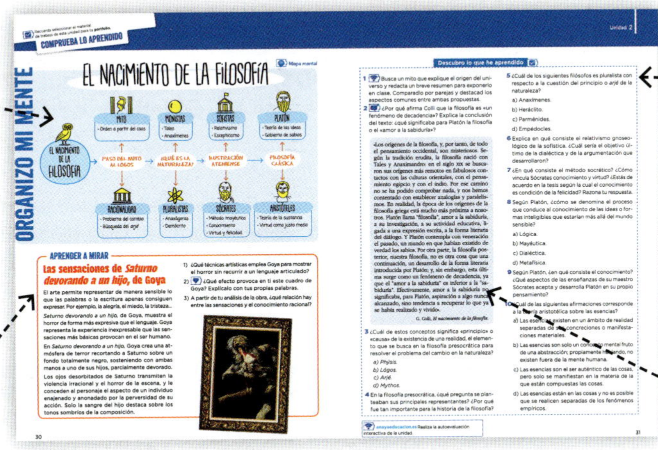

Cuestiones sobre los aspectos esenciales de la unidad, con las que podrás hacer tu propio **resumen.**

Entre las cuestiones finales siempre se propone un **texto** de carácter filosófico o literario para fomentar la comprensión lectora.

Educación emocional

Aprende a conocerte; identifica las situaciones que te generan emociones bloqueantes y gestiónalas con experiencias de autoafirmación constructiva.

Cultura emprendedora

Confía en tus aptitudes y conocimientos, desarrolla la creatividad, adáptate a las situaciones cambiantes y ten una actitud proactiva y responsable.

TIC

Aprende a obtener información, seleccionarla y aplicarla; a planificar, gestionar y elaborar trabajos; a colaborar en Red de forma ética y segura.

Orientación académica y profesional

Valora tus capacidades personales, descubre y despierta tu vocación, entrénate en la toma de decisiones y aprende a orientarte entre distintas opciones.

Evaluación

Descubre diversas estrategias para analizar qué has aprendido y cómo lo has aprendido; entrénate para asumir compromisos o superar dificultades.

ASÍ ES

EL PROYECTO DIGITAL

www.anayaeducacion.es

Regístrate en **www.anayaeducacion.es**. Solo necesitas tener un correo electrónico, el código que se indica en la primera página de este libro y el permiso de tu padre, madre, tutor o tutora legales. Así podrás acceder al banco de recursos y descargar el libro digital.

LIBRO DIGITAL

Una versión digital de tu libro, que podrás usar en condiciones *offline* y *online*, con acceso a los recursos digitales tanto agrupados por tipologías como asociados a los contenidos de cada unidad.

BANCO DE RECURSOS

Un espacio con recursos, técnicas y actividades, diseñado para afianzar tus conocimientos.

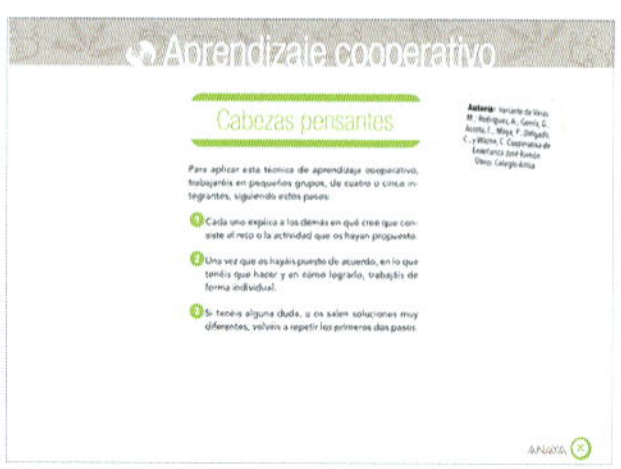

RECURSOS RELACIONADOS CON LAS CLAVES DEL PROYECTO

Más sobre las claves

ODS **Compromiso ODS,** con microvídeos que te ayudarán a conocer cuáles son las metas para alcanzar los Objetivos de Desarrollo Sostenible trabajadas en el proyecto.

Plan Lingüístico, con infografías que te darán las pautas para abordar el trabajo por medio de distintos tipos de textos (descriptivo, narrativo, expositivo, etc.).

Desarrollo del pensamiento, donde se incorporan explicaciones sobre cómo aplicar las distintas estrategias de pensamiento planteadas en el proyecto.

Aprendizaje cooperativo, que incluye la descripción de las técnicas de aprendizaje cooperativo propuestas en el proyecto.

Educación emocional, con orientaciones para superar la inquietud generada en diferentes situaciones de tu proceso de aprendizaje (inicio del curso, enfrentarte a un examen, etc.).

TIC, mediante fichas que reforzarán tu uso saludable, correcto y seguro de las tecnologías de la información y la comunicación.

Orientación académica y profesional, con información sobre diferentes profesiones vinculadas a los contenidos tratados en la asignatura.

Evaluación, se presentan orientaciones para hacer tu portfolio, así como rúbricas y dianas que facilitan tu autoevaluación.

RECURSOS DESTACADOS DE LA MATERIA

- Presentación de la unidad
- Biblioteca de textos
- Taller de filosofía
- Actividad de emprendimiento
- Autoevaluación de la unidad

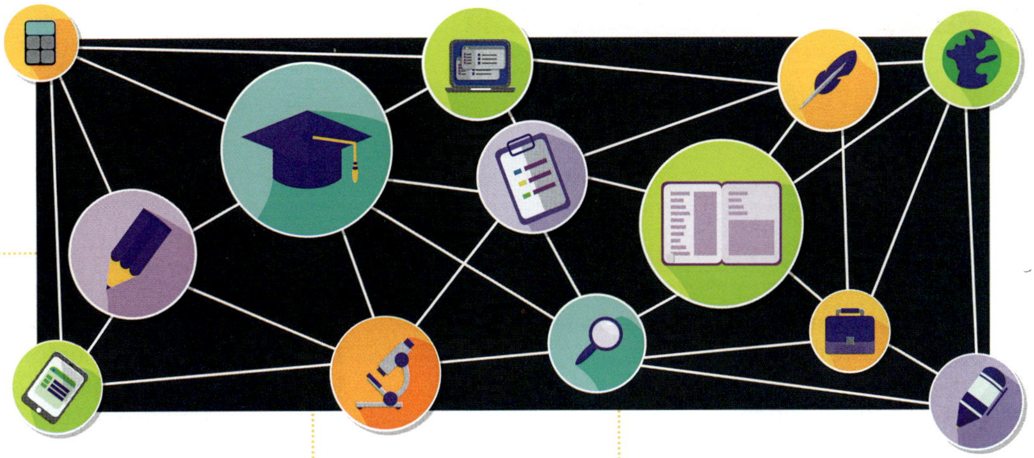

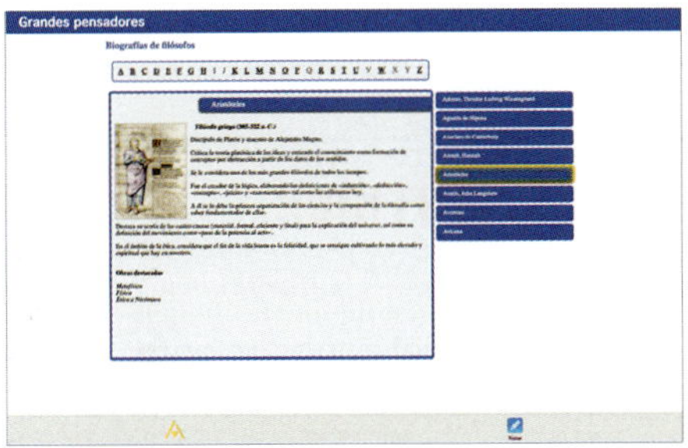

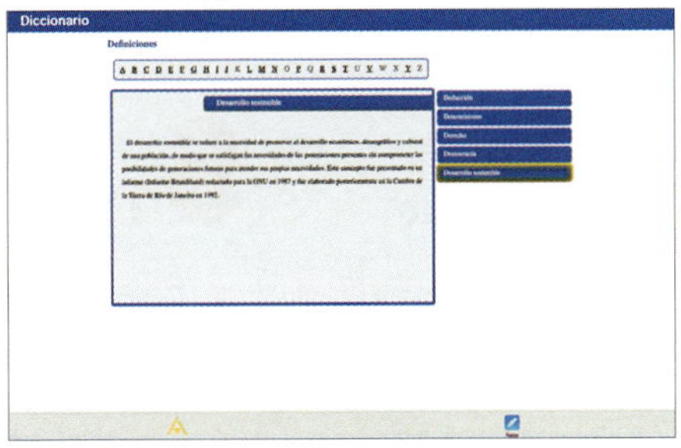

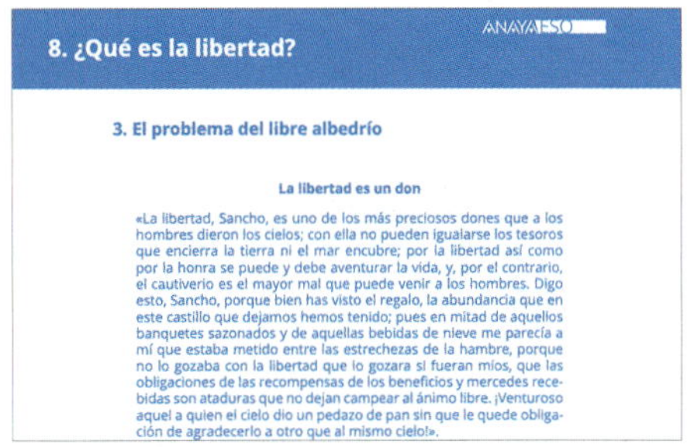

RECURSOS CLASIFICADOS POR UNIDADES

Todos los recursos clasificados para que puedas localizar fácilmente los relacionados con cada apartado de tu unidad.

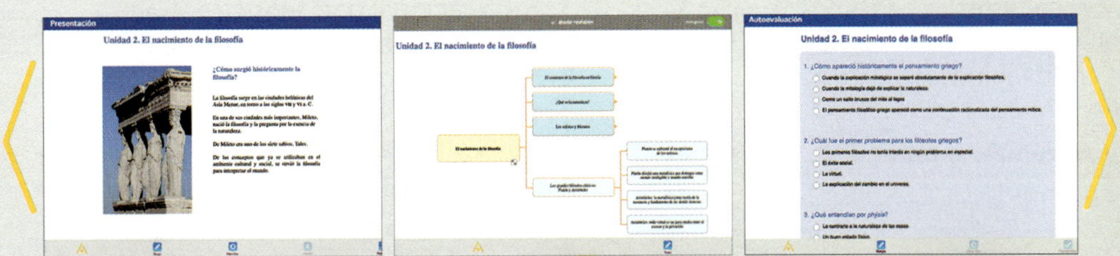

ASÍ SON

LOS CONTENIDOS DEL CURSO

1 EL SABER FILOSÓFICO Pág. 8

2 EL NACIMIENTO DE LA FILOSOFÍA Pág. 20

3 LA IDENTIDAD PERSONAL Pág. 32

4 EL SER HUMANO DESDE LA FILOSOFÍA Pág. 44

5 CULTURA Y SOCIEDAD Pág. 56

6 LA RAZÓN Y LOS SENTIDOS Pág. 68

7 RACIONALIDAD TEÓRICA Y PRÁCTICA Pág. 80

8 ¿QUÉ ES LA LIBERTAD? Pág. 92

9 ÉTICAS APLICADAS

Pág. 104

10 ¿QUÉ ES LA REALIDAD?

Pág. 116

11 VIDA Y EXISTENCIA

Pág. 128

12 CREATIVIDAD, ARTE Y PROCESOS CREATIVOS

Pág. 140

1

EL SABER FILOSÓFICO

¿Por qué estudiar filosofía?

Esta primera unidad constituye una introducción a la filosofía. Para su comprensión, solo se requiere tener curiosidad y querer satisfacer el deseo de saber y la pasión por el conocimiento.

La palabra «filosofía» significa ‘amor a la sabiduría’, un amor que surge ante la maravilla que sentimos por la multiplicidad y por la belleza de las demás personas y de las cosas del mundo.

Aristóteles, un gran filósofo griego, decía que los seres humanos tendemos por naturaleza al saber; o sea, que sentimos la necesidad de preguntarnos sobre el porqué de las cosas.

Siguiendo su forma de pensar, podemos comprender la importancia y la actualidad de la filosofía, pues nos enseña mucho acerca del mundo, de sus acontecimientos y de las diferentes interpretaciones de lo que sabemos acerca de él.

Pero, además, la filosofía también sirve para que nos ejercitemos en el uso correcto de la razón y para que examinemos nuestros conocimientos y nuestras creencias con el objetivo de desarrollar un pensamiento crítico y de alcanzar una visión abierta y tolerante de la realidad que nos rodea.

Estas actitudes (el pensamiento crítico y la tolerancia) son importantes para lograr que se produzca un diálogo constructivo y sereno entre las personas y entre las culturas que actualmente componen y conviven en nuestra sociedad.

En esta unidad vas a estudiar

- La filosofía entendida como saber teórico y como razón práctica.
- Las principales diferencias de la filosofía con la ciencia y con la religión.
- Los usos lógico y práctico de la filosofía.
- La filosofía como actitud crítica.

anayaeducacion.es Visualiza la presentación de la unidad.

¿A QUÉ LLAMAMOS PENSAMIENTO?

El pensamiento es el conjunto de procesos de nuestra mente mediante los que traspasamos los límites de lo que percibimos, imaginamos y recordamos, para penetrar en el mundo de las ideas, de los conceptos y de los símbolos. Se distingue de:

La percepción

Es la captación por nuestros sentidos de los estímulos del exterior. El ser humano, al percibir, da sentido a lo que solo es energía física, de modo que capta lo que le afecta como significando algo.

La imaginación

Es la facultad de producir imágenes en nuestro cerebro. Estas imágenes o representaciones mentales cumplen una importante función tanto en el pensamiento como en la creación artística.

La memoria

Es la facultad mediante la que recordamos ideas, aprendizajes o experiencias adquiridos previamente. Tenemos una memoria de imágenes concretas, de ideas abstractas y de hábitos o comportamientos.

El cálculo

Es un procedimiento operativo basado en la cuantificación y que tiene validez general en virtud de una combinación de leyes estrictamente formales. Se aplica en los ámbitos de las matemáticas y de la lógica.

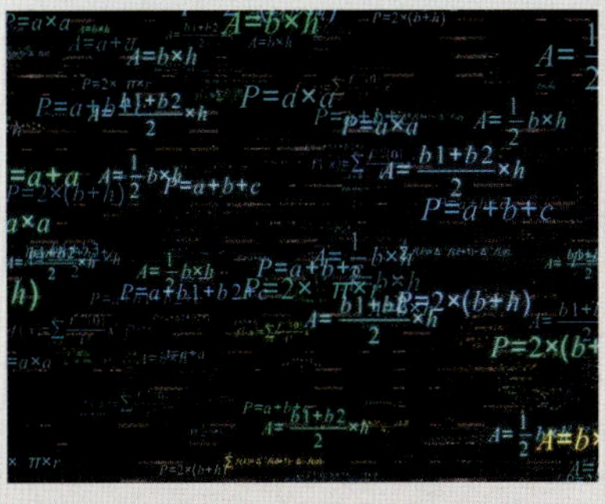

anayaeducacion.es En la «Biblioteca de textos» encontrarás un texto sobre la filosofía.

1
EL AMOR POR EL SABER

TEXTUALMENTE

«Hubiera explicado, en primer lugar, lo que es la Filosofía, iniciando la exposición por los temas más difundidos; este es el caso de lo que significa la palabra Filosofía, el estudio de la Sabiduría; que por Sabiduría no solo hemos de entender la prudencia en el obrar, sino un perfecto conocimiento de cuanto el hombre puede conocer, bien en relación con la conducta que debe adoptar en la vida, bien en relación con la conservación de la salud o con la invención de todas las artes; que para que este conocimiento sea tal, es necesario que sea deducido de las primeras causas, de suerte que, para intentar adquirirlos, a lo cual se denomina filosofar, es preciso comenzar por la investigación de las primeras causas, es decir, de los Principios. [...]

Vivir sin filosofar equivale a tener los ojos cerrados sin alentar el deseo de abrirlos; no obstante, el placer de observar todas las cosas que nuestra vida descubre no es comparable en modo alguno a la satisfacción que genera el conocimiento de lo que la Filosofía descubre; más aún, este estudio es más necesario para reglar nuestras costumbres y nuestra conducta en la vida de lo que es el uso de los sentidos para guiar nuestros pasos».

Descartes, R., *Los principios de la Filosofía,* «Carta del autor al traductor».

1 Para que el conocimiento sea tal, ¿qué es lo que propone Descartes?

2 ¿Qué crees que quiere decir Descartes con la expresión «Vivir sin filosofar equivale a tener los ojos cerrados sin alentar el deseo de abrirlos»?

1.1. La filosofía como teoría

De acuerdo con su significado etimológico, las personas que se dedican a la filosofía, concepto de origen griego, son 'amantes o enamoradas del conocimiento'.

Dentro de la filosofía, podemos distinguir la filosofía teórica, que es la búsqueda del saber por el saber, sin que esté subordinado a la utilidad práctica.

En ese sentido, la filosofía teórica trata de satisfacer el deseo intelectual de un conocimiento coherente acerca de nuestra existencia y sobre el mundo que nos rodea, de nuestro propio sistema de valores racionalmente fundamentado y para lograr una noción adecuada de lo que podemos saber.

En el pasado, durante muchos siglos, se entendió la filosofía como el esfuerzo metódico del pensamiento para construir una teoría universal y racional sobre la realidad.

En la actualidad, sin embargo, sabemos que esta definición tiene algunos inconvenientes y que no existe una definición única de filosofía sobre la que la mayor parte de las filósofas y de los filósofos estén de acuerdo.

Pero hay un aspecto que la distingue claramente de cualquier otra forma de saber: la filosofía no busca la verdad para tratar de hacer con ella algo útil o para lograr un objetivo rentable, sino, sencillamente, porque es la verdad.

Para ejemplificar este carácter teórico de la filosofía, Pitágoras comparaba las distintas actitudes que se pueden asumir ante la vida con las que adoptaban quienes asistían a las Olimpiadas que se celebraban en la antigua Grecia.

La filosofía teórica consiste en la contemplación de la realidad con la actitud de quienes presencian el espectáculo del deporte en las pruebas olímpicas.

Pitágoras comentaba que algunas personas acudían a las Olimpiadas para participar en las competiciones deportivas; otras viajaban a este evento para vender sus mercancías y de esa manera hacer negocio, y aún había otras que solo iban para mirar lo que sucedía durante la celebración de los Juegos.

Pues bien, la actitud de quien observa porque quiere saber lo que sucede, simplemente por la curiosidad de conocerlo, es la característica peculiar de la filosofía.

Aristóteles decía que la razón que lleva a los seres humanos a filosofar es la admiración, la sorpresa o el estupor ante las cosas. Cuando algo nos sorprende o nos maravilla, queremos saber la explicación de por qué es así.

De acuerdo con esa concepción, Aristóteles entendía que la filosofía teórica es un modo de conocimiento que no se contenta solamente con saber que ciertas cosas son de un determinado modo y no de otro.

Lo propio de la filosofía teórica es, en definitiva, que se busca saber por qué las cosas son del modo como son y si no podrían ser de otra manera. Es decir, la filosofía es un saber que tiene por objeto el estudio de las causas, de las razones y de los principios que explican por qué existen las cosas.

1.2. La filosofía como arte de vivir

Por su parte, la filosofía práctica es el tipo de saber que sirve para transformar la realidad y para orientar nuestra manera de actuar. En este sentido, representa una opción de vida, una determinada forma de ser y de comportarse; es un arte de vivir.

La filosofía práctica también implica una actitud, bien de crítica, o bien de justificación de los problemas sociales y culturales, pero siempre teniendo en consideración su capacidad para modificar o para conservar la sociedad.

La realidad humana es esencialmente social y activa. El ser humano conoce el mundo transformándolo y vive su vida siempre con otros individuos. Luego el conocimiento humano, la acción y la sociedad son inseparables.

Al abordar racionalmente no solo cómo son las cosas, sino también cómo deben ser, entramos en el terreno de la filosofía práctica o uso práctico de la razón.

Sócrates, en el siglo V a. C., insistía en esta finalidad y enseñaba que el primer deber de todo ser humano es el de conocerse a sí mismo: «Una vida sin reflexión —decía— no es digna de ser vivida». También es un objetivo de la filosofía práctica promover la mejora en las relaciones sociales y humanas.

El filósofo Inmanuel Kant resumió, a finales del siglo XVIII, la tarea de la filosofía en el objetivo de dar respuesta a estas cuatro grandes preguntas que, en el fondo, van unidas: ¿qué podemos saber?, ¿qué debemos hacer?, ¿qué podemos esperar?, y ¿qué es el ser humano? Como vemos, su propuesta sigue siendo un buen punto de partida en la actualidad.

anayaeducacion.es En el «Taller de filosofía» profundizad en el origen y en la función de la filosofía.

GLOSARIO

Filosofía: disciplina reflexiva y crítica en la que se aspira a replantear y a ofrecer propuestas teóricas y prácticas sobre temas de diversa índole, desde el problema del conocimiento hasta cuestiones como el mejor gobierno, pasando por la felicidad individual.

GLOSARIO

Filosofía teórica: rama de la filosofía en la que se analizan los problemas relacionados con el conocimiento (epistemología), con la estructura de la realidad (ontología), con la ordenación del pensamiento (lógica), con la naturaleza y la función del lenguaje (filosofía del lenguaje) o con el análisis del método científico y sus implicaciones (filosofía de la ciencia). La filosofía teórica es neutral en cuestiones valorativas como la moral, la política o la estética. Es muy necesaria en problemas relativos al conocimiento humano.

GLOSARIO

Filosofía práctica: rama de la filosofía en la que se analiza la realidad con el fin de transformarla, teniendo en cuenta no tanto cómo son las cosas, sino cómo deberían ser. Su objetivo es la transformación de la realidad, normalmente mediante la aplicación de un conjunto de medidas que dependen de un marco teórico, y también la sabiduría vital, una de las aspiraciones de la filosofía tradicional. La filosofía política, la ética, la estética o la filosofía de la técnica son algunas de sus disciplinas.

Comprende, piensa, investiga...

1 **El espejo.** ¿Qué diferencia el saber filosófico de los saberes que buscan la utilidad?

2 ¿En qué sentido el origen del filosofar es la admiración?

3 **1-2-4.** Comentad los objetivos de la filosofía práctica.

2
FILOSOFÍA, CIENCIA Y RELIGIÓN

GLOSARIO

Ciencia: forma de saber con pretensión de universalidad acerca de las causas que producen los fenómenos (naturales, históricos...) y sobre sus posibles leyes. La ciencia, desde la época moderna, está ligada a la formalización y a la matematización del conocimiento humano. Remite a la experiencia sensible como el límite que no puede superar y se basa en un método que parte de la detección de problemas, propone hipótesis, deduce efectos a partir de estas y diseña experimentos para comprobar las hipótesis propuestas.

2.1. Filosofía y ciencia

Desde su origen en la Antigüedad, las ciencias han ido especializándose y separándose progresivamente a partir de la filosofía para convertirse en saberes autónomos sobre las distintas parcelas en las que dividimos la realidad.

Debido a esa diferenciación y al éxito de estos saberes, se podría preguntar si la filosofía no ha quedado superada hace ya tiempo por las ciencias.

La respuesta es que no, porque lo que las ciencias estudian y aportan al saber humnao no agota el horizonte al que se dirigen las preguntas filosóficas.

Ninguna ciencia concreta estudia la realidad en su conjunto, es decir, en todos sus aspectos y niveles de existencia y de concreción. Ni la física, ni la biología, por ejemplo, se preguntan cosas como qué es la verdad o qué es el conocimiento científico.

Las ciencias especializadas —que pueden ser naturales, humanas, sociales, etc.— no se ocupan de muchas cuestiones generales que las afectan ni de todos los conceptos que emplean y, por tanto, ni cada una por separado ni todas ellas juntas pueden establecer el sentido último de nociones como las de realidad o de bien moral.

De hecho, todas las ciencias particulares se basan en definir y en recortar un aspecto parcial de la realidad, y, a partir de esta reducción, se aplican a desarrollar una forma de trabajo y una argumentación adecuadas para ese aspecto de la realidad.

Por eso, en el ámbito de las ciencias particulares, el conocimiento es el resultado de la aplicación de métodos que buscan la exactitud y la funcionalidad técnica de los conocimientos.

Esa exactitud y esa eficacia son, sin duda, algunas de las principales cualidades de las verdades científicas y lo que hace posible su empleo para favorecer el desarrollo técnico y para impulsar los avances del progreso.

Sin embargo, la exactitud científica no es una condición esencial a toda verdad. Solo se puede lograr cuando se habla de objetos cuantitativos, es decir, de lo que se puede contar y medir, o convencionales, es decir, definidos por el propio ser humano.

GLOSARIO

Religión: institución social y cultural propia de las sociedades humanas. Tiene una vertiente práctica, el culto (oraciones, rituales...), así como un aspecto teórico (creencias, dogmas, fe, mitos...). La religión no solo pretende explicar los orígenes del mundo y de la humanidad, sino que también traslada un mensaje moral. Pese a la gran diversidad de las experiencias y de las instituciones religiosas, las religiones comparten algunos rasgos comunes, como la creencia en una trascendencia y su carácter compartido.

2.2. Filosofía y religión

Tal vez la respuesta a la tercera de las preguntas kantianas que hemos citado, ¿qué podemos esperar?, rebase los límites del ejercicio puramente racional del saber y solo pueda ser contestada por la religión, o tal vez no.

La filosofía no niega, de antemano, que en las grandes tradiciones espirituales de la humanidad pueda haber sabiduría muy valiosa para el ser humano.

Sin embargo, el método y el ideal de la filosofía es el debate y la argumentación racional compartida por todos los seres humanos al margen de cualquier revelación o de las diferentes tradiciones espirituales.

Las religiones de Occidente a veces se han servido de la filosofía para tratar de hacer comprensibles sus revelaciones a la razón humana o para defenderse de la incredulidad o de interpretaciones consideradas desviadas y heréticas.

En este uso, la filosofía es obligada a servir como instrumento de una religión. Así fue, por ejemplo, como se utilizó la filosofía en Europa durante la Edad Media.

La función de la filosofía en esa época era conservar y defender las creencias reveladas, no analizarlas críticamente ni renovarlas, pues se consideraba que la fe revelada contenía una verdad inmutable, eterna y que no se podía modificar.

Actualmente, por el contrario, se ha de distinguir con claridad entre la fe y el saber filosófico, pues el objetivo de la filosofía no es creer, sino conocer racional y críticamente. Por el contrario, cuando se considera que un saber tiene un origen divino, no se habla de conocimiento, sino de «revelación».

La revelación está constituida por las ideas o por los relatos que supuestamente han recibido algunas personas concretas de una divinidad y que estas transmiten a los miembros de una iglesia o a una comunidad de creyentes.

La finalidad última de la revelación religiosa suele ser la consecución de la salvación de sus fieles y no la búsqueda del conocimiento objetivo por sí mismo.

Campanario de la mezquita-catedral de Córdoba.

La religión nos transmite una enseñanza revelada o una tradición espiritual cuyo objetivo es la salvación del ser humano para que creamos en ella mediante la fe.

Comprende, piensa, investiga...

1 ¿Por qué la filosofía no podrá quedar superada nunca por ninguna de las ciencias?

2 **El espejo.** Enumera las diferencias más importantes entre la filosofía y la religión.

3 Explica qué relaciones existen entre la fe y la razón.

TEXTUALMENTE

«Dicho de otra forma: para el físico es problema lo que en principio se puede resolver, la solución le es en cierto modo anterior al problema, se entiende que va a llamar solución y conocimiento al trato que el problema tolere. Así, de los colores y los sonidos y los cambios sensibles, en general, el físico solo puede conocer las relaciones cuantitativas, y aun estas —las situaciones en espacio y tiempo— solo relativamente, y aun estas relatividades solo con la aproximación que los aparatos y nuestros sentidos permiten; pues bien, a este resultado, teoréticamente tan poco satisfactorio, llamará solución y conocimiento. Viceversa considerará como problema físico solo lo que puede someterse a medidas y lo que acepta ese tratamiento metódico. Solo el filósofo hace ingrediente esencial de su actitud cognoscitiva la posibilidad de que su objeto sea indócil al conocimiento.

Cuando se piensa en la ciencia, se la suele ver como un repertorio de soluciones. En mi entender, esto es un error. En primer lugar, porque hablando rigorosamente y evitando, como exige el temple de nuestro tiempo, el utopismo, es muy discutible si algún problema ha sido nunca plenamente resuelto, por lo tanto, no es en la solución donde debemos cargar el acento al definir la ciencia. En segundo lugar, la ciencia es un proceso siempre fluyente y abierto hacia la solución [...], es la navegación procelosa hacia ella. Pero, en tercero y definitivo lugar, se olvida que al ser la actividad teorética una operación y marcha de la conciencia de un problema a su solución, lo primero que es, precisamente, es conciencia del problema [...] bien obvio es que en el problema está el corazón y el núcleo de la ciencia».

Ortega y Gasset, J., *¿Qué es filosofía?*, VI.

1 ¿Por qué a Ortega le parece un error que se considere la ciencia como un «repertorio de soluciones»?

2 ¿Qué crees tú que quiere expresar el autor cuando dice que la solución antecede al problema?

3

¿PARA QUÉ SIRVE LA FILOSOFÍA?

TEXTUALMENTE

«Bueno, ¿a qué se llama "pensar"? ¿Para qué se ha aprendido a utilizar esa palabra? Si digo que he pensado, ¿tengo que estar siempre en lo correcto? ¿Qué clase de error cabe ahí? [...]. Si alguien, en el curso de una secuencia de pensamientos, realiza una medición: ¿ha interrumpido el pensamiento si no se dice nada a sí mismo mientras mide? [...] ¿Es el pensar una especie de discurso? Se querría decir qué es lo que distingue al discurso con pensamiento del discurso sin pensamiento. Y así parece ser un acompañamiento del discurso. Un proceso que quizá puede también acompañar a algo distinto o transcurrir por sí solo [...]. Pero lo que aquí constituye el pensar no es un proceso que tenga que acompañar a las palabras para que no sean pronunciadas sin pensamientos [...]. Aunque a veces llamamos "pensar" a acompañar la oración con un proceso mental, no es, sin embargo, ese acompañamiento lo que llamamos pensamiento».

L. Wittgenstein, *Investigaciones filosóficas*, I.

1 ¿A qué no llama Wittgenstein «pensar»?

2 El autor del texto se pregunta si siempre que se piensa, se hace correctamente, ¿tú qué crees?

3.1. Para aprender a pensar correctamente

Pensamos para saber qué es lo que tenemos que creer, qué es lo que tenemos que decidir y con qué medios tenemos que actuar. Para alcanzar estos objetivos, es preciso que se den las dos condiciones siguientes:

- Que las informaciones de las que partimos sean adecuadas, suficientes y verdaderas.
- Que el modo como las combinamos y como las elaboramos sea el correcto.

La filosofía se ocupa de la segunda de estas dos condiciones; es decir, estudia el aspecto normativo del pensamiento: cómo debemos pensar para hacerlo correctamente.

Por su parte, la neurofisiología y la psicología se aplican al estudio del aspecto descriptivo del pensamiento: cómo pensamos, cómo son los procesos neurológico y psicológico que se producen cuando estamos pensando.

Por ejemplo, en la neurología se analizan los procesos cerebrales que se activan cuando tiene lugar la actividad de pensar. Para ello, se señalan las áreas del cerebro o los grupos de neuronas que intervienen durante la ejecución de las operaciones del pensamiento. En este sentido, se puede decir que la neurofisiología estudia el *hardware* del pensamiento.

Los conceptos son representaciones intelectuales que simbolizan las cosas o los procesos, pero no los representan tal como los percibimos a través de los sentidos, incluyendo sus características individuales y concretas, sino que los representan por medio de unos esquemas que se han formado en nuestra mente en virtud de la abstracción.

Por ejemplo, el concepto de ser humano simboliza la totalidad de los seres humanos solo en tanto que son humanos; es decir, de un modo general, seleccionando exclusivamente las características que comparten todos ellos, pero sin tener en cuenta sus diferencias individuales y concretas.

Empleando estos conceptos, enunciamos juicios, que son los actos por los que afirmamos la verdad o la falsedad de algo. Implican la relación de dos términos, un sujeto y un predicado, unidos por el verbo «es». Exigen, pues, la afirmación o la negación de algo. Por ejemplo, cuando decimos «Todo animal es un ser vivo».

Y los argumentos o razonamientos son la expresión lingüística de los juicios. Razonar no es otra cosa que deducir conclusiones a partir de lo que se considera verdad. Por tanto, pensar correctamente significa razonar conforme a las leyes que rigen la validez de la deducción.

La formación de los conceptos, la afirmación de los juicios y las deducciones o inferencias no se encuentran solo en los libros de lógica o de ciencia, sino que son operaciones que realizamos continuamente en nuestra vida diaria. Las encontramos en los consejos que nos dan las personas mayores, en la televisión, en las películas o en las noticias de los medios de comunicación. Y algunas de esas deducciones son correctas, pero otras no.

3.2. Para reflexionar sobre nuestros valores

El desarrollo del pensamiento contribuye al despliegue de la capacidad de autodeterminación de un individuo o de un grupo social, pues fomenta la posibilidad de elegir sin dependencias ni coacciones externas. Fortalece al yo para enfrentarse al automatismo irreflexivo de las reacciones estímulo-respuesta o a la pulsionalidad de las fuerzas inconscientes.

Uno de los ámbitos a los que se aplica la reflexión filosófica es el de los valores, que constituyen la guía para la realización de nuestro proyecto existencial. Puesto que todo ser humano está siempre oscilando entre lo que comprende que es bueno y su tendencia o su impulso a dejarse llevar, en algunas ocasiones, por lo malo, son necesarias convicciones morales que guíen nuestra voluntad hacia el cumplimiento de lo bueno.

Desde este punto de vista, el sentido y el objetivo de la reflexión moral es que nuestras acciones se realicen lo más posible de acuerdo con nuestra razón y obedeciendo sus principios, en lugar de estar motivadas por nuestros impulsos.

Kant decía que solo esta voluntad de querer guiarse por la razón en la realización de nuestro proyecto de vida es un bien para el ser humano en términos absolutos, pues los demás bienes que podemos alcanzar (por ejemplo, la inteligencia, las habilidades prácticas, las riquezas, la salud) pueden ser mal empleados, y esto impide que se los pueda considerar bienes en sentido absoluto.

La reflexión moral estudia, por tanto, los valores que han de guiar el proyecto existencial del ser humano para hacer posible el desarrollo de su libertad. La libertad es la característica principal de los seres humanos, y pertenece estructuralmente a las condiciones de nuestra existencia.

Comprende, piensa, investiga...

1 **El espejo.** ¿Cómo estudia la filosofía la acción de pensar y cómo la estudia la neurofisiología?

2 Define qué son los conceptos, los juicios y los razonamientos.

3 ¿Cuáles son el sentido y los objetivos de la reflexión moral sobre los valores?

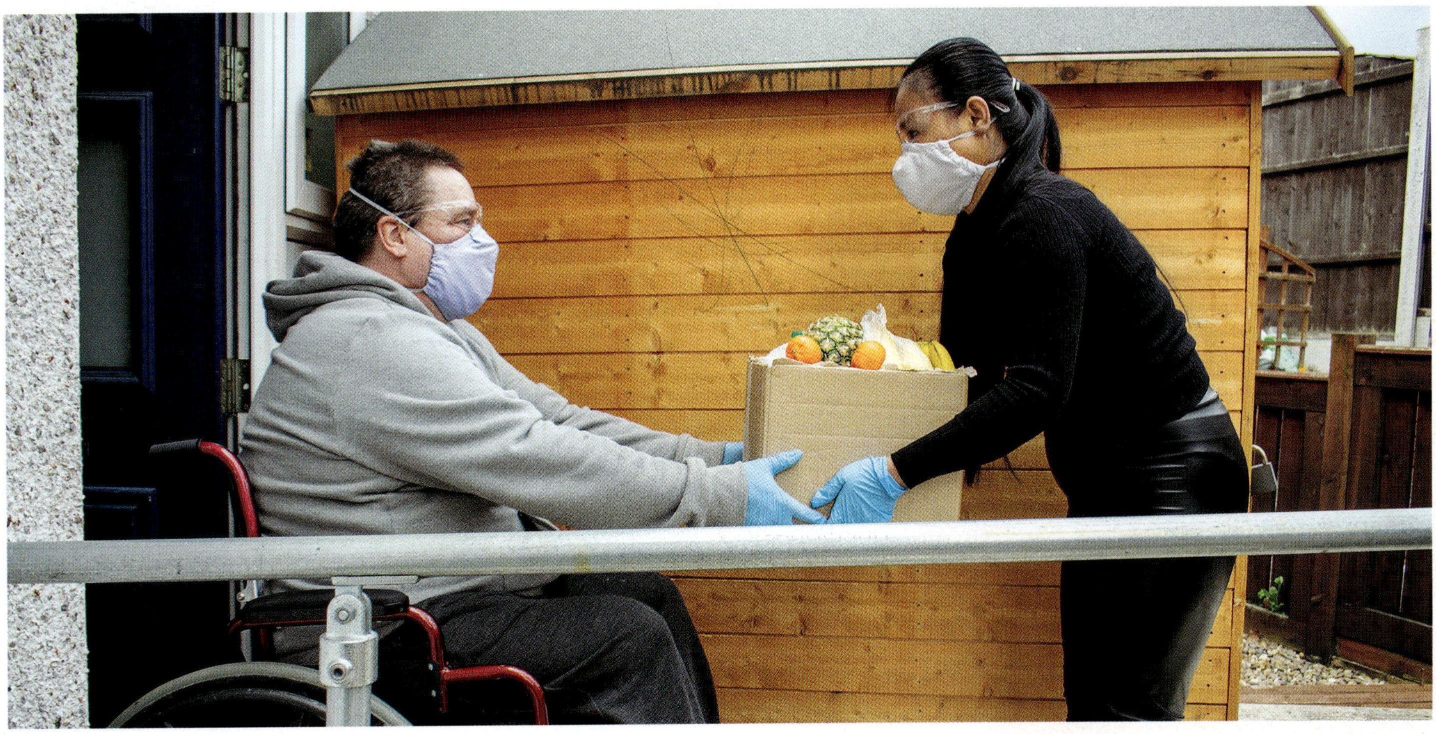

El ser humano es libre para desarrollar de forma autónoma su propio proyecto de vida para lo que nos guiamos por nuestros valores morales.

anayaeducacion.es «Emprendemos» la aplicación del método filosófico para descubrir la verdad.

4

LA ACTITUD CRÍTICA

COMPROMISO ODS

Educación de calidad

«De aquí a 2030, asegurar que todos los alumnos adquieran los conocimientos teóricos y prácticos necesarios para promover el desarrollo sostenible, entre otras cosas mediante la educación para el desarrollo sostenible y los estilos de vida sostenibles, los derechos humanos, la igualdad de género, la promoción de una cultura de paz y no violencia, la ciudadanía mundial y la valoración de la diversidad cultural y la contribución de la cultura al desarrollo sostenible».

Objetivos de Desarrollo Sostenible, meta 4.7.

1 **Asamblea de ideas.** ¿Puede ayudar la filosofía a conseguir esta meta? Debatid sobre cómo podría colaborar para lograrlo.

anayaeducacion.es Consulta la información correspondiente al Objetivo 4.

4.1. La insuficiencia del saber ordinario

Además de nuestros conocimientos científicos y de nuestras creencias y convicciones sobre el sentido de la realidad, existe una forma de conocimiento que condiciona gran parte de lo que hacemos y de lo que decimos. Es el saber natural o de la vida corriente, en el que se fundan la seguridad y las costumbres de nuestra existencia personal.

Este saber ordinario e inmediato conforma nuestra personalidad y es el fundamento de nuestra existencia personal y social. Sin embargo, debe ser continuamente analizado para que no nos engañen ni nos manipulen quienes quieren aprovecharse de nuestra buena fe.

La cultura en la que nos socializamos, los conocimientos y los valores que incorporamos, es el marco normal en el que se desenvuelve nuestra vida en sociedad. Por tanto, por medio de la cultura, lo social se opone a lo natural, teniendo un carácter normativo para sus miembros.

Desde ese punto de vista, el pensamiento filosófico ha de realizar una función crítica preguntándose por el deber ser de cada sector o aspecto de la cultura (conocimientos, valores, costumbres, etc.). En este sentido, la filosofía se convierte en una «crítica de la cultura», o sea, en un trabajo de análisis que intenta impedir que se emplee la cultura como un instrumento de ideologización y de alienación.

La filosofía trata de fomentar la conciencia, se ofrece como el mapa que permite orientarse en la cultura que nos rodea. No obstante, no pretende decir lo que las cosas son de una vez por todas. La filosofía es, más bien, una cierta manera de preguntar, una interrogación continua y crítica acerca de lo que existe y sobre sus modos de ser.

La filosofía no tiene la misión de proporcionar al ser humano respuestas seguras, verdaderas y definitivas. Quienes se dedican a la filosofía no son guías de las conciencias que formulen profecías y que receten remedios mágicos de salvación. Son simplemente personas que permanecen abiertas a la complejidad de lo real para pensar la raíz que tienen en común el conocimiento y la libertad.

TEXTUALMENTE

«Ocurre, más bien, que en realidad solo su cuerpo está y reside en la ciudad mientras que su pensamiento estima que todas estas cosas tienen muy poca o ninguna importancia y vuela por encima de ellas con desprecio [...]. Todo lo investiga buscando la naturaleza entera de los seres que componen el todo, sin detenerse en ninguna de las cosas que le son más próximas. [...] Quería saber las cosas del cielo, pero se olvidaba de las que tenía delante y a sus pies. La misma burla podría hacerse de todos los que dedican su vida a la filosofía. En realidad, a una persona así le pasan desapercibidos sus próximos y vecinos, y no solamente desconoce qué es lo que hacen, sino el hecho mismo de que sean hombres o cualquier otra criatura. Sin embargo, cuando se trata de saber qué es en verdad el hombre y qué le corresponde hacer o sufrir a una naturaleza como la suya, a diferencia de los demás seres, pone todo su esfuerzo en investigarlo y examinarlo atentamente. [...] Entonces quedan a un lado las cuestiones relativas a las injusticias que yo cometo contra ti o tú contra mí, y se pasa a examinar la justicia y la injusticia en sí mismas, lo que ambas son, y las diferencias que distinguen a la una de la otra, así como a ellas mismas de todo lo demás. De preguntas acerca de si es feliz el rey que posee riquezas se pasa a un examen de la realeza y de la felicidad o la desgracia que en general afectan a los hombres, para averiguar qué son ambas y de qué manera le corresponde a la naturaleza del hombre poseer la una y huir de la otra. [...] El primero, que ha sido educado realmente en la libertad y en el ocio, es precisamente el que tú llamas filósofo».

Platón, *Teeteto*, 173e-175d.

1 ¿Qué es lo que tiene de importancia para quienes se dedican a la filosofía y de qué se ocupan realmente según el autor del texto?

2 ¿La idea de la filosofía que expone Platón es lo que vulgarmente se entiende por ella?

4.2. Una cierta manera de preguntar

Hay mucha gente que tan solo ha aprendido a actuar de acuerdo con las ideas comunes y siguiendo los mismos patrones mentales de todo el mundo; o sea, esas personas rehúyen el esfuerzo de pensar por ellas mismas. Como tal vez no se les ocurren ideas propias, cuando se pide agudizar la inteligencia y producir ideas nuevas tienden a adoptar una actitud de indiferencia.

Por el contrario, el individuo inteligente y culto no se limita a aceptar sin más lo que ve, lo que oye o lo que lee. Está siempre alerta para rechazar lo falso y para detectar las inconsistencias en los razonamientos, sean propios o ajenos; es decir, está alerta para «poner pegas» si no le convence lo que se le muestra, lo que oye o lo que lee.

La filosofía enseña a criticar lo que recibimos y a ofrecer alternativas si no estamos de acuerdo; o sea, implica ser capaces de detectar los errores y las falsedades en los hechos, en los mensajes o en los argumentos que nos resultan inaceptables o que nos parecen poco convincentes.

Si el uso creativo del pensamiento consiste en construir buenos razonamientos, entonces saber pensar tiene también otro uso que se puede llamar «defensivo». Este es el uso que nos permite defendernos de ese torbellino de ideas y de mensajes con el que continuamente se nos bombardea, para no creerlos y aceptarlos ingenuamente sin un examen previo.

Saber pensar, en este sentido, nos permite distinguir con nuestra capacidad de juicio entre los argumentos razonables y sensatos, por un lado, y los que son solo engaños y argucias con los que se nos intenta manipular, por otro.

Comprende, piensa, investiga...

1. ¿Qué importancia tiene el saber ordinario y en qué se distingue del saber filosófico?
2. ¿En qué consiste la función crítica que le corresponde realizar al pensamiento filosófico?
3. Poned algunos ejemplos del uso «defensivo» del pensamiento crítico.

El pensamiento filosófico nos enseña a criticar lo que no nos gusta y las ideas que tratan de imponernos, pero que no compartimos.

ORGANIZO MI MENTE

Mapa mental

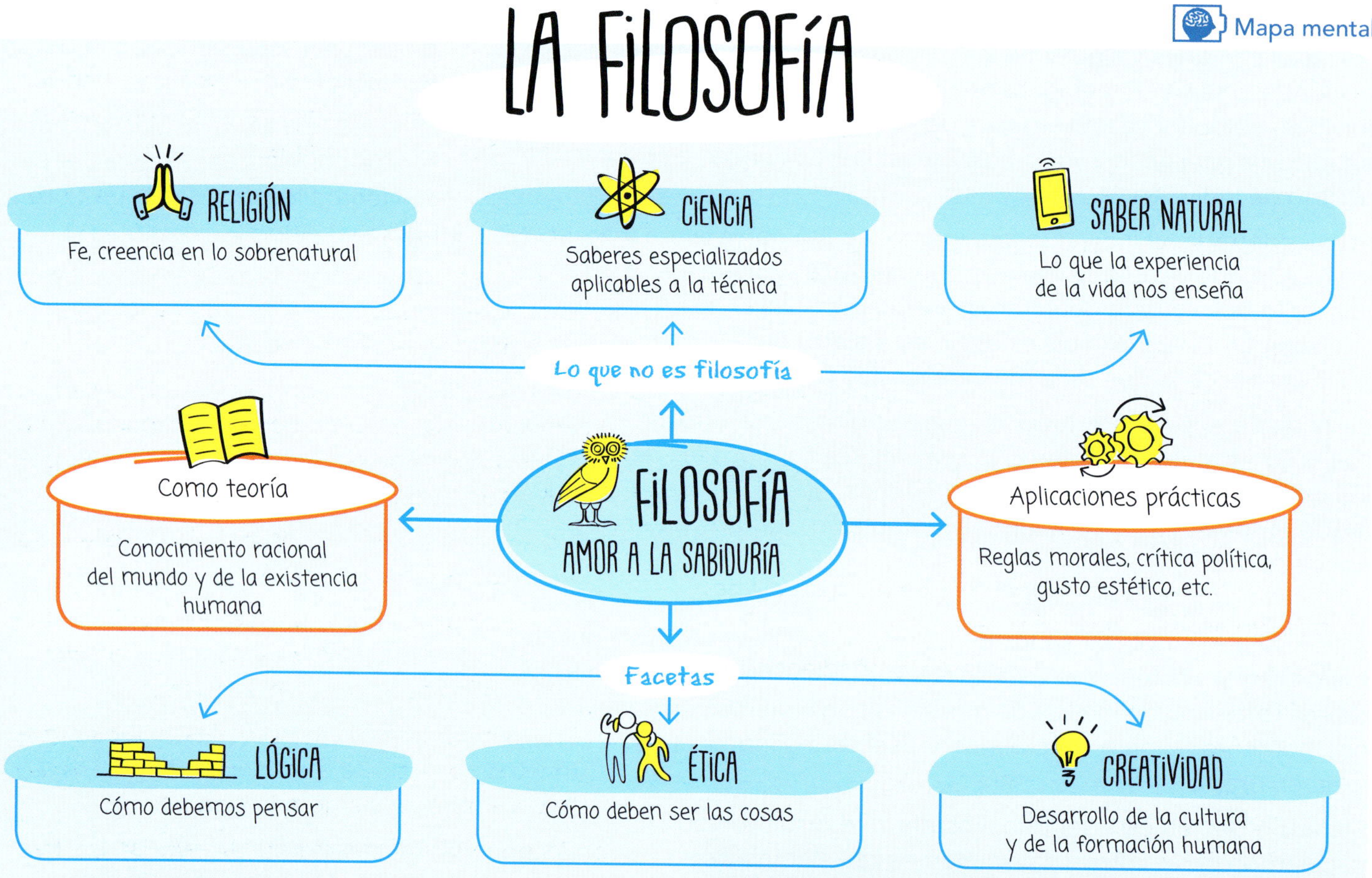

APRENDER A MIRAR

Verdad y credulidad

En la pintura se suele evocar la tendencia irracional de algunas personas a aceptar como verdaderas cosas que solo tienen la apariencia de la verdad. Son personas que se dejan llevar por estrategias persuasivas y por interpretaciones simplistas de los hechos.

En este cuadro, titulado *La buena suerte,* el pintor barroco Caravaggio representa una escena en la que un joven aristócrata es aleccionado por una vidente que le está leyendo la mano. Así invita al espectador a examinar sus propias supersticiones tan fácilmente propagadas por adivinos y profetas cuando quienes los escuchan necesitan creer en lo que les dicen.

La mirada del joven expresa la fascinación que le produce la vidente y su credulidad en sus predicciones. La mano izquierda, encima de la empuñadura de la espada indica valor y seguridad, mientras que la mano derecha reposa abandonada e ingenuamente confiada entre las de la mujer.

1) ¿Qué rasgos de este cuadro expresan, según tú, con mayor fuerza la credulidad?
2) ¿Te parece realista la escena? ¿Con qué procedimientos le da expresividad el pintor?
3) Si la filosofía se define como la búsqueda de la verdad, ¿significa eso que están excluidas de ella las creencias?
4) ¿Son irracionales e ilógicas las creencias?

Descubro lo que he aprendido

1 ¿Cuál es el sentido de la filosofía como teoría?

a) Conocer un ámbito parcial de la realidad y la aplicación de sus descubrimientos a la transformación técnica del mundo.

b) Comprender la revelación divina para combatir las interpretaciones desviadas y heréticas de las creencias religiosas.

c) El deseo intelectual de obtener un conocimiento coherente, racional y unificado de nuestra existencia y del mundo.

d) La transformación de la realidad y la orientación de la vida humana para convertirlas en lo que deberían ser.

2 ¿Cuál es la tarea de la filosofía que las ciencias no pueden asumir? ¿Por qué tienen esa limitación?

3 Completa en tu cuaderno este texto añadiendo los conceptos que faltan en los lugares señalados: revelación, ciencia, mito, creer, autonomía, herejía.

La relación entre la filosofía y la religión ha ido variando considerablemente a lo largo de la historia de la filosofía. Cuando nació la filosofía en Grecia, fue separándose poco a poco del [...], hasta que con el cristianismo se puso al servicio de la religión para hacer comprensible la [...] y combatir la [...]. En la época moderna, de nuevo se separaron sus caminos, y junto a la [...] recuperó su [...] frente a la tutela religiosa. Actualmente, hay que distinguir claramente entre la fe y la filosofía, pues la primera busca [...], y la segunda, conocer.

4 Explica en qué consiste la lógica y argumenta si esta disciplina tiene alguna utilidad para pensar correctamente o si, al contrario, es innecesaria.

5 Para evaluar críticamente la información que recibimos, la lógica nos proporciona varias estrategias. ¿Cuál de las siguientes no es una de ellas?:

a) Elaborar las informaciones que adquirimos y asimilamos, darles el sentido que nos convenga y compartirlas con otras personas.

b) Analizar los razonamientos para comprobar si incluyen incoherencias lógicas; o sea, comprobar si las conclusiones se derivan válidamente de las premisas.

c) Analizar la exactitud de los hechos y de las afirmaciones para aceptarlos como válidos.

d) Si detectamos fallos en los hechos o en los razonamientos que recibimos, contraponer argumentos para corregir esos errores.

6 ¿Cuáles son el sentido y los objetivos de la reflexión moral sobre los valores?

7 ¿Qué nos aporta el saber que obtenemos de la vida cotidiana y cuáles son sus limitaciones desde el punto de vista de la filosofía?

8 ¿Existe alguna relación entre la actitud crítica y la creatividad? ¿Qué tiene que ver la capacidad de formular preguntas con el desarrollo de las potencialidades individuales?

9 ¿En qué consiste lo que hemos llamado el uso «defensivo» de saber pensar?

a) En dominar la capacidad de distinguir los argumentos razonables y sensatos de los engaños con los que nos intentan manipular.

b) En dominar la capacidad de destruir los argumentos de cualquier contrincante en un debate para obtener siempre la victoria.

c) En dominar la capacidad de ayudar a otras personas a defenderse de los argumentos de sus rivales.

d) En dominar la capacidad de manipular la realidad empleando argumentos falsos para convencer a otras personas.

10 ¿Por qué, según Gilles Deleuze, la filosofía convierte la estupidez en una «cosa vergonzosa»? ¿Crees que las libertades de pensamiento, de conciencia y de expresión hacen que las personas se comporten de forma más madura y responsable?

«Cuando alguien pregunta para qué sirve la filosofía, la respuesta debe ser agresiva, ya que la pregunta se tiene por irónica y mordaz. La filosofía no sirve a ningún poder establecido. La filosofía sirve para detestar la estupidez, hace de la estupidez una cosa vergonzosa. Solo tiene este uso: denunciar la bajeza del pensamiento bajo todas sus formas. Hacer hombres libres. Combatir el resentimiento, la mala conciencia, que ocupan el lugar del pensamiento. Vencer lo negativo y sus falsos prestigios. ¿Quién, a excepción de la filosofía, se interesa por todo esto?».

G. Deleuze, *Nietzsche y la filosofía.*

anayaeducacion.es Realiza la autoevaluación interactiva de la unidad.

2

EL NACIMIENTO DE LA FILOSOFÍA

¿Cómo surgió históricamente la filosofía?

La filosofía tuvo su origen histórico en las costas jónicas, en las ciudades helénicas de Asia Menor (actual Turquía), entre los últimos años del siglo VII a. C. y los primeros del siglo VI a. C. Luego, en el siglo V a. C., la filosofía se practicaba ya en la Grecia europea y, más en concreto, en la ciudad de Atenas.

Las ciudades jónicas eran muy ricas y prósperas debido a su red de intercambios comerciales en el Mediterráneo y a sus contactos con otras culturas, sobre todo la egipcia y la persa.

En Mileto, la más importante de esas ciudades, apareció por vez primera la filosofía. Un grupo de sabios intentó dar respuesta a la pregunta originaria de este nuevo saber: ¿qué es la naturaleza?

En ese sentido es significativo que el primero de los llamados «Siete Sabios», Tales de Mileto, fuera también el primer filósofo.

Ahora bien, el contexto en el que pudo nacer y florecer la filosofía griega en aquella época fue preparado por la poesía, por el mito, por la religión y por la vida social.

Estas instancias proporcionaron las nociones que los filósofos utilizaron después para proponer su propia interpretación del mundo.

Posteriormente, se produjo un giro de la preocupación por la naturaleza al interés por el ser humano, con Sócrates y con los sofistas, hasta que Platón y Aristóteles ofrecieron una interpretación completa de la realidad.

En esta unidad vas a estudiar

- El comienzo de la filosofía en Grecia.
- La pregunta por el ser de la naturaleza.
- El giro hacia el ser humano de los sofistas y de Sócrates.
- Los dos grandes filósofos de la Grecia antigua: Platón y Aristóteles.

anayaeducacion.es Visualiza la presentación de la unidad.

¿PUEDE EL CONOCIMIENTO DAR LA FELICIDAD?

En la Antigüedad, la filosofía se concebía, además de como una disciplina del conocimiento, como una forma de vida; es decir, como un conjunto de prácticas y de hábitos aplicables en la vida cotidiana. Uno de sus objetivos era conseguir una vida feliz.

La actitud trágica

En la tragedia griega se duda de la conexión entre saber y felicidad. No hay garantía de que el conocimiento aumente la felicidad y el bienestar, sino todo lo contrario. Por ejemplo, en los casos de Edipo o de Antígona.

El intelectualismo

Según Sócrates, la felicidad solo se logra con el conocimiento de nuestros valores morales. Platón afirma que solo el conocimiento garantiza la bondad de nuestras acciones. Si actuamos mal, es porque nos equivocamos.

El hedonismo

Para algunos discípulos de Sócrates, como Aristipo de Cirene, la felicidad se logra mediante el placer, y nuestro conocimiento es fundamentalmente un saber empírico orientado a evitar el dolor y a buscar el placer.

El cinismo

Según otros seguidores de Sócrates, entre ellos Antístenes, la felicidad se podría lograr adoptando una vida más natural, poniendo en cuestión las convenciones sociales, los prejuicios y las tradiciones heredadas.

anayaeducacion.es En la «Biblioteca de textos» encontrarás un texto sobre la sabiduría.

1 EL COMIENZO DE LA FILOSOFÍA EN GRECIA

1.1. Del mito al logos

Históricamente, el pensamiento filosófico apareció como la continuación racionalizada del pensamiento mítico. No hay un salto brusco entre mito y filosofía, sino que los primeros filósofos siguen entremezclando motivos míticos con elementos racionales.

Por tanto, es una característica del primer pensamiento griego la indiferenciación de ambas esferas: el mito y la razón.

En la *Teogonía* de Hesíodo, por ejemplo, se explicaba el nacimiento del mundo a partir del caos por obra del amor, que crea el orden como un cosmos bello. En este poema cosmogónico, tanto el estado del que surgen las cosas como la fuerza que las crea aparecen como categorías míticas.

Así pues, la mitología griega aportaba ya un modo propio de explicación sobre cómo está constituida la naturaleza: el mundo es un orden surgido a partir del caos y que se rige por una ley cuya necesidad es inviolable.

Este orden es mantenido por la justicia, que se manifiesta en forma de equilibrio y de proporción correctos; es decir, como la armonía que la ley hace surgir de la lucha entre contrarios.

Estos conceptos de lucha, orden, ley, justicia son, pues, los conceptos con los que se elaboran las primeras explicaciones de la naturaleza y también de la vida social.

La noción de un principio ordenador que rija la desmesura y la multiplicidad que encontramos en la raíz de la filosofía es también el constitutivo esencial del ideal moral, estético y humano de Grecia.

En el arte y en la vida, en la Grecia antigua se intentó aunar elementos de un modo ordenado, unificado y armonioso.

Lo bueno y lo bello es el equilibrio, la correcta combinación de elementos. En la poesía y en el drama se ponía de manifiesto la estructura ordenada del discurso. Del mismo modo, en la música se ordenaban los sonidos de acuerdo con el ritmo y con la armonía, y en la escultura o en la arquitectura se combinaban ordenadamente las formas y las líneas.

1.2. El problema del cambio y la *phýsis*

El principal problema en los orígenes de la filosofía fue el de la explicación del cambio en el universo; es decir, el espectáculo de la transición de la vida a la muerte (de la generación, del crecimiento y de la corrupción), de que las cosas que, siendo de una manera, dejen pronto de serlo y, en su lugar, aparezcan otras que, a su vez, también cambiarán de ser.

Este proceso de continua transformación impactó en esta primera etapa de la filosofía y empujó a la búsqueda de una explicación del orden que subyacía al cambio.

Si las cosas cambian, ¿qué son de verdad? Si una cosa pasa de ser blanca a ser verde, entonces es y no es blanca. Si algo que era deja de ser, resulta que la misma cosa es y no es.

GLOSARIO

Mito: narración anónima y tradicional, que varía según se va transmitiendo oralmente, en la que unos personajes extraordinarios (divinidades, semidivinidades, seres humanos excepcionales...) protagonizan hechos que suelen dar una explicación a una creencia socialmente aceptada. Los mitos han proporcionado un relato coherente tanto del origen del universo (cosmogonía) como del origen de las divinidades (teogonía) y de los seres humanos.

GLOSARIO

Logos: el término griego *lógos* significa 'razón', 'estudio', 'lenguaje'. La razón está considerada la facultad superior del pensamiento humano. En general, la filosofía ha defendido la relevancia de la racionalidad para la vida humana.

TEXTUALMENTE

«Hervía la tierra entera y las corrientes de Océano y el Ponto estéril; una ardiente llamarada envolvió a los Titanes, hijos de la tierra; la llama inextinguible llegaba al éter divino y el resplandeciente fulgor del rayo y del relámpago cegaba [sus] ojos, a pesar de ser fuertes. Un fuego inefable invadía a Caos; parecía al verlo de frente con los ojos o al oír el ruido con los oídos, como si Gea [la tierra] y el ancho Urano [el cielo] se estuvieran juntando arriba...».

Hesíodo, *Teogonía*, 695.

1 Después de leer el texto, explica por qué la descripción de Hesíodo es mitológica y no filosófica

2 Averigua quiénes son Gea y Urano, y qué significado pueden tener a partir del texto.

La multiplicidad y la contradicción penetran en el ser mismo de las cosas. Por eso, en el pensamiento griego se pregunta entonces qué son las cosas de verdad, es decir, siempre, por detrás de sus múltiples apariencias.

Se busca, por tanto, en la multitud de aspectos de las cosas su raíz permanente e inmutable, la causa o principio *(arjé)* de su existencia por encima de la variabilidad que se observa y que es capaz de dar razón de ella. Por esa razón, el aspecto verdaderamente interesante es la pregunta inicial de la filosofía: ¿qué es la naturaleza o el principio de donde surge todo?

Se pensaba que, en último término, todas las cosas se caracterizan por su naturaleza *(phýsis)*, que les ha sido conferida al nacer. Un ser humano, por ejemplo, es siempre un ser humano en todas las edades de su vida, porque recibió la naturaleza humana en el momento de nacer.

De esta interpretación se deriva que en la filosofía presocrática el centro de interés sea la naturaleza como causa originaria de las cosas, que persiste a través de todos los cambios y como principio explicativo del cambio, del devenir.

La aportación fundamental en los orígenes de la filosofía consiste en plantear las eternas preguntas de la humanidad (¿qué es el ser?, ¿por qué existe el ser en vez de nada?, ¿qué es el mundo y adónde se encamina?, etc.), de modo que, desde ese nivel, los problemas puntuales y concretos de la política, de la economía o de la ciencia se iluminan con nuevos significados.

Esa tarea es, justamente, en la que la filosofía presocrática supuso una gran innovación, pues, a partir de ella, en la filosofía se profundiza en la meditación y en la reflexión sobre «los problemas eternos».

Comprende, piensa, investiga...

1 **El espejo.** ¿En qué se diferencia una explicación mítica sobre el origen del mundo de la explicación filosófica?

2 ¿Cuál era el ideal primordial de la cultura griega y cómo se convierte también en el principio básico de la filosofía?

3 **Sumamos.** Enumerad las razones por las que el cambio en la naturaleza sea el primer tema de la reflexión filosófica.

En los orígenes de la filosofía griega, la preocupación fundamental es la explicación de la existencia de la naturaleza y del cambio.

2

¿QUÉ ES LA NATURALEZA?

LA FILOSOFÍA EN PERSONA

Tales de Mileto (640-545 a. C.). Fue un filósofo y astrónomo griego. Se le considera la primera persona que buscó una explicación racional —no mitológica— del universo y de sus cambios. Creyó que la materia de la que están hechas todas las cosas es el agua.

LA FILOSOFÍA EN PERSONA

Heráclito de Éfeso (545-480 a. C.). Fue un filósofo griego. Afirma que ni en el universo ni en el ser humano hay nada estable. La realidad está sujeta a un flujo continuo, a un proceso constante de cambio y de transformación. El símbolo de este devenir es el fuego.

LA FILOSOFÍA EN PERSONA

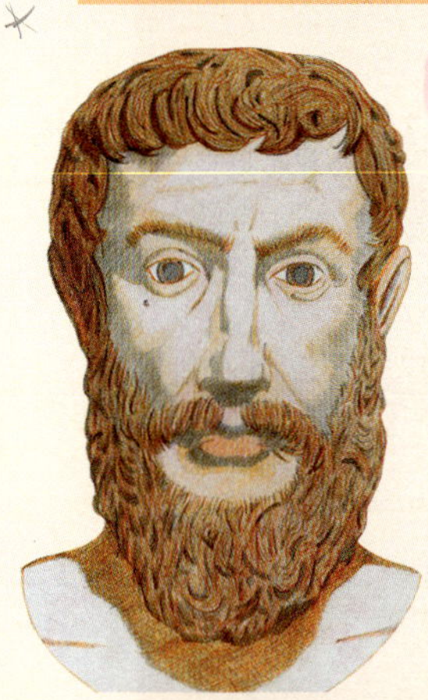

Parménides de Elea (540-450 a. C.). Fue un filósofo griego. Según él, solo el ser, que permanece siempre estable, es, pero el cambio, el devenir, no es. La pluralidad y la transformación de las cosas, que percibimos a través de los sentidos, son solo apariencias engañosas.

2.1. Las explicaciones monistas

Se puede considerar, pues, el itinerario del pensamiento presocrático como la conquista progresiva de una comprensión filosófica de la naturaleza que se inicia con Tales de Mileto y que culmina, finalmente, en el atomismo de Demócrito.

La novedad que se aportó desde la filosofía presocrática fue un pensamiento lógico-racional más allá del mito, capaz de concentrar una multiplicidad de experiencias y de percepciones, y de someterlas conceptualmente a una unidad lógica.

Y el primero en lograrlo fue Tales, que propuso que la explicación de todo lo que existe surge a partir de las transformaciones de una única sustancia originaria: el agua.

Después de él, Anaximandro pensó que no podía ser una materia concreta como el agua, sino un *apeirón* o sustancia indeterminada increada e imperecedera, inagotable e indestructible.

Heráclito y Anaxímenes supusieron un avance mayor, pues Heráclito negó la existencia de un elemento estable en el continuo devenir del mundo natural, mientras que Anaxímenes propuso la idea de una alternancia de la condensación y la rarefacción del aire como esquema explicativo para comprender los cambios evolutivos de esa materia primordial.

Una atención especial merece Parménides, que formula la primera teoría metafísica sobre el ser. Para este filósofo, lo que existe es el ser, que es eterno, inmutable y siempre idéntico a sí mismo. El cambio de las cosas que percibimos es pura apariencia, ilusión de los sentidos, que no nos muestran el ser que de verdad constituye las cosas, sino la mera apariencia del cambio.

2.2. Los sistemas pluralistas

Anaxágoras representa también otro momento de madurez en este desarrollo del pensamiento griego con su hipótesis de un movimiento circular, puramente mecánico, como causa de las transformaciones del universo a partir de unas partículas materiales a las que denomina *homeomerías* y dirigido por un principio de naturaleza espiritual al que llama *nous* ('inteligencia').

En esta misma línea, la principal aportación de Empédocles radica en atribuir al movimiento de la materia los impulsos psíquicos del amor y el odio como factores motores del cambio, volviendo, así, superfluo el *nous* de Anaxágoras.

Es decir, para Empédocles todas las cosas están compuestas por los cuatro elementos: tierra, aire, agua y fuego, y el amor crea todo lo que existe a partir de estos elementos primordiales, mientras que el odio los separa.

Finalmente, este proceso intelectual concluyó en el sistema atomista de Leucipo y de Demócrito. Mediante este sistema se eliminaron los últimos restos mítico-antropomórficos aún presentes en la filosofía de Empédocles, y se sustituyeron los principios del amor y el odio como factores del movimiento por la capacidad intrínseca de los átomos de moverse en el espacio vacío, acercándose bastante a ciertas hipótesis de la física moderna.

El sistema de Demócrito es, en suma, la culminación coherente de los distintos pensamientos precedentes, pues en él se superaron, de forma completa, los elementos míticos y se explicaba el devenir del universo como debido al simple movimiento mecánico de los átomos, sin necesidad de recurrir a ningún tipo de intervención sobrenatural o trasmundana.

A partir de estas consideraciones sobre el pensamiento de las principales figuras de la filosofía presocrática, tanto de representantes del monismo como del pluralismo, es preciso revalorizar la importancia del pensamiento presocrático y desterrar la imagen de este primer período de la filosofía como una etapa infantil e inmadura del pensamiento occidental.

Para evaluar adecuadamente la importancia de la filosofía presocrática, hay que considerar no solo la reflexión sobre la relevancia filosófica de las propuestas de sus representantes, sino también de qué modo encarnaron, por primera vez, la figura de la persona dedicada a la ciencia y consagrada al ejercicio de pensar, aun al precio del aislamiento y del conflicto con la sociedad.

Comprende, piensa, investiga...

1 **Mapa mental.** Realiza un mapa mental con las respuestas que en la filosofía presocrática se dan a la pregunta acerca de qué es la naturaleza y haz un comentario de cada una.

2 **El espejo.** ¿En qué se oponen las filosofías de Heráclito y de Parménides? Razona tu respuesta.

3 Comparad las difeferentes propuestas filosóficas y señalad las razones por las que es importante la filosofía presocrática.

LA FILOSOFÍA EN PERSONA

Anaxágoras de Clazomene (499-428 a. C.).
Fue un filósofo griego. Afirmaba que la realidad está compuesta de homeomerías, unas sustancias simples y cualitativamente diferentes entre ellas, que se mueven y se combinan impulsadas por una sustancia especial llamada *nous* ('razón').

LA FILOSOFÍA EN PERSONA

Demócrito de Abdera (470-399 a. C.).
Fue el precursor del atomismo antiguo. El mundo y el ser humano están compuestos de átomos. Estos son innumerables, indestructibles y están en perpetuo movimiento. De su reunión se forman los seres y con su separación se destruyen.

TEXTUALMENTE

«De los que primero filosofaron, la mayoría pensaron que los únicos principios de todas las cosas son de naturaleza material; y es que aquello de lo cual están constituidas todas las cosas que son, y a partir de lo cual primeramente se generan en lo cual últimamente se descomponen, permaneciendo la cantidad por más que esta cambia en sus cualidades, eso dicen que es el elemento, y eso el principio de las cosas que son, y de ahí que piensen que nada se genera ni se destruye, puesto que tal naturaleza se conserva siempre. [...]

Hay, por lo demás, quienes piensan que también los más antiguos, los que teologizaron por vez primera y mucho antes de la generación actual, tuvieron una idea así acerca de la naturaleza. [...] No obstante, no está nada claro si esta opinión acerca de la naturaleza es, efectivamente, primitiva y antigua; en todo caso, de Tales se dice que se manifestó de este modo acerca de la causa primera. [...]

Anaxímenes y Diógenes afirman que el aire es anterior al agua y que, entre los cuerpos simples, él es principio por antonomasia. Por su parte, Hipaso el metapontino y Heráclito el efestio "afirman" que lo es el fuego, y Empédocles, a su vez, añadiendo la tierra como cuarto a los ya mencionados, "afirma" que lo son los cuatro (y que estos, efectivamente, permanecen siempre y no se generan, a no ser por aglomeración y escasez, cuando se reúnen formando una unidad y se separan de la unidad que formaban). Anaxágoras el clazomenio —que es anterior a este último en cuanto a la edad pero posterior a él en cuanto a las obras— afirma, en fin, que los principios son infinitos; en suma, viene a decir que todos los cuerpos *homeoméricos,* como el agua o el fuego, se generan y destruyen únicamente por reunión y separación, pero que en ningún otro sentido se generan o destruyen, sino que, antes bien, permanecen eternos».

Aristóteles, *Metafísica,* I, 3, 983b-984b.

1 ¿De qué naturaleza es, en opinión del autor del texto, el principio de todas las cosas en la filosofía presocrática?

2 Anotad en vuestro cuaderno los filósofos a los que se refiere Aristóteles en este texto e identificad el elemento constitutivo de las cosas que cada uno propone.

3
LA SOFÍSTICA Y SÓCRATES

COMPROMISO ODS

Paz, justicia e instituciones sólidas

«Promover el estado de derecho en los planos nacional e internacional y garantizar la igualdad de acceso a la justicia para todos».

Objetivos de Desarrollo Sostenible, meta 16.3.

1 El sistema de gobierno que proponen los sofistas, ¿podría ser un Estado de derecho? ¿Siempre se respetarían en él los derechos humanos?

2 **Asamblea de ideas.** Investigad sobre el juicio y la condena a muerte de Sócrates. ¿Fue un juicio justo?

anayaeducacion.es Consulta la información correspondiente a la Meta 3 del Objetivo 16.

3.1. ¿Quiénes fueron los sofistas?

Los sofistas fueron maestros del saber que, procedentes en su mayoría de las escuelas filosóficas de los presocráticos, se instalaron en Atenas en el siglo v a.C. para divulgar el conocimiento que habían adquirido en ellas.

No obstante, su propósito principal era enseñar a la juventud ateniense las técnicas de la elocuencia y el camino para el triunfo en la carrera política.

Los sofistas se mueven ya dentro del marco de la democracia griega. En estas condiciones políticas, el requisito previo para desarrollar una carrera social afortunada es el triunfo en los foros públicos de la ciudad, en la asamblea y en los tribunales.

Para alcanzar el éxito en la polis es necesario conocer la situación política y social, y construir argumentos para convencer y persuadir a la ciudadanía.

Para los sofistas, la virtud propia del ser humano, la cualidad que hace triunfar y tener éxito, es el poder de persuadir. Como maestros de esta virtud, y con el fin práctico de encontrar el mejor modo de enseñarla, los sofistas investigan el origen y el desarrollo de las representaciones y de las decisiones humanas.

Los sofistas, que advierten la diversidad de opiniones y de intereses en lucha, se plantean el problema de si, en general, puede haber una verdad universalmente válida.

La respuesta que proponen a este problema sobre el conocimiento de la verdad es la defensa de un relativismo subjetivista de acuerdo con el cual no existe una norma válida de conducta para todos los seres humanos fundada en la naturaleza, a excepción del impulso individual natural.

El éxito, por tanto, es el único criterio de valor de las acciones morales, pues no existe un código moral con validez universal, fundado en el orden natural. El valor de las leyes y de las normas es relativo (diferente en cada lugar y en cada época) y convencional (acordado por los seres humanos).

TEXTUALMENTE

«La justicia consiste en no transgredir los preceptos legales de la polis a que uno pertenece como ciudadano. Un hombre se serviría de la justicia sacando el máximo provecho para sí mismo si ante testigos defiende la soberanía de las leyes, mientras que, cuando está solo y sin testigos, defiende los dictados de la naturaleza. En efecto, las disposiciones legales *(nomos)* son artificiales, pero las de la naturaleza son necesarias. Las leyes existen por convención y no son naturales, pero los dictados de la naturaleza son naturales y no convencionales.

Si alguien que infringe los preceptos legales es capaz de ocultar su conducta ante quienes los han establecido, quedará libre de infamia y de castigo; si no es capaz de ocultar su conducta, no. Por el contrario, si alguien se opone más allá de lo posible a las exigencias innatas impuestas por la naturaleza, el daño no será menor porque sea capaz de ocultar su conducta, ni será mayor porque lo sepa todo el mundo. Y es que en tal caso el daño no proviene de la opinión de los hombres sino de la verdad de las cosas. La investigación acerca de todo esto tiene su razón de ser en que la mayoría de las acciones justas según la ley *(nomos)* son hostiles a la naturaleza *(phýsis)*».

Antifonte el Sofista, fg., 44, I-II.

1 ¿Qué caracteriza las disposiciones legales? ¿Y las disposiciones de la naturaleza? Contrasta unas con otras.

2 ¿Qué crees tú que quiere decir Antifonte cuando expresa que «las leyes existen por convención»?

anayaeducacion.es «Emprendemos» la aplicación de un método filosófico para combatir los prejuicios.

Íntimamente unido a este relativismo ético de los sofistas aparece su relativismo gnoseológico, según el cual el ser humano no conoce las cosas como son, sino como son percibidas por cada persona individualmente.

La dialéctica y la argumentación no están, pues, ya al servicio de la verdad, sino que se utilizan como instrumentos de persuasión con el objetivo de conseguir el éxito en la vida pública.

Las figuras más célebres de la sofística son Protágoras de Abdera y Gorgias de Leontinos, y también podemos destacar a Pródico, a Antifón, a Hipias, a Trasímaco y a Calicles.

3.2. Las enseñanzas de Sócrates

A diferencia de los sofistas, Sócrates se mantuvo alejado de la vida política y se dedicó a la investigación filosófica, entendida como un incesante examen de sí mismo y de las demás personas con las que conversaba.

Hombre de gran temperamento moral y guía espiritual de la juventud de la aristocracia ateniense, fue víctima del recelo y del odio del partido demócrata, facción política desde la que lo acusaron de corruptor y de impío. Fue condenado a muerte y bebió con absoluta calma el veneno, mientras conversaba con sus amistades sobre la inmortalidad del alma.

El aspecto que diferencia, básicamente, a Sócrates de los sofistas es su fe en la razón y su convencimiento de que existe una verdad universalmente válida, que para los sofistas, por el contrario, es relativa y convencional.

Sin embargo, Sócrates no recurre ya a una razón metafísica común a todos los seres humanos y a la naturaleza para fundamentar la verdad, como se había hecho en la filosofía presocrática, sino que se apoya en una razón conceptual: el conocimiento universalmente válido es el que abstrae lo común de un conjunto de casos empíricos y lo reúne en un concepto.

La ciencia verdadera es un entramado de relaciones entre conceptos que definen los rasgos que las cosas tienen de común y de permanente. Con este planteamiento, Sócrates cree poder contrarrestar también el relativismo ético de los sofistas.

El método para alcanzar estas definiciones universales que constituyen el fundamento del conocimiento y la base de la ética es el razonamiento inductivo, al que Sócrates llama mayéutica, que constituye la segunda gran aportación de este filósofo.

También es importante su doctrina moral, que vincula el conocimiento y la virtud. Para Sócrates, la virtud es el recto conocimiento del bien. Por otra parte, la realización de este bien que la razón muestra es la causa y la condición de la felicidad.

Sócrates no ha dejado ningún escrito, por lo que solo se conoce su doctrina a través de las referencias que hace su gran discípulo Platón en sus diálogos, en muchos de los cuales Sócrates es el protagonista, del historiador Jenofonte y de otros autores de la Antigüedad.

anayaeducacion.es En el «Taller de filosofía» profundizad en el método socrático.

LA FILOSOFÍA EN PERSONA

Sócrates
(470-399 a. C.). Fue un filósofo griego que, frente a los sofistas, afirma que existe la verdad, común y permanente, aunque comparte con ellos su interés por el ser humano. Sostiene que la virtud proviene del conocimiento y que es condición de la felicidad.

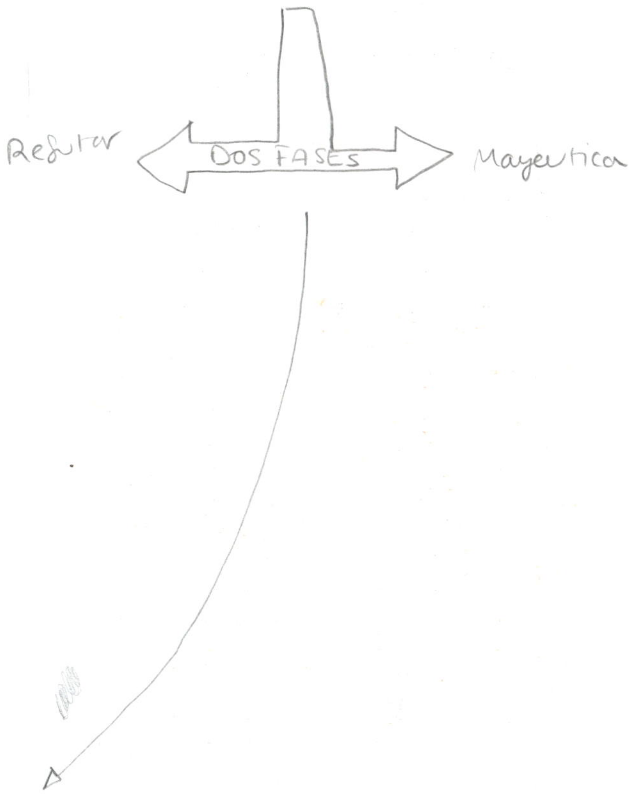

Comprende, piensa, investiga...

1. **El espejo.** ¿Qué diferencias puedes señalar entre los sofistas y los filósofos presocráticos precedentes?
2. ¿Cuáles son las principales doctrinas de los sofistas y sobre qué temas tratan fundamentalmente?
3. **El espejo.** ¿En qué se opone el pensamiento de Sócrates al de los sofistas?

4

LOS GRANDES FILÓSOFOS CLÁSICOS: PLATÓN Y ARISTÓTELES

LA FILOSOFÍA EN PERSONA

Platón
(428-348 a.C.). Sostiene que es posible conocer la verdad por encima de las opiniones, yendo más allá de los sentidos, hasta el mundo de las ideas, al que pertenece el alma, y en cuya cúspide está el bien, que es necesario conocer para gobernar.

GLOSARIO

Idea: entidad inmaterial, de naturaleza inteligible y eterna, no accesible a los sentidos y que es el objeto del auténtico conocimiento. Las ideas son la esencia y el modelo de la realidad sensible, que participa de ellas. Son realidades inteligibles. Hay ideas de todas las cosas físicas o materiales, aunque no de realidades negativas, como la suciedad o la fealdad. Las ideas supremas son la belleza, la justicia y el bien. Esta última es la principal, y de ella dependen tanto las otras ideas como las entidades de la realidad sensible.

4.1. Platón

El nacimiento, la configuración y el desarrollo del pensamiento platónico constituye uno de los acontecimientos más significativos y más determinantes de la historia entera del pensamiento europeo, pero también uno de los problemas más complicados y más difíciles de resolver. Su núcleo principal es la teoría metafísica de las ideas.

Siguiendo el ejemplo y las enseñanzas de su maestro Sócrates, también Platón se enfrentó al escepticismo de los sofistas y afirmó que sí es posible el conocimiento de la verdad por encima de las diversas opiniones particulares subjetivas. Para ello hay que ir más allá de los datos que nos ofrecen los sentidos, porque lo que percibimos son solo las apariencias de las cosas.

Pero más allá de las apariencias se encuentra el mundo de las esencias o ideas, al que pertenece también nuestra alma y donde reina la idea de bien, causa de las demás ideas y de todas las cosas.

El ser humano tiene en su interior la posibilidad de captar lo que las cosas son, más allá de las apariencias que muestran los sentidos, pues el alma, por su convivencia con las ideas, es capaz de recordarlas remontándose hasta ellas a partir de los datos que obtiene del mundo sensible.

Conocer es, por tanto, recordar lo que ya se sabe. Y a ese proceso de ascensión que lleva al sabio del mundo sensible al inteligible, y al propio saber que trata de las ideas, Platón lo denomina dialéctica.

Para articular esta convicción, Platón diseñó una metafísica que distingue entre un mundo inteligible (el mundo de las ideas) y un mundo sensible (el mundo de las apariencias), elabora una teoría del conocimiento que diferencia entre diversos grados y modos de conocer, y formula una concepción del ser humano compuesto de alma y cuerpo.

Aplica estas teorías a desarrollar una doctrina ética basada en la justicia y una concepción política que propone una forma ideal de organización de la sociedad, en la que gobiernan quienes conocen el bien.

De Sócrates acepta Platón su descubrimiento de los conceptos universales (que en su filosofía se convierten en realidades metafísicas o ideas del mundo inteligible) y la dialéctica como método para alcanzar el conocimiento verdadero de estas ideas.

TEXTUALMENTE

«—Pues bien, querido Glaucón, debemos aplicar íntegra esta alegoría a lo que anteriormente ha sido dicho, comparando la región que se manifiesta por medio de la vista con la morada-prisión, y la luz del fuego que hay en ella con el poder del sol; compara, por otro lado, el ascenso y contemplación de las cosas de arriba con el camino del alma hacia el ámbito inteligible, y no te equivocarás en cuanto a lo que estoy esperando, y que es lo que deseas oír. Dios sabe si esto es realmente cierto; en todo caso, lo que a mí me parece es que lo que dentro de lo cognoscible se ve al final, y con dificultad, es la Idea del Bien. Una vez percibida, ha de concluirse que es la causa de todas las cosas rectas y bellas, que en el ámbito visible ha engendrado la luz y al señor de esta, y que en el ámbito inteligible es señora y productora de la verdad y de la inteligencia, y que es necesario tenerla en vista para poder obrar con sabiduría tanto en lo privado como en lo público».

Platón, *República*, VII, 517a-c.

1 Explica la comparación que propone Platón de la caverna y del fuego con el mundo inteligible y con el bien.

2 ¿Qué afirma Platón sobre la idea del bien? ¿Qué significa que hay que tenerla en cuenta para «obrar con sabiduría tanto en lo privado como en lo público»?

4.2. Aristóteles

Verlo por el vídeo de la metafísica de Aristóteles Unboxing

Discípulo de Platón, Aristóteles es uno de los más importantes filósofos de todos los tiempos. Entre sus aportaciones más significativas se encuentra la organización y la articulación de las ciencias, a las que hace preceder la lógica, de la que Aristóteles es el primer expositor sistemático, como instrumento al servicio del conocimiento científico.

Concibe la metafísica como teoría de la sustancia y fundamento de las demás ciencias, y ofrece una explicación del universo con la que pretende resolver el problema planteado en la filosofía griega precedente: cómo es posible pensar un ser unitario y permanente bajo la multiplicidad cambiante de las apariencias.

Para Aristóteles, el verdadero ser es la esencia, y se halla en las cosas; es decir, no admite que el ser de las cosas constituya un mundo aparte, debajo o más allá de las apariencias. Para Aristóteles, la realidad de los seres, captada por el concepto, es su esencia, común al conjunto de los individuos que comprende. De este modo, los fenómenos empíricos son la realización misma de esa esencia.

Para explicar el cambio y el acontecer en el mundo, Aristóteles expone la doble relación entre materia y forma y entre potencia y acto. El devenir en el mundo es el proceso en el que la esencia, de la mera posibilidad o potencia, se transforma en algo real (acto) gracias a la forma.

Las esencias solo existen en sus manifestaciones, pues fuera de estas no es posible su realización. Así, lo general no es real más que en lo individual, y lo individual solo existe porque en ello se realiza lo general.

Las cosas individuales, esto es, las sustancias, están, pues, compuestas de materia y de forma, y están sometidas al cambio impulsado por las causas que actúan sobre ellas. Y la causa última del movimiento, la forma pura o acto supremo, para Aristóteles, es Dios, el «motor inmóvil» que pone en marcha el mundo.

En sus obras de ética, desarrolla su concepción del bien y distingue entre virtudes morales y virtudes intelectuales. Toda virtud es un justo medio entre el exceso y la privación, que ambos son vicios.

Las virtudes son hábitos, es decir, se adquieren por la costumbre de obrar de un modo determinado, y los seres humanos las cultivan con el fin de alcanzar la felicidad, que consiste en el conocimiento.

LA FILOSOFÍA EN PERSONA

Aristóteles
(384-322 a. C.). Critica la teoría platónica de las ideas, que están en las cosas no en un mundo aparte, y concibe el conocimiento como la formación de conceptos por abstracción a partir de los datos de los sentidos. El fin de la vida buena es la felicidad, la sabiduría.

GLOSARIO

Sustancia: es la principal categoría sobre el ser. Se distingue entre la sustancia primera, la forma esencial que define al individuo particular, y la sustancia segunda, esto es, el género y la especie a la que pertenece la sustancia primera. Es la esencia del objeto, que se identifica con la forma que configura su materia y lo convierte en lo que es.

Comprende, piensa, investiga...

1 Explica las características principales de la teoría de las ideas de Platón.

2 **El espejo.** ¿En qué consiste la filosofía para Platón y para Aristóteles?

3 ¿Cuál es el objeto del pensamiento ético de Aristóteles?

TEXTUALMENTE

«Entidad [sustancia], la así llamada con más propiedad, más primariamente y en más alto grado, es aquella que, ni se dice de un sujeto, ni está en un sujeto, v. g.: el hombre individual o el caballo individual. Se llaman entidades secundarias las especies a las que pertenecen las entidades primariamente así llamadas, tanto esas especies como sus géneros; v. g.: el hombre individual pertenece a la especie hombre, y el género de dicha especie es animal; así, pues, estas entidades se llaman secundarias, v. g.: el hombre y el animal. [...]

Todas las demás cosas, o bien se dicen de las entidades primarias como de sus sujetos, o bien están en ellas como en sus sujetos. [...] Así, pues, de no existir las entidades primarias, sería imposible que existiera nada de lo demás: pues todas las demás cosas, o bien se dicen de ellas como de sus sujetos, o bien están en ellas como en sus sujetos; de modo que, si no existieran las entidades primarias, sería imposible que existiera nada de lo demás».

Aristóteles, *Categorías*, cap. 5, 2a-b.

1 Explica el ejemplo que pone Aristóteles en el texto para distinguir la sustancia primera y la sustancia segunda.

2 ¿A cuál de las dos sustancias considera Aristóteles prioritaria? ¿Por qué?

ORGANIZO MI MENTE

EL NACIMIENTO DE LA FILOSOFÍA

Mapa mental

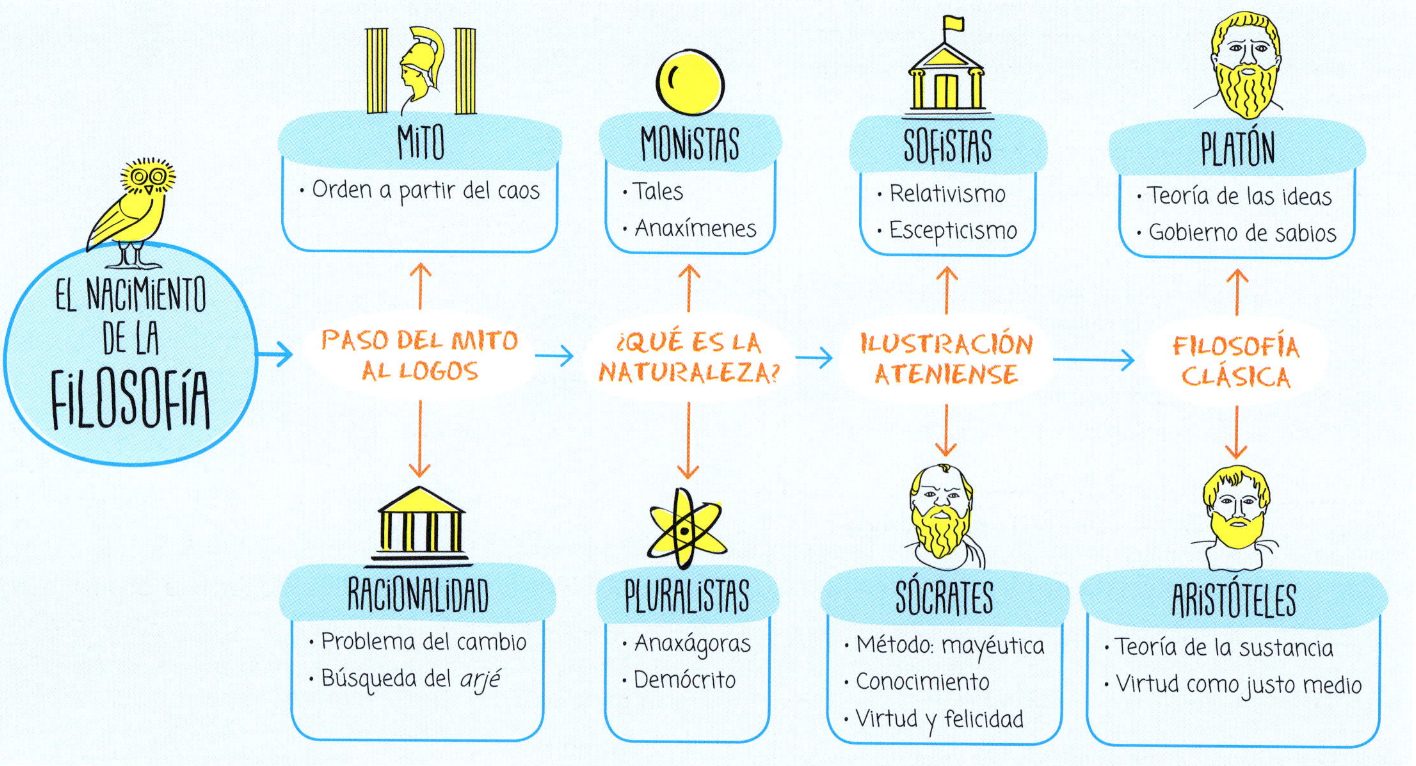

APRENDER A MIRAR

Las sensaciones de *Saturno devorando a un hijo*, de Goya

El arte permite representar de manera sensible lo que las palabras o la escritura apenas consiguen expresar. Por ejemplo, la alegría, el miedo, la tristeza...

Saturno devorando a un hijo, de Goya, muestra el horror de forma más expresiva que el lenguaje. Goya representa la experiencia inexpresable que las sensaciones más básicas provocan en el ser humano.

En *Saturno devorando a un hijo*, Goya crea una atmósfera de terror recortando a Saturno sobre un fondo totalmente negro, sosteniendo con ambas manos a uno de sus hijos, parcialmente devorado.

Los ojos desorbitados de Saturno transmiten la violencia irracional y el horror de la escena, y le conceden al personaje el aspecto de un individuo enajenado y anonadado por la perversidad de su acción. Solo la sangre del hijo destaca sobre los tonos sombríos de la composición.

1) ¿Qué técnicas artísticas emplea Goya para mostrar el horror sin recurrir a un lenguaje articulado?

2) ¿Qué efecto provoca en ti este cuadro de Goya? Explícalo con tus propias palabras.

3) A partir de tu análisis de la obra, ¿qué relación hay entre las sensaciones y el conocimiento racional?

Descubro lo que he aprendido

1 Busca un mito que explique el origen del universo y redacta un breve resumen para exponerlo en clase. Comparadlo por parejas y destacad los aspectos comunes entre ambas propuestas.

2 ¿Por qué afirma Colli que la filosofía es «un fenómeno de decadencia»? Explica la conclusión del texto: ¿qué significaba para Platón la filosofía o el «amor a la sabiduría»?

> «Los orígenes de la filosofía, y, por tanto, de todo el pensamiento occidental, son misteriosos. Según la tradición erudita, la filosofía nació con Tales y Anaximandro: en el siglo XIX se buscaron sus orígenes más remotos en fabulosos contactos con las culturas orientales, con el pensamiento egipcio y con el indio. Por ese camino no se ha podido comprobar nada, y nos hemos contentado con establecer analogías y paralelismos. En realidad, la época de los orígenes de la filosofía griega está mucho más próxima a nosotros. Platón llama "filosofía", amor a la sabiduría, a su investigación, a su actividad educativa, ligada a una expresión escrita, a la forma literaria del diálogo. Y Platón contempla con veneración el pasado, un mundo en que habían existido de verdad los sabios. Por otra parte, la filosofía posterior, nuestra filosofía, no es otra cosa que una continuación, un desarrollo de la forma literaria introducida por Platón; y, sin embargo, esta última surge como un fenómeno de decadencia, ya que el "amor a la sabiduría" es inferior a la "sabiduría". Efectivamente, amor a la sabiduría no significaba, para Platón, aspiración a algo nunca alcanzado, sino tendencia a recuperar lo que ya se había realizado y vivido».
>
> G. Colli, *El nacimiento de la filosofía.*

3 ¿Cuál de estos conceptos significa «principio» o «causa» de la existencia de una realidad, el elemento que se busca en la filosofía presocrática para resolver el problema del cambio en la naturaleza?

a) Phýsis.

b) Lógos.

c) Arjé.

d) Mythos.

4 En la filosofía presocrática, ¿qué pregunta se planteaban sus principales representantes? ¿Por qué fue tan importante para la historia de la filosofía?

5 ¿Cuál de los siguientes filósofos es pluralista con respecto a la cuestión del principio o *arjé* de la naturaleza?

a) Anaxímenes.

b) Heráclito.

c) Parménides.

d) Empédocles.

6 Explica en qué consiste el relativismo gnoseológico de la sofística. ¿Cuál sería el objetivo último de la dialéctica y de la argumentación que desarrollaron?

7 ¿En qué consiste el método socrático? ¿Cómo vincula Sócrates conocimiento y virtud? ¿Estás de acuerdo en la tesis según la cual el conocimiento es condición de la felicidad? Razona tu respuesta.

8 Según Platón, ¿cómo se denomina el proceso que conduce al conocimiento de las ideas o formas inteligibles que estarían más allá del mundo sensible?

a) Lógica.

b) Mayéutica.

c) Dialéctica.

d) Metafísica.

9 Según Platón, ¿en qué consiste el conocimiento? ¿Qué aspectos de las enseñanzas de su maestro Sócrates acepta y desarrolla Platón en su propio pensamiento?

10 ¿Cuál de las siguientes afirmaciones corresponde a la teoría aristotélica sobre las esencias?

a) Las esencias existen en un ámbito de realidad separadas de sus concreciones o manifestaciones materiales.

b) Las esencias son solo un concepto mental fruto de una abstracción; propiamente hablando, no existen fuera de la mente humana.

c) Las esencias son el ser auténtico de las cosas, pero solo se manifiestan en la materia de la que están compuestas las cosas.

d) Las esencias están en las cosas y no es posible que se realicen separadas de los fenómenos empíricos.

anayaeducacion.es Realiza la autoevaluación interactiva de la unidad.

3

LA IDENTIDAD PERSONAL

¿Cómo se estudia la personalidad en psicología?

La psicología es la ciencia que estudia la conducta como un conjunto de procesos integrado en el marco estructural y funcional de la personalidad.

Los conceptos de temperamento, de carácter y de personalidad definen las características psicofisiológicas que explican el comportamiento de las personas.

A menudo, estos conceptos se han utilizado indistintamente, dando lugar a muchas confusiones. Sin embargo, en sus contextos específicos, cada uno de ellos tiene un significado propio.

Decidir dónde comienza el carácter y dónde empieza el temperamento es una empresa inútil, pues son instancias de la personalidad del individuo que interaccionan y que se modifican mutuamente.

Por tanto, para estudiar al sujeto que ejecuta una conducta, el punto de vista de analizar por separado el carácter y el temperamento ha dejado paso a una investigación conjunta sobre ambos componentes bajo el concepto de personalidad.

Entendemos, pues, por personalidad el conjunto integrado de los factores temperamentales y caracterológicos del sujeto. Semejante complejo fundamenta el modo habitual de comportarse propio de cada persona.

Además, la conducta está influida por las emociones, que dan lugar a la motivación para actuar de una manera o de otra, incluso la contraria.

Por último, también hay que destacar la interferencia del inconsciente en la vida consciente de los individuos, que limita su autonomía y su responsabilidad.

En esta unidad vas a estudiar

- El temperamento y el carácter.
- Las teorías de la personalidad.
- Las emociones y la motivación.
- La conciencia y el inconsciente.

anayaeducacion.es Visualiza la presentación de la unidad.

¿QUÉ SIGNIFICA SER PERSONA?

La identidad jurídica y moral de las personas se construye sobre la base de la universalidad, que implica el reconocimiento de los mismos derechos y los mismos deberes, aunque cada persona sea diferente de las demás y tenga su personalidad individual.

El individuo

Referida al ser humano, la palabra «individuo» designa la originalidad y la particularidad de cada ser único. Cada individuo es una personalidad irrepetible formada por la síntesis de factores hereditarios y aprendidos.

La persona

La palabra «persona» ('máscara de teatro') se empleaba para referirse al papel que cada miembro de la sociedad representa en ella. Así, ser persona es ser sujeto de derechos en igualdad con las demás personas.

La existencia

Consiste en vivir en el tiempo posibilidades contingentes e inciertas. Al tener que elegir entre ellas sin conocer sus efectos y sus consecuencias, podemos equivocarnos y frustrar nuestro proyecto de vida.

La muerte

La muerte puede ocurrir en cualquier momento de nuestra existencia. Este hecho nos confirma la finitud y los límites de nuestra existencia y de todas las posibilidades que se nos ofrecen en la vida.

anayaeducacion.es En la «Biblioteca de textos» encontrarás un texto sobre la identidad personal.

1
EL TEMPERAMENTO Y EL CARÁCTER

COMPROMISO ODS

Educación de calidad

«De aquí a 2030, asegurar que todas las niñas y todos los niños terminen la enseñanza primaria y secundaria, que ha de ser gratuita, equitativa y de calidad y producir resultados de aprendizaje pertinentes y efectivos».

Objetivos de Desarrollo Sostenible, meta 4.1.

1 Averiguad qué son los «estilos de aprendizaje» y las «inteligencias múltiples». ¿Tienen relación con los biotipos?

2 **Asamblea de ideas.** ¿Cómo responde el sistema educativo a la diversidad del alumnado? ¿Y tú cómo aprendes?

anayaeducacion.es Consulta la información correspondiente a la Meta 1 del Objetivo 4.

Los biotipos y las caracteriologías son clasificaciones para tratar de describir el comportamiento humano.

1.1. El temperamento

El término «temperamento» es muy antiguo y está relacionado con la teoría de los humores de Hipócrates, un famoso médico griego del siglo v a. C. Según esta doctrina, el temperamento de una persona está determinado por los humores del cuerpo, unas sustancias de cuyo equilibrio se creía que dependía la salud. Tanto entonces como en nuestros días, se considera que el temperamento deriva de la constitución física del individuo.

Podemos, pues, entender por temperamento el conjunto de disposiciones afectivo-emocionales que predominan en las reacciones comportamentales habituales de un sujeto, dependientes de factores constitucionales y, por tanto, de origen principalmente hereditario. Designa, por tanto, los fenómenos característicos de la naturaleza emocional de un individuo.

Los distintos temperamentos se han clasificado en las teorías de los biotipos. Un biotipo es la manifestación morfológica global del fondo genético de un individuo. En muchas ocasiones, se ha partido del estilo corporal unitario de la persona para predecir su comportamiento habitual, pues su trasfondo genético, a la vez que regula la arquitectura corporal visible, también regula su temperamento.

La clasificación más conocida es la de Ernst Kretschmer, que consta de tres biotipos con sus tres temperamentos, caracterizados por distintas actitudes afectivas y diferentes propensiones psicopatológicas:

Biotipos	Temperamentos	Enfermedades
Pícnico	Ciclotímico	Psicosis maniaco-depresiva
Leptosomático	Esquizotímico	Esquizofrenia
Atlético	Enequético	Epilepsia

Esta clasificación fue perfeccionada más tarde por William H. Sheldon, que propone tres biotipos en función del desarrollo alcanzado por cada una de las tres capas embrionarias durante la gestación:

- El endomorfo tiene un mayor desarrollo visceral y del tramo digestivo y suele ser, más bien, bajo de estatura y grueso.
- El mesomorfo se caracteriza por un mayor predominio de su esqueleto y de su musculatura; son personas fuertes y resistentes.
- El ectomorfo tiende a un mayor desarrollo del sistema nervioso y acostumbra a ser delgado y frágil.

En correlación con estos tres biotipos físicos, Sheldon ha descrito tres temperamentos:

- El viscerotónico, relacionado con el biotipo endomorfo, se caracteriza por su tendecia a la relajación, el gusto por la comodidad y el predominio de la extraversión.
- El somatotónico, relacionado con el biotipo mesomorfo, se caracteriza por su energía, por su actividad y por su agresividad.
- El cerebrotónico, relacionado con el biotipo ectomorfo, se caracteriza por la inhibición, por la introversión y por las tendencias intelectuales.

1.2. El carácter

Las primeras caracterologías, empezando por la de Teofrasto, filósofo griego del siglo IV a. C., consistían fundamentalmente en descripciones de formas de ser o de modos habituales y característicos de comportamientos.

Desde ese punto de vista, podemos convenir en que, con el término «carácter», se designa, sobre todo, el conjunto de hábitos de comportamiento adquiridos a través de la experiencia y bajo exigencias adaptativas.

Con el transcurso del tiempo, este término ha ido adquiriendo una acepción ética, en tanto que se considera al sujeto responsable de sus hábitos de comportamiento. Esta interpretación ha llevado a Gordon Allport a definir el carácter como «la personalidad evaluada desde el punto de vista ético».

Las caracterologías son sistemas tipológicos que describen la personalidad en función de un conjunto de rasgos o de características de naturaleza psíquica.

Por ejemplo, es muy famosa la tipología del célebre psiquiatra Carl Gustav Jung quien, a partir del estudio de las relaciones del individuo con su medio y con las demás personas, distinguió dos tipos de caracteres, que luego adoptó Hans Eysenck en su teoría factorial de la personalidad:

- ➜ El introvertido, con tendencia a la interioridad y poco sociable.
- ➜ El extravertido, sociable y tendente a lo externo.

También es ampliamente conocida la tipología de Eduard Spranger, quien clasifica a las personas en función de seis actitudes fundamentales y orientaciones de valor: teorético, estético, social, político, religioso y económico.

Comprende, piensa, investiga...

1 Según la clasificación de Ernest Kretschmer, ¿qué temperamento corresponde al biotipo pícnico y a qué enfermedades propende? Busca información sobre los temperamentos de esta clasificación.

2 Según la clasificación de William H. Sheldon, ¿qué temperamento corresponde al biotipo mesomorfo?

3 ¿Cómo define Gordon Allport el carácter? Explica el significado de esa definición.

TEXTUALMENTE

«Comprobadas la introversión y la extraversión se dio por lo pronto la posibilidad de distinguir dos vastos grupos de individuos psicológicos. Es, sin embargo, esta agrupación de tan superficial y general naturaleza, que precisamente por ello no tolera una distinción de tan general índole. Un más vigoroso examen de las psicologías individuales que se incluyen en uno o en otro grupo evidencia en el acto grandes diferencias entre los distintos individuos, aunque pertenezcan al mismo grupo. Hemos, pues, de avanzar un paso para poder establecer en qué consisten las diferencias entre los individuos pertenecientes a un grupo determinado. La experiencia me ha hecho ver que de un modo completamente general puede distinguirse a los individuos no solo por su diferencia universal de extraversión e introversión, sino según sus distintas funciones psicológicas fundamentales.

En la misma medida en que las circunstancias exteriores y la íntima disposición dan lugar al predominio de extraversión o introversión, favorecen el predominio de una determinada función fundamental del individuo. Por funciones fundamentales, es decir, por funciones que tanto genuina como esencialmente se distinguen de otras funciones, entiendo —según por la experiencia se me ha evidenciado— el *pensar*, el *sentir*, el *percibir* y el *intuir*. Al predominar de modo habitual una de estas funciones surge el tipo correspondiente. Distingo, pues, tipos determinados por el pensar, por el sentir, por el percibir y por el intuir. *Cada uno de estos tipos puede además ser introvertido o extravertido*, según se comporte respecto del objeto, del modo antes descrito.

Las diferencias que aquí se exponen no fueron incluidas en dos comunicaciones provisionales hechas por mí sobre los tipos psicológicos en las que el tipo determinado por el pensar se identifica con el introvertido, y el determinado por el sentir, con el extravertido. Esta fusión, a una elaboración más profunda, se ha evidenciado insostenible».

C. G. Jung, *Tipos psicológicos* I, «Introducción».

1 ¿Qué dos tipos psicológicos de individuos diferencia el autor del texto?

2 ¿A qué funciones fundamentales se refiere Jung en relación con los tipos psicológicos?

2
TEORÍAS DE LA PERSONALIDAD

GLOSARIO

Personalidad: configuración duradera de características y del comportamiento que comprende el ajuste único de un individuo con la vida, incluidos los principales rasgos, intereses, impulsos, valores, autoconcepto, habilidades y patrones emocionales. La personalidad se considera generalmente una integración o totalidad compleja y dinámica formada por muchas fuerzas, incluidas las tendencias hereditarias y constitucionales; maduración física; entrenamiento temprano; identificación con individuos y grupos importantes; valores y roles culturalmente condicionados, y experiencias y relaciones críticas. Varias teorías explican la estructura y el desarrollo de la personalidad de diferentes maneras, pero todas coinciden en que la personalidad ayuda a determinar el comportamiento (Diccionario de psicología, APA).

2.1. Teorías de los rasgos

Las personas tienen un número muy elevado de rasgos o de características que las identifican:

- Algunos son físicos, como, por ejemplo, el peso o la estatura.
- Otros son mentales o aptitudinales, como, por ejemplo, la memoria o la comprensión verbal.
- Otros son los rasgos de personalidad propiamente dichos, como, por ejemplo, la sociabilidad, la actividad, las aspiraciones, la emotividad, la responsabilidad, etc.

Estos rasgos se dan con mayor o menor intensidad en todos los individuos; por tanto, las diferencias de personalidad de unos sujetos a otros son más de orden cuantitativo que cualitativo. No obstante, también existen rasgos muy personales y poco comunes, como los tics o el daltonismo.

Para describir de forma adecuada la personalidad es necesario, en primer lugar, identificar los rasgos que verdaderamente pueden considerarse dimensiones fundamentales del comportamiento. Se suele distinguir entre:

- Rasgos unipolares: son los que partiendo de un punto cero se extienden hasta el límite superior de la manifestación. Se trata de los rasgos somáticos (peso, estatura, etc.) y aptitudinales (inteligencia, razonamiento abstracto, etc.).
- Rasgos bipolares: son los que se extienden desde un polo al opuesto pasando por un punto cero. Son rasgos temperamentales y actitudinales como dominación-sumisión, extraversión-introversión, etc.

  El punto cero en los rasgos bipolares indica que las dos cualidades están equilibradas; es decir, que, en lo que a un rasgo concreto se refiere, una persona no puede definirse ni por lo característico de una de las direcciones ni por lo que indica la opuesta.

TEXTUALMENTE

«1. La personalidad es, por lo pronto, algo distintivo y propio de cada individuo. El fundamento de esta unicidad varía según las escuelas, pero la mayoría de los autores aceptan que, de algún modo, en la personalidad se expresa y funda el *propium* de cada cual.

2. La presencia de un modo habitual de responder a situaciones heterogéneas, en virtud del predominio de esta o aquella disposición, es uno de los criterios frecuentemente utilizado para definir la personalidad.

3. Este modo habitual tiende a interpretarse en términos de sistema de rasgos o de organización global de funciones adaptativas, más bien que como un mero sumatorio de elementos inconexos.

4. Entre las funciones cuya integración constituye la personalidad, se ha dado primacía a las afectivas y tendenciales sobre las cognoscitivas; últimamente, sin embargo, el predominio de los planteamientos sociogenéticos sobre los constitucionales está invirtiendo el proceso.

5. La autoposesión consciente del sujeto en términos de ego constituye el foco central de la personalidad en las escuelas humanísticas; pero los continuos hallazgos de determinantes biológicos y sociales que le pasan desapercibidos al individuo en sus decisiones inscriben las funciones cognoscitivas y decisorias del yo en una retícula de relaciones que las condicionan profundamente.

6. Finalmente, como lo que la psicología de la personalidad busca, científicamente, es el conocimiento de las leyes que regulan su funcionamiento, se propende a concebir su estudio como el del sistema de indicadores que permiten la predicción del comportamiento bajo condiciones específicas».

J. L. Pinillos, *Principios de psicología*, cap. 8.

1 ¿Qué definición de personalidad te parece más acertada?

2 ¿Qué crees que significa la aclaración de la tercera definición según la cual la personalidad no es un «mero sumatorio de elementos inconexos»?

Gordon Allport y Henry S. Odbert encontraron que, en lengua inglesa, existían cerca de 18 000 palabras para describir los rasgos humanos. Hicieron una selección de estos términos, y con los rasgos escogidos distinguieron entre:

- Rasgos comunes o disposiciones generales: aparecen en mayor o menor grado en todas las personas.
- Rasgos individuales o disposiciones personales: características de conducta que no se encuentran en todas las personas y que pueden no existir en más de un individuo concreto.

A partir de esta división, Allport traza un diseño estructural de la personalidad y describe su dinámica con su concepto de autonomía funcional, mediante el que designa la propiedad de los motivos de la persona adulta de ser independientes de su origen; es decir, que es poco importante el pasado de una persona para comprender cómo obra en el presente.

La descripción de los rasgos básicos de la personalidad es un método para explicar el comportamiento de los individuos.

2.2. Teorías factorialistas

Las teorías factorialistas, desarrolladas por psicólogos como Raymond Cattell o como Hans Eysenck, se caracterizan porque, una vez seleccionados los rasgos que parecen más útiles para describir la personalidad, en ellas se determina la intensidad de la influencia de cada rasgo mediante el análisis factorial sobre datos objetivos obtenidos en distintas muestras.

En concreto, Cattell partió de una lista de cuatro mil nombres de rasgos. Redujo esta cifra a ciento setenta y uno, y, por medio de un estudio preliminar de correlaciones, limitó la lista a treinta y cinco rasgos bipolares que recogían la mayor parte de las variaciones encontradas en los ciento setenta y uno iniciales.

Se construyeron unas escalas adecuadas para medir estos rasgos y se evaluó con ellas una muestra de sujetos adultos, obteniendo puntuaciones para cada uno de estos treinta y cinco rasgos. Se administraron también a estos sujetos cuestionarios de personalidad y test objetivos de conducta, y se recogieron otra serie de datos que también se cuantificaron.

Se volvieron a calcular las correlaciones entre todos estos datos y los treinta y cinco rasgos establecidos y se hizo un análisis factorial en el que se identificaron doce factores subyacentes, que son los que, para Cattell, constituyen los rasgos primarios de comportamiento, descritos como dimensiones bipolares.

La naturaleza de los factores obtenidos en cada investigación puede diferir en función del número y de la clase de test administrados, de los demás datos métricos que se someten a análisis y de la amplitud y de las características de las muestras de sujetos sobre los que se realizan estos estudios.

Aun teniendo en cuenta las limitaciones de estas investigaciones, este método supone un gran esfuerzo por encontrar un sistema científico que permita aislar un grupo de rasgos primarios básicos, a partir de cuyas combinaciones pueden explicarse las conductas concretas de los individuos.

Comprende, piensa, investiga...

1 ¿Qué son los rasgos bipolares utilizados para estudiar la personalidad?

2 ¿Mediante qué procedimiento estudió Raymond Cattell los rasgos de la personalidad?

3 Averiguad en qué consisten los test de personalidad y cómo se usan en psicología. Informaos en el Departamento de Orientación sobre los test de personalidad y evaluad su utilidad.

3 LAS EMOCIONES Y LA MOTIVACIÓN

GLOSARIO

Motivación: impulso que da propósito o dirección a la conducta y que opera en los seres humanos a un nivel consciente o inconsciente. Los motivos se dividen con frecuencia en motivos fisiológicos, primarios u orgánicos, como el hambre, la sed y la necesidad de dormir, y en motivos personales, sociales o secundarios, como afiliación, competencia e intereses y objetivos individuales. También debe señalarse una distinción importante entre las fuerzas motivadoras internas y los factores externos, como recompensas o castigos, que pueden alentar o desalentar ciertos comportamientos (Diccionario de psicología, APA).

Las emociones desempeñan un papel fundamental en la motivación, que determina el comportamiento humano.

3.1. La función motivacional de la emoción

La psicóloga Magda Arnold define la emoción como «una tendencia que se siente hacia algo intuitivamente percibido como bueno (placentero) o contra algo intuitivamente apreciado como malo (doloroso). Tal atracción o aversión va acompañada por una pauta de cambios fisiológicos organizada hacia la aproximación o la evitación correspondiente».

Así pues, la emoción es el resultado de la percepción de una situación acompañada de cambios fisiológicos. Ahora bien, desde otra perspectiva se considera que no es la percepción neutra del estímulo lo que suscita la emoción, sino la evaluación de lo que se percibe como beneficioso o como nocivo.

En cualquier caso, esta evaluación y la emoción suscitada constituyen, para Arnold, la motivación para actuar a favor o en contra, aproximándose o huyendo.

El proceso motivacional, que engloba la emoción, consistiría en:

- La percepción afectivamente neutra de la situación.
- La evaluación de lo percibido como bueno o como malo.
- La emoción, experiencia afectiva, de apetencia o de aversión hacia ello.
- La expresión de unas pautas fisiológicas que acompañan a esa emoción experimentada.
- La acción en consecuencia.

También Robert W. Leeper considera la emoción un aspecto integrante de la motivación, pero él insiste en que es la función motivacional de las emociones lo que permite establecer diferencias claras entre ellas: son la huida provocada por el miedo, la agresión a que conduce la cólera, las caricias que comporta el amor..., lo que definitivamente distingue entre sí estas emociones.

Estos aspectos dinámicos de la emoción reposan sobre procesos cognitivos complejos, entre los que destaca la percepción. Como sostenía Arnold, el paso de la conducta neutra a la hostil o a la amistosa depende de la manera como se perciba la situación.

3.2. Teorías de la motivación

El estudio de la motivación en psicología es de crucial importancia para la comprensión completa de la conducta humana. Con ella se apunta a la raíz dinámica del comportamiento, es decir, a aquellos factores o determinantes internos al sujeto que, desde dentro, lo incitan a la acción.

De entre las teorías mediante las que se trata de explicar los motivos del comportamiento destaca el modelo homeostático propuesto por Walter B. Cannon.

La raíz de la conducta motivada se explica en esta teoría a partir de algún tipo de desequilibrio que perturba la estabilidad o la constancia del medio ambiente interno del sujeto.

Este desequilibrio interior del sujeto puede estar provocado por varios factores:

- ➜ Por un déficit que experimenta el organismo de lo que precisa para su existencia.
- ➜ O bien, por un exceso de lo que necesita el organismo; por ejemplo, hormonal.
- ➜ También por una disfunción de las relaciones del organismo con el medio en el que se encuentra que provoca en él una necesidad de reequilibración que no cesa hasta que la carencia o el exceso son eliminados.

La motivación resulta ser, según esta interpretación, un proceso de equilibración consustancial al intercambio energético en que consiste la vida.

También es importante la explicación de la conducta en función de los incentivos, propuesta por Paul T. Young. Para él, los organismos pueden perseguir incentivos puramente hedonistas, sin valor supervivencial o incluso nocivos para la vida, a la vez que pueden buscar el incremento, no la reducción, de un impulso, como acontece, en la búsqueda de emociones fuertes.

Por último, en la explicación cognitiva que proponen Leon Festinger y Edward Tolman se subraya la importancia que los procesos cognitivos tienen para la acción y la fuerza que ejercen las ideas para imprimir movimiento a la mente y a la conducta.

A partir de estas dos ideas, Festinger desarrolla su teoría de la disonancia cognitiva y Tolman explica la motivación a partir de las expectativas.

Comprende, piensa, investiga...

1 ¿En qué consiste el proceso motivacional, según Magda Arnold?

2 **CTF.** En tu opinión, ¿qué papel desempeñan las emociones en la motivación del comportamiento?

3 ¿Qué importancia tienen los procesos cognitivos como motivos de la conducta?

TEXTUALMENTE

«La vieja máxima de Aristipo de Cirene, según la cual el placer es el principio y el fin de la vida feliz, ha presidido el pensamiento de muchos psicólogos [...] interesados en el problema de la motivación. No toda apelación a principios hedonistas significa, desde luego, una identidad de postura respecto al tema de los incentivos, ni estos han de interpretarse tampoco en términos exclusivamente hedonistas, pero la relación entre la psicología de la afectividad y el concepto de incentivo es profunda.

Un incentivo es un incitador a la acción, algo que invita a ella en virtud de sus propiedades atractivas, de su valencia para el sujeto; en algún modo podríamos decir que un incentivo es un motivo visto desde fuera, esto es, desde su término objetivo. Un incentivo es lo que vale para un sujeto, lo que le atrae, y aunque la atracción puede estar fundada en operaciones distintas de la experiencia afectiva, no cabe duda de que el placer y el dolor que los individuos experimentan en su interacción con las cosas forman una parte singularmente profunda de su conducta apetitiva y evitativa. Que los organismos tienden en líneas generales a conseguir placer y evitar dolor es indiscutible, y de esta verdad inconcusa han partido las interpretaciones hedonistas del incentivo.

P. T. Young es uno de los autores que más han documentado empíricamente la función motivadora de los incentivos, con independencia de su valor homeostático para reducir una necesidad biológica o un impulso. Los organismos pueden, en efecto, perseguir incentivos puramente hedónicos, sin valor supervivencial o incluso nocivos para la vida, a la vez que pueden buscar, asimismo, el incremento y no la reducción de un impulso, como acontece en las conductas eróticas inconclusas o en la búsqueda de emociones. En todo caso, aunque Young nunca pretendió hacer de la teoría hedonista una alternativa del modelo homeostático, cuya profundidad biológica le era bien patente, sus estudios comprobaron el hecho de que a los organismos pueden motivarles los deseos de placer, tanto como los de reponer energías perdidas o reducir un impulso molesto».

J. L. Pinillos, *Principios de psicología*, cap. 7.

1 Define con tus palabras lo que es un incentivo. Expón algo que te motive.

2 Según el texto, ¿qué se defiende desde posturas hedonistas? ¿Hay alguna alternativa distinta de la hedonista? Di cuál es y en qué consiste.

4 CONCIENCIA E INCONSCIENTE

LA FILOSOFÍA EN PERSONA

Sigmund Freud (1856-1939). Fue el fundador del psicoanálisis. Opina que el ser humano no controla su vida consciente, pues gran parte de sus motivaciones son inconscientes. A la conciencia subyacen dos tipos de impulsos: sexuales *(eros)* y agresivos *(thánatos)*.

GLOSARIO

Inconsciente: instancia de la mente humana que se escapa al control del individuo. Está formado por los impulsos, los deseos, las creencias..., que no reconocemos como nuestros y que condicionan nuestra conducta y nuestra forma de pensar conscientes. Para Freud, el inconsciente presiona sobre nuestra conciencia e irrumpe en los momentos en los que los límites de nuestra conciencia moral (formada también por el superyó) están más relajados, como, por ejemplo, en los sueños o en los *lapsus linguae*.

GLOSARIO

Yo: parte consciente del psiquismo del individuo. Resulta de una lucha entre el ello, que trata de satisfacer sus impulsos; el superyó, que intenta limitar la expresión de esos impulsos, y la realidad, que impone sus limitaciones a la voluntad del sujeto. La función del yo es juzgar, valorar y decidir en estos conflictos. Si no son resueltos, el problema es reprimido en el inconsciente y puede generar angustia y neurosis.

4.1. El inconsciente

Inconsciente es todo aquello que nos sucede sin que nos demos cuenta. Por ejemplo, nuestras reacciones automáticas de tipo reflejo, el funcionamiento fisiológico de nuestros sistemas corporales y de nuestros órganos. Alguien es inconsciente también cuando se duerme o cuando no mide las consecuencias de sus actos.

En general, son inconscientes los estados en los que un individuo no es dueño de sí mismo. En este sentido, lo inconsciente marca el límite del conocimiento que el sujeto tiene de sí mismo y de su autocontrol.

Sigmund Freud, el inventor del psicoanálisis, afirmó, en relación con lo inconsciente, que no basta con aumentar nuestro conocimiento y nuestro saber para hacer retroceder en nuestras vidas lo inconsciente y que reine en todos nuestros actos la conciencia.

Nuestro inconsciente tiene un funcionamiento autónomo que nunca llega a hacerse consciente, pero que está influyendo siempre en nuestro comportamiento sin que nos demos cuenta de ello.

Por esa razón, este influjo de las fuerzas inconscientes, al igual que el de las pasiones y el de los condicionamientos educativos y culturales, limita la autonomía y la responsabilidad de los individuos.

Un problema filosófico importante es, pues, determinar hasta qué punto un individuo es dueño de sus pensamientos y de sus acciones; o sea, en qué medida es libre y, por tanto, responsable de sus actos.

Según el psicoanálisis, en el inconsciente se sitúan los impulsos psicofísicos primarios, ligados a la naturaleza corporal del ser humano, y que son, básicamente, los impulsos de autoconservación y los impulsos sexuales. Estos impulsos son las fuerzas que traducen, en el psiquismo y en su actividad, las exigencias biológicas del cuerpo.

Estos impulsos psicofísicos primarios se caracterizan por que buscan siempre su satisfacción, y la alcanzan solo si se suprime el estado de excitación de la exigencia biológica de la que brotan.

Freud dice que los impulsos solo se rigen por el principio del placer, o sea, por la exigencia de satisfacción incondicional e inmediata de su necesidad, sin respetar ningún orden lógico ni ninguna limitación objetiva procedente de la realidad, de la sociedad o de la conciencia.

4.2. La conciencia

La conciencia es el lugar en el que se expresa el yo, el espacio de su reflexión deliberada, de su autoconciencia y de su libertad.

Además, el yo es también el origen de la acción, y al que se le atribuye la responsabilidad de lo que hace. En este sentido, la palabra «conciencia» alude a ese gusanillo que desde lo profundo nos dice lo que está bien y lo que está mal. O sea, la conciencia es, desde este punto de vista, lo que hace del individuo un sujeto moral.

El yo solo es una pequeña parte del psiquismo del individuo, la conciencia, que es como la parte flotante de un iceberg que oculta su enorme volumen bajo el agua. Es el escenario de una lucha continua contra tres frentes: el ello, el superyó y las exigencias de la realidad.

anayaeducacion.es «Emprendemos» la realización del cuestionario de Proust para conocernos mejor.

La lucha la inicia el principio del placer, que rige los impulsos inconscientes, y cuyo deseo de satisfacción choca con los obstáculos y con las prohibiciones morales de la sociedad y con el principio de realidad. Estas dificultades obligan al yo a reflexionar sobre las negativas consecuencias previsibles que se derivarían tanto de la satisfacción como de la no satisfacción de los impulsos primarios.

En este conflicto, la función del yo es activar el juicio y la decisión voluntaria para actuar como árbitro consciente y racional en esta lucha. Cuando no es capaz de mantener este equilbrio y el conflicto no se resuelve por la acción de la conciencia, entonces interviene la represión para hundir el problema en el inconsciente, produciendo malestar y neurosis.

En resumen, el individuo humano, que ha de vivir necesariamente en sociedad, siente a cada momento la amenaza de que afloren en su vida consciente las fuerzas y los deseos reprimidos de su inconsciente, especialmente sus impulsos sexuales y agresivos. Para actuar con tacto y con diplomacia ante esa situación, el yo ha de fortalecerse ampliando su formación y su cultura.

Comprende, piensa, investiga...

1 **El espejo.** ¿Cuáles son las principales diferencias que encuentras entre la conciencia y el inconsciente?

2 Explica qué son el ello y el superyó. ¿Cómo se relacionan estas instancias del psiquismo humano con el yo, con la conciencia?

3 **Interpretación compartida.** Buscad información sobre el célebre caso de Anna O, tratado por Freud y por Breuer, e indagad en la influencia del inconsciente en la conducta consciente.

GLOSARIO

Ello: esta instancia de la personalidad corresponde al inconsciente, a los impulsos del eros (instinto vital y de conservación, el deseo sexual, o libido) y los impulsos de thánatos (impulsos de agresividad y de muerte). Los impulsos del ello buscan ser satisfechos y realizados, presionando a la conciencia para conseguir esa satisfacción. En caso de no serlo, pueden provocar obsesiones, neurosis y otras alteraciones psíquicas. Se manifiestan en los sueños, en los chistes...

GLOSARIO

Superyó: esta instancia de la personalidad consiste en el conjunto de normas, de valores y de prescripciones sociales y morales que el individuo ha asumido como propias durante la infancia y en el proceso de socialización. Es, en buena medida, inconsciente, en tanto que el sujeto puede pensar que esas normas y esos valores son suyos y no una imposición externa de la sociedad que él ha asumido como propia. Impone restricciones al ello, reprimiendo y controlando sus manifestaciones.

TEXTUALMENTE

«Quisiera exponer en pocas palabras y lo más claramente posible qué sentido entraña en el psicoanálisis —y solo en el psicoanálisis— la expresión "inconsciente". Una representación —o cualquier otro elemento psíquico— puede hallarse ahora presente en mi conciencia, desaparecer de ella en el momento inmediato y emerger de nuevo, sin modificación alguna, después de un intervalo; mas no como consecuencia de una nueva percepción sensorial, sino del recuerdo, según la expresión corriente. Para explicarnos este hecho nos vemos obligados a suponer que también durante el intervalo hubo de hallarse tal representación presente en nuestro espíritu, aunque permanecía latente en la conciencia. Lo que no podemos representarnos es la forma en la que existía mientras se hallaba presente en la vida psíquica y latente en la conciencia.

Sale aquí a nuestro encuentro la hipótesis filosófica de que la representación latente no existió como objeto de la psicología, sino tan solo como disposición física a la recepción del mismo fenómeno psíquico, esto es, de la representación de que se trate, pero tal teoría, a más de raspar los límites de la Psicología propiamente dicha, no hace sino eludir el problema, sosteniendo que "consciente" y "psíquico" son conceptos idénticos, e incurre evidentemente en error al negar a la Psicología el derecho a explicar con sus propios medios auxiliares uno de sus hechos más corrientes como el recuerdo.

Llamaremos, pues, "consciente" a la representación que se halla presente en nuestra conciencia y es objeto de nuestra autopercepción, y este será por ahora el único y estricto sentido que atribuiremos a la expresión discutida. En cambio, denominaremos "inconsciente" a aquellas representaciones latentes de las que tenemos algún fundamento para sospechar que se hallan contenidas en la vida anímica, como sucedía en la memoria.

Una representación inconsciente será, entonces, una representación que no percibimos, pero cuya existencia estamos, sin embargo, prontos a afirmar, basándonos en indicios y pruebas de otro orden».

S. Freud, «Algunas observaciones sobre el concepto de lo inconsciente en el psicoanálisis», en *Los textos fundamentales del psicoanálisis.*

1 ¿Qué entiende Freud por «consciente»? ¿Y por «inconsciente»?

2 Explica qué diferencias observas entre la «conciencia» y el «inconsciente» en relación con la memoria.

anayaeducacion.es En el «Taller de filosofía» profundizad en las dificultades de observarse y de llegar a conocerse.

ORGANIZO MI MENTE

Mapa mental

LA IDENTIDAD PERSONAL

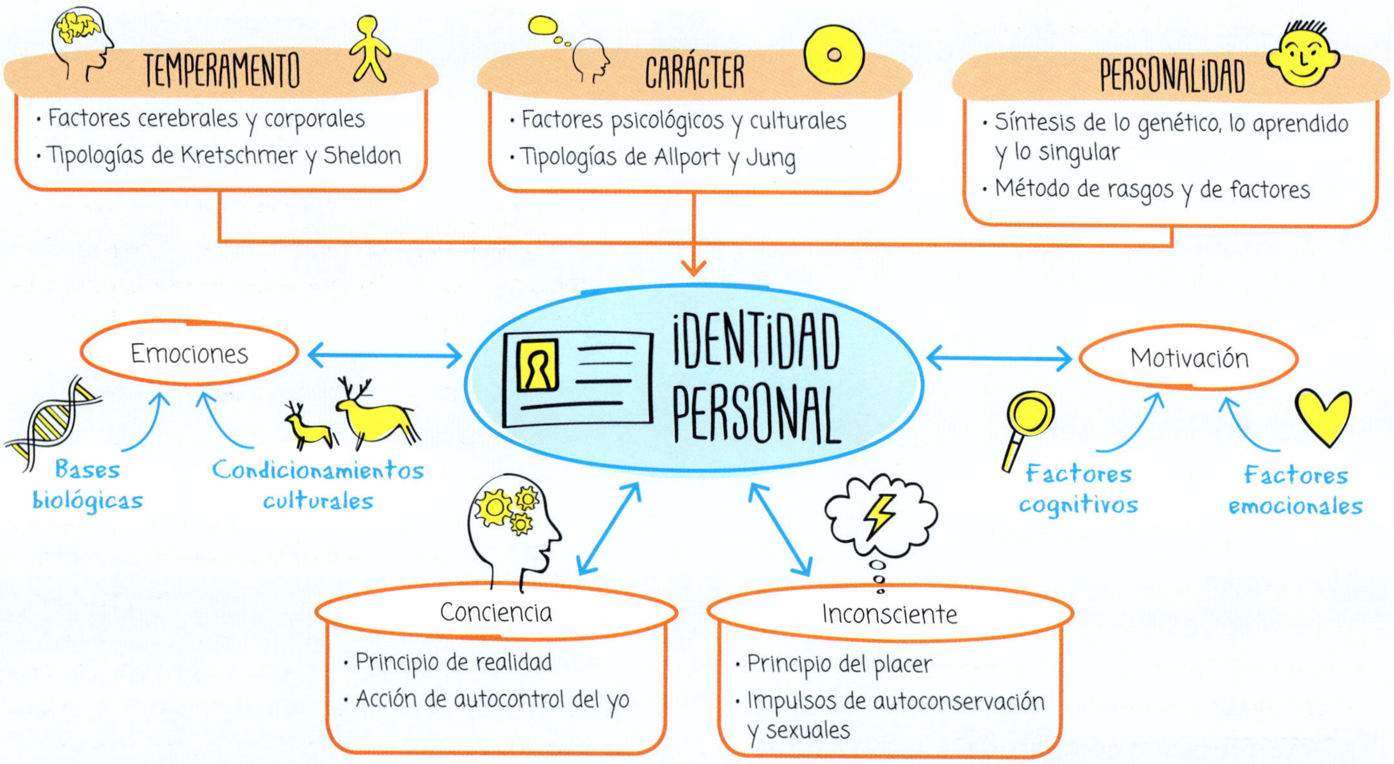

APRENDER A MIRAR

La importancia del deporte en la formación del yo

En la actualidad, el ejercicio físico adopta, por medio del deporte, nuevas orientaciones. Rodeado de muchas virtudes, pero también objeto de críticas diversas, el deporte se ha convertido en nuestros días en un factor esencial en la formación de la personalidad y en un elemento muy importante en nuestra cultura.

Teniendo en cuenta su relevancia, se puede preguntar, entonces, qué nos puede aportar la práctica deportiva, qué puede hacerla indispensable o prescindible y en qué medida nos humaniza.

El filósofo Michel Serres, en su obra *Variaciones sobre el cuerpo,* señala las mejoras que la experiencia del deporte le ha proporcionado en sus años de práctica: concentración, coraje, paciencia, autocontrol, aprovechamiento del tiempo, disciplina del cuerpo, higiene, cuidado de la alimentación, etc.

1) Redacta una disertación en la que expongas lo que, a partir de tu experiencia, consideres que aporta la práctica del deporte.
2) Piensa en un deporte concreto. ¿Qué valor formativo crees que tiene?
3) Señala las diferencias que encuentres entre el deporte entendido como instrumento de formación y el deporte de alta competición.
4) ¿Qué ventajas y qué inconvenientes tiene ser una persona competitiva?

Descubro lo que he aprendido

1 Señala los aspectos que mejor distinguen a los individuos introvertidos de los extravertidos

2 Entre la siguientes, señala cuáles no son definiciones correctas de «rasgos» tal como se entiende este concepto en la psicología de la personalidad.

a) Rasgos unipolares: son los que partiendo de un punto cero se extienden hasta el límite superior de la manifestación. Se trata de los rasgos somáticos (peso, estatura, etc.) y aptitudinales (inteligencia, razonamiento abstracto, etc.).

b) Rasgos bipolares: son los que se extienden desde un polo al opuesto pasando por un punto cero. Son temperamentales y actitudinales como dominación-sumisión, extraversión-introversión, etc.

c) Rasgos comunes o disposiciones generales: cuando distintas cualidades están equilibradas; es decir, en un caso representan lo característico de una persona, mientras que el opuesto es lo propio de otra.

d) Rasgos individuales o disposiciones personales: características de conducta que pueden no existir en más de un individuo concreto.

3 ¿Qué importancia tienen los procesos cognitivos como motivos de la conducta?

4 Señala cuáles de los siguientes aspectos no forman parte de la descripción que hace Magda Arnold del proceso motivacional que engloba la emoción.

a) Una percepción emocional intensa de la situación.

b) La evaluación de lo percibido como bueno o como malo.

c) El juicio moral para realizar lo correcto y para evitar lo incorrecto.

d) La expresión de unas pautas fisiológicas que acompañan a esa emoción experimentada.

e) La acción en consecuencia.

5 Explica con tus propias palabras el uso que se hace en psicología de los test de personalidad.

6 Señala los errores de las siguientes correlaciones entre los biotipos y los temperamentos clasificados por Kretschmer, y los biotipos de Scheldon.

a) El endomorfo, que es más bien bajo de estatura y grueso, se corresponde con el somatotónico, que se caracteriza por su energía, su actividad y su agresividad.

b) El mesomorfo, que se caracteriza por un mayor predominio de su esqueleto y de su musculatura, se corresponde con el ectomorfo, que necesita actividad y tiene fuerza de carácter.

c) El ectomorfo, que tiene un mayor desarrollo del sistema nervioso y que suele ser delgado y frágil, se corresponde con el cerebrotónico, que tiene tendencias intelectuales y a la introversión.

d) El viscerotónico, que se caracteriza por su tendecia a la relajación, por el gusto por la comodidad y por el predominio de la extraversión, se relaciona con el endomorfo, que destaca por una gran imaginación y por sus cualidades creativas.

7 Explica la oposición que propone Freud entre el principio del placer y el principio de realidad.

8 Relaciona cada instancia de la personalidad según Freud con su función: (1) ello, (2) superyó y (3) yo.

a) Es el conjunto de normas y de prescripciones sociales y morales que interiorizamos durante la infancia en el proceso de nuestra educación.

b) Es la conciencia, que activa el juicio y la decisión voluntaria para actuar como árbitro consciente y racional en la lucha entre las otras instancias de nuestra personalidad.

c) Es el inconsciente como ámbito de los impulsos primarios, sexuales y agresivos, que buscan la satisfacción inmediata e incondicional.

9 Explica cómo influyen los factores culturales en la modulación de las manifestaciones de la conducta sexual humana.

10 Si no podemos conocer los impulsos inconscientes, ¿cómo puede estudiarlos el psicoanálisis?

«Jamás una pulsión puede llegar a ser objeto de conocimiento. Solo puede serlo la representación que la presenta. Ni siquiera puede presentarse en lo inconsciente sino mediante la representación. Si no se enlazara a una representación, la pulsión no podría manifestársenos en forma de estado afectivo, ni podríamos saber nada de ella. [...] Kant nos ha enseñado a no considerar nuestra percepción idéntica a lo percibido incognoscible. Igualmente, el psicoanálisis nos enseña a no confundir la percepción efectuada por la conciencia con el proceso psíquico inconsciente, objeto de la misma».

S. Freud, *Introducción al psicoanálisis,* II.

anayaeducacion.es Realiza la autoevaluación interactiva de la unidad.

4

EL SER HUMANO DESDE LA FILOSOFÍA

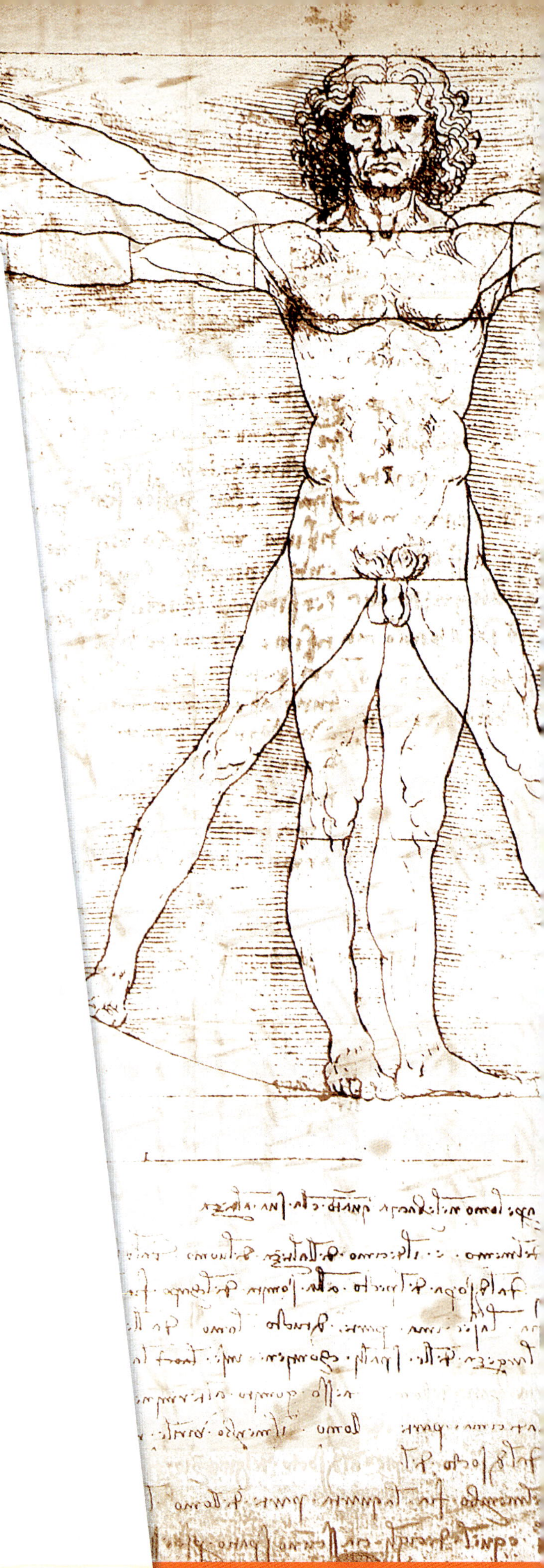

El ser humano, un enigma

Cuenta un mito griego que Edipo tuvo que resolver el siguiente enigma que le planteó la esfinge, un animal mitológico mitad mujer mitad león alado, para liberar la ciudad de Tebas: ¿qué animal camina primero sobre cuatro patas, luego sobre dos y, al final de sus días, sobre tres? Edipo respondió que el ser humano.

En la filosofía occidental se ha intentado en repetidas ocasiones responder a la cuestión sobre qué es la naturaleza humana. ¿Qué somos los seres humanos? ¿Qué rasgos nos definen frente a los demás animales? ¿En qué consite la razón humana? ¿Cómo hemos alcanzado el enorme desarrollo de la técnica?

Las respuestas a todas estas preguntas relacionadas con el ser humano han sido muy diversas a lo largo de la historia de la filosofía y las polémicas en torno a ellas continúan hasta nuestros días.

La aportación de las ciencias naturales, como, por ejemplo, la biología evolutiva, y de las ciencias sociales, como, por ejemplo, la antropología, a este debate ha ampliado el ámbito de discusión y ha enriquecido las distintas perspectivas.

Sin embargo, la pregunta sobre qué nos define a los seres humanos no tiene una fácil respuesta, porque no nos caracterizamos solo por nuestra naturaleza, sino que también somos seres históricos y culturales, y nos identificamos mediante historias y símbolos. Por esta razón no hay una interpretación única del ser humano y nuestra forma de comprendernos varía de una cultura a otra y va cambiando históricamente.

En esta unidad vas a estudiar

- Las visiones de la humanidad en la filosofía antigua.
- La concepción medieval del ser humano.
- La reflexión moderna sobre la naturaleza humana.
- Las teorías contemporáneas sobre el ser humano.

anayaeducacion.es Visualiza la presentación de la unidad.

¿CÓMO NOS DEFINIMOS LOS SERES HUMANOS?

La filosofía, y también las ciencias naturales y las ciencias sociales, trata de definir al ser humano desde diversas perspectivas. ¿Qué nos diferencia del resto de animales y, en concreto, de los simios superiores? ¿Qué nos diferencia de los primeros homínidos?

Homo sapiens

En esta definición se destacan las inteligencia y las demás facultades cognitivas como la diferencia fundamental con el resto de animales. El desarrollo cerebral y sus capacidades son la clave de nuestro triunfo adaptativo.

Homo faber

La capacidad de utilizar herramientas también se considera una facultad diferencial con los otros animales. La técnica y el desarrollo tecnológico abren un abismo entre los seres humanos y el resto de animales.

Homo necans

También se ha planteado que somos los únicos animales que luchamos a muerte a gran escala y que hemos desarrollado individualmente conductas violentas. Somos individuos cuyos congéneres son rivales.

Homo ludens

Somos una especie que se realiza en el ocio y en el tiempo libre. Consideramos que lo más superfluo (como el juego, la diversión, el arte...) es lo más necesario. Los seres humanos no solo queremos vivir, sino vivir bien.

anayaeducacion.es En la «Biblioteca de textos» encontrarás un texto sobre la sociabilidad humana.

1
LA REFLEXIÓN SOBRE EL SER HUMANO EN LA FILOSOFÍA ANTIGUA

GLOSARIO

Alma: principio vital que anima un cuerpo. Tradicionalmente, desde una perspectiva dualista, se ha entendido que el alma es una sustancia inmaterial, distinguible del cuerpo e inmortal, que puede separarse de su continente corpóreo en el sueño, en un estado de trance, en la muerte... En algunas religiones y teorías filosóficas se ha considerado que el alma pervive más allá del cuerpo, mientras que en otras se identifica con la mente y con procesos cerebrales dependientes del estado físico y neurológico del individuo.

Gustave Doré, «Dante y Beatriz en el paraíso», en Dante Alighieri, *Divina comedia*. En la filosofía antigua se concibe al ser humano como una entidad dual compuesta de un alma y de un cuerpo.

1.1. La visión del ser humano en la Grecia clásica

Los mitos y las leyendas de la Antigüedad nos ofrecen ya una reflexión sobre la condición humana. Por ejemplo, en la *Ilíada*, Homero destaca la decadencia de su generación frente a la excelencia y a la fortaleza de los héroes de la guerra de Troya.

Además, en la antigua Grecia predominaba una comprensión trágica del ser humano, frágil y sometido al destino. Esta concepción de la humanidad se puede encontrar en los poemas de Homero, la *Ilíada* y la *Odisea*, así como en otros poetas y dramaturgos como, por ejemplo, Píndaro, Sófocles o Esquilo.

Con el movimiento conocido como la «Ilustración ateniense», hacia el siglo IV a. C., encabezada por intelectuales conocidos peyorativamente como «sofistas», la imagen pesimista del ser humano es sustituida por una reflexión que lo convierte en dueño de sí mismo y capaz de dominar la naturaleza.

Para sofistas como Protágoras, el ser humano es la medida de todas las cosas, y puede completar sus carencias naturales (falta de garras, escasa velocidad, poca fuerza, etc.) con artefactos culturales.

En el contexto de esta «Ilustración ateniense» se sitúa Sócrates, figura clave para el desarrollo de la filosofía occidental. Sus ideas sobre la educación, sobre la virtud y sobre la política han marcado la historia del pensamiento. Aunque no dejó nada escrito, conocemos sus ideas a través de sus discípulos, sobre todo de Platón, el más importante.

1.2. El dualismo antropológico de Platón

Por lo que respecta a la reflexión sobre la condición humana, encontramos en Platón una teoría que podríamos llamar «dualismo antropológico». Según esta teoría, el ser humano es un compuesto de dos elementos o sustancias: el cuerpo y el alma.

Platón considera que el alma es una entidad inmortal, sede de la racionalidad, rasgo característico de los seres humanos frente a los demás seres vivos y órgano del conocimiento verdadero y de las virtudes éticas del individuo. Tras la muerte, el alma se traslada a otro cuerpo (transmigración o *metempsicosis*). Frente a ella, el cuerpo es mortal, está sometido a las pasiones, a las necesidades y a los impulsos, y es fuente de un conocimiento poco fiable.

Además, para Platón el alma está formada por tres partes: una puramente racional y dos vinculadas al cuerpo: la irascible, dedicada al control de las pasiones, y la apetitiva, centrada en los deseos. Explica su concepción del alma mediante la metáfora del auriga: el alma es como un carro con dos caballos que necesita de un auriga (la parte racional) para controlarlos y para avanzar en la dirección correcta.

Para que el alma llegue a la verdad y para que así predomine la sabiduría y la justicia, es necesario un proceso educativo: el alma, como es inmortal, reside junto a las ideas en el mundo inteligible cuando no está encarnada en un cuerpo, de modo que el proceso de conocimiento consiste en recordar lo que el alma ya había conocido en el mundo inteligible. Esta teoría se llama teoría de la reminiscencia o *anámnesis*.

1.3. La psicología de Aristóteles

Aristóteles desarrolló una teoría sobre el alma vinculada a investigaciones naturalistas. Para él, el alma es un principio vital compartido por todos los seres vivos que los diferencia de los seres inanimados.

Debemos tener en cuenta que, frente al dualismo platónico, la teoría del alma de Aristóteles recurre a los conceptos de materia y de forma. El alma está unida al cuerpo, dando lugar a una sustancia, el ser vivo en cuestión, cuya materia sería el cuerpo, y su forma, el alma.

El alma y el cuerpo mantienen una unión e interdependencia mutuas. En definitiva, el alma sería la forma esencial del ser vivo, compuesto también por la materia corporal.

En el caso de los seres humanos, el alma tiene dos funciones fundamentales: es el principio del movimiento y de la sensación, y es el órgano del conocimiento (imaginación, sentidos, memoria y pensamiento). En la psicología de Aristóteles se distinguen tres tipos de alma:

Tipo de alma	Funciones	Seres vivos
Alma vegetativa	Vida, nutrición, reproducción	Plantas y animales inferiores
Alma sensitiva	Sentidos, placer-dolor, imaginación, movimiento	Animales
Alma racional	Pensamiento	Animales superiores (seres humanos)

De forma más general, Aristóteles define al ser humano como «animal racional», es decir, dotado de razón y de lenguaje, y, en consecuencia, como un animal capaz de desarrollar una vida social diferenciada de los demás animales gregarios (como, por ejemplo, los insectos).

Comprende, piensa, investiga...

1 **Interpretación compartida.** En grupos, buscad información sobre la *Ilíada* de Homero. ¿Qué imagen de la humanidad se presenta en esta obra?

2 ¿Qué características tiene el alma, según el dualismo antropológico de Platón?

3 ¿Qué relación mantienen el cuerpo y el alma, según Aristóteles?

4 **El espejo.** Compara las visiones del alma de Platón y de Aristóteles.

TEXTUALMENTE

«SOC. —¡Vaya! Veamos entonces, Hermógenes, si también te parece que sucede así con los seres: que su esencia es distinta para cada individuo como mantenía Protágoras al decir que "el hombre es la medida de todas las cosas" (en sentido, sin duda, de que tal como me parecen a mí las cosas, así son para mí, y tal como te parecen a ti, así son para ti), o si crees que los seres tienen una cierta consistencia en su propia esencia.

HERM.— Ya en otra ocasión, Sócrates, me dejé arrastrar por la incertidumbre a lo que afirma Protágoras. Pero no me parece que sea así del todo.

SOC.— ¿Y qué? ¿También te has dejado arrastrar a la creencia de que no existe en absoluto ningún hombre vil?

HERM.— ¡No, no, por Zeus! Más bien lo he experimentado muchas veces, hasta el punto de creer que hay algunos hombres completamente viles y en número elevado.

SOC.— ¿Y qué? ¿Nunca te ha parecido que hay hombres completamente buenos?

HERM.— Sí, muy pocos.

SOC.— ¿Luego te ha parecido que los hay?

HERM.— Sí, sí.

SOC.— ¿Cómo, entonces, formulas esto? ¿Acaso que los completamente buenos son completamente sensatos y los completamente viles completamente insensatos?

HERM.— Tal me parece.

SOC.— ¿Entonces es posible que unos seamos sensatos y otros insensatos, si Protágoras dijo la verdad y la verdad es que, tal como a cada uno le parecen las cosas, así son?

HERM.— De ninguna manera.

SOC.— Esta es, al menos, tu firme creencia: que si existen la sensatez y la insensatez, no es en absoluto posible que Protágoras dijera la verdad. Pues, en realidad, uno no sería más sensato que otro si lo que a cada uno le parece es la verdad para cada uno».

Platón, *Crátilo*, 385e-386d.

1 Según Sócrates, ¿cómo define Protágoras el ser humano?

2 ¿Estás de acuerdo con esa concepción? Tanto si es negativa como si es positiva, explica tu respuesta y discutid sobre ella en clase.

2

EL SER HUMANO EN LA FILOSOFÍA MEDIEVAL Y EN EL RENACIMIENTO

LA FILOSOFÍA EN PERSONA

Agustín de Hipona (354-430). Fue un filósofo y teólogo que fundió la doctrina cristiana y la filosofía de Platón. El ser humano se perfecciona mediante la interiorización espiritual. La libertad individual es el origen del mal. Necesitamos la gracia divina para salvarnos.

2.1. Agustín de Hipona

Agustín de Hipona es considerado el iniciador de la filosofía medieval cristiana. Formado en la retórica clásica e influido por la filosofía neoplatónica de Plotino (204-270), su concepción del ser humano recoge el dualismo clásico entre el cuerpo y el alma: para él, el ser humano consiste, básicamente, en un alma que se sirve de un cuerpo.

La dualidad entre alma y cuerpo según Agustín de Hipona está configurada de forma jerárquica. El alma rige sobre el cuerpo, le da vida (es su principio vital) y la capacidad de percibir la realidad material.

Esta unión se concreta en la acción del alma sobre el cuerpo. Al contrario es imposible, pues como lo inferior no puede actuar sobre lo superior, dice Agustín de Hipona, el cuerpo no puede actuar sobre el alma.

Por tanto, según Agustín de Hipona, las pasiones, las emociones, los sentimientos..., se explican porque el alma percibe los cambios en el cuerpo y genera dichos estados de ánimo.

Ahora bien, para Agustín de Hipona, la materia no es mala en sí misma, ni el cuerpo es, por sí mismo, la prisión del alma (como se sostenía en el pitagorismo y en el platonismo), sino que solo se ha convertido en su cárcel debido al pecado original.

Entre sus obras filosóficas destacan *Confesiones, La ciudad de Dios* y *Sobre la Trinidad.* Sobre todo en las *Confesiones*, desarrolla la introspección (la mirada hacia nuestro interior) como método para descubrir la naturaleza del ser humano. Se trata de un camino desde lo exterior, desde el mundo, hacia el interior, hacia el alma humana.

2.2. Tomás de Aquino

Tomás de Aquino es el máximo representante de la escolástica medieval. Miembro de la orden de los Predicadores (los dominicos), desarrolló su actividad principalmente en la Universidad de París. Su pensamiento destaca por la síntesis que logra entre la filosofía de Aristóteles y la tradición teológica cristiana, por ejemplo, de Agustín de Hipona.

Continuando con la tradición clásica, define al ser humano como un compuesto de dos sustancias: la material y la espiritual. Pero, además, la relación entre cuerpo y alma se concreta según la filosofía de Aristóteles: el alma es la forma del cuerpo. Esta concepción significa que el alma está estrechamente ligada al cuerpo, que, a su vez, es materia.

El cuerpo necesita de otra entidad, el alma, para conformar un ser humano completo. Cuerpo y alma están íntimamente ligados: el alma es el principio vital del cuerpo; esto es, el principio del movimiento del cuerpo (lo anima) y el principio del conocimiento (sin el alma, el cuerpo no podría conocer el mundo que lo rodea).

Las características del alma humana son la inmaterialidad, la subsistencia y la incorruptibilidad. Además, el alma posee facultades apetitivas (voluntad, deseo, etc.), sensibles (los sentidos) e intelectuales (entendimiento, memoria, etc.).

En definitiva, el ser humano, en la medida en que es una creación de Dios, se asemejaría a su creador debido a la naturaleza intelectual e inmaterial del alma.

LA FILOSOFÍA EN PERSONA

Tomás de Aquino (1225-1274). Fue un filósofo y teólogo, monje dominico y alumno de Alberto Magno. Trata de hacer compatibles la fe y la razón. Para lograrlo, aplica la filosofía de Aristóteles a los dogmas cristianos. El tomismo es la doctrina oficial de la Iglesia católica.

2.3. Pico della Mirandola

El paso de la Edad Media a la época moderna en el siglo xv estuvo marcado por el Renacimiento y por el humanismo, movimientos intelectuales que provocaron un cambio cultural que convirtió al ser humano en el centro de la nueva sociedad que se estaba gestando en la Modernidad: se trata del tránsito del teocentrismo medieval al antropocentrismo moderno.

El filósofo Giovanni Pico della Mirandola es uno de los principales exponentes de esta nueva forma de destacar el protagonismo de la naturaleza humana.

Recogiendo la influencia tanto de la Antigüedad clásica como de las tradiciones de las «religiones del Libro» (el judaísmo, el cristianismo, el islamismo), Pico describe al ser humano como un ser camaleónico, capaz de adaptarse a todas las situaciones y a todos los ambientes. El ser humano está dotado de una libertad que ningún otro ser vivo puede igualar.

Retomando el mito de Prometeo, Pico propone una interpretación cristiana de este relato: Dios creó a todas las criaturas, y una vez repartidas todas las capacidades y todas las habilidades entre ellas, decidió crear al ser humano, pero no quedaba ya ninguna cualidad específica con lo que dotar a esta nueva especie.

Así pues, esta indefinición es la raíz de la libertad humana. Para Pico della Mirandola, los seres humanos no estamos constreñidos ni limitados por nuestra naturaleza, sino que somos libres para construir nuestras vidas, para transformar la naturaleza y para adaptarla a nuestra voluntad.

LA FILOSOFÍA EN PERSONA

Giovanni Pico della Mirandola (1463-1494).

Fue un humanista y pensador renacentista que representa la evolución de la teología medieval, centrada en Dios, hacia el humanismo renacentista, en el que se destacan la libertad y la racionalidad humanas como sus cualidades esenciales.

Comprende, piensa, investiga...

1 **El espejo.** ¿Cómo explica Agustín de Hipona la relación entre el cuerpo y el alma? ¿Y Tomás de Aquino? Compara ambas visiones del alma.

2 Buscad información sobre la escolástica y haced una presentación.

3 ¿Sabéis quién es Prometeo? ¿Qué cualidad destaca Pico della Mirandola en los seres humanos?

TEXTUALMENTE

«¡Oh liberalidad suprema de Dios Padre! ¡Oh suprema y admirable felicidad del hombre, a quien fue concedido obtener lo que desea, ser lo que quiere! Los brutos, en naciendo, arrastran del seno materno, como dice Lucilio, todo aquello que habrán. Los espíritus superiores desde su inicio, o poco después, aquello que habrán. Los espíritus superiores desde su inicio, o poco después, fueron lo que serán durante la eternidad perpetua. En el hombre naciente depositó el Padre simiente de toda especie y germen de toda vida, y según cada cual las cultivare, crecerán y darán en sí sus frutos. Si fuesen vegetales, será planta; si sensibles, bruto; si racionales, será animal celeste; si intelectuales, alcanzará a ser ángel e hijo de Dios. Pero si no contento con la suerte de ninguna criatura, se recogiere en el centro de su unidad, hecho un solo espíritu con Dios en la solitaria calígine del Padre, aquel que sobre todas las cosas fue colocado, estará por encima de todas ellas, ¿quién dejará de admirar este ser nuestro camaleón? O más bien, ¿quién admirará otra cosa mayormente? De donde no sin razón pudo decir de él Asclepio ateniense que, por el aspecto cambiante y su mutable naturaleza, estaba simbolizado en los misterios de Proteo, cuyas metamorfosis fueron celebradas por los hebreos y los pitagóricos. De modo que vemos a la más secreta teología hebraica transformar al santo Enoch en el ángel de la divinidad, y a otros en otros espíritus divinos. Pues a los pitagóricos vemos transformar en brutos a los perversos, si hemos de dar crédito a Empédocles, incluso en plantas. Imitando lo cual Mahoma repetía a menudo y con justeza: "quien de la divina ley se ha apartado, transfórmase en bestia". Y no se ha de creer que sea la corteza quien hace a la planta, sino su naturaleza necia e insensible; ni su cuero a la yegua, sino su alma bruta y sensual; ni el cuerpo circular hace el cielo, sino la recta razón; ni la separación del cuerpo al ángel, sino su espiritual inteligencia. Y si vieres a alguien dado al vientre, por tierra cual reptil humano, vegetal es que no hombre, o si hallares a alguno, como cegado por Calipso con los vanos milagros de la fantasía, entregado a las torpes atracciones de los sentidos, bruto es aquel que ves que no hombre. Y si fuese filósofo que todo discierne con la recta razón, a este venerarás: animal celeste es, no terreno».

G. Pico della Mirandola, *Discurso sobre la dignidad del hombre.*

1 En opinión de Pico della Mirandola, ¿qué le fue concedido al ser humano y qué le diferencia de los demás animales?

2 ¿Qué crees que el autor quiere decir cuando se refiere al ser humano como un «camaleón»? ¿Qué relación ves entre esta concepción del ser humano y el mito de Proteo?

3 LA FILOSOFÍA MODERNA Y SU CONCEPCIÓN DEL SER HUMANO

LA FILOSOFÍA EN PERSONA

René Descartes (1596-1650). Fue el fundador del racionalismo. Cree que la filosofía debe ser un saber cierto y seguro de las reglas de uso de la razón. Descubre una primera verdad, el «cogito», de la que deduce nuestra existencia, la de Dios y la del mundo material.

3.1. Descartes: el dualismo antropológico

Descartes fue una de las primeras y principales figuras de la filosofía moderna. Tuvo que afrontar el desafío del escepticismo, que niega la posibilidad de que exista la verdad. Descartes, por el contrario, tras una larga búsqueda, descubre una verdad que el escepticismo no puede poner en duda: a saber, «pienso, luego existo» *(cogito ergo sum)*; es decir, que aunque ponga todo en duda y lo considere falso, hay algo que no se puede negar, que si pienso, aunque todo lo que piense sea falso, tengo que existir, pues si no existiera, no podría pensar.

Nuestro «yo» es, para Descartes, el alma, la sede del pensamiento. El ser humano tiene, además, un cuerpo, pero es el alma, cuya esencia es pensar, capacidad que nos diferencia de los demás animales.

En definitiva, para Descartes, el cuerpo forma parte de la realidad física del universo (sustancia extensa). Además, existen otras dos sustancias: el alma, o sustancia pensante (el ser humano), y Dios, o sustancia infinita, que es, al mismo tiempo, el creador del universo y quien garantiza su conservación.

Descartes también desarrolló una investigación biológica sobre la unión entre el alma y el cuerpo. Según una de sus hipótesis, la conexión entre ambas sustancias se produce en una región concreta del cerebro: la glándula pineal.

A partir de Descartes podemos distiguir dos corrientes filosóficas con respecto a la naturaleza humana:

- El espiritualismo: el alma (inmortal, sede del pensamiento) es la esencia del ser humano, mientras que el cuerpo es una realidad secundaria.
- El materialismo: no hay una diferencia esencial entre los seres humanos y los demás animales, y la distinción dualista entre cuerpo y alma no tiene sentido.

LA FILOSOFÍA EN PERSONA

David Hume (1711-1776). Fue el principal representante del empirismo escéptico. Disuelve con su crítica los dos conceptos fundamentales del racionalismo dogmático: la idea de sustancia y el principio de causalidad. Influyó profundamente en la filosofía de Kant.

3.2. Hume: el yo como «haz de percepciones»

David Hume planteó una profunda crítica al dualismo antropológico cartesiano, según el cual el alma es una sustancia, rechazando la noción de sustancia.

Hume considera que la idea de sustancia no tiene sentido: si examinamos nuestro pensamiento, nuestras emociones y, en general, nuestra mente, no encontramos ningún elemento que perdure durante toda nuestra vida, de modo que solo hallamos una sucesión de vivencias, de sensaciones, de pensamientos, de creencias, de emociones... Así pues, nuestro «yo» o nuestra alma es un haz, un conjunto de impresiones, de ideas, de pensamientos, de sentimientos..., que se suceden unos a otros, y no una sustancia permanente y única centrada en el pensamiento.

En esta misma línea, Hume también argumenta que la razón está sometida a nuestros sentimientos. Es conocida su frase «La razón es esclava de las pasiones», con la que resumía la tesis según la cual la racionalidad humana está condicionada y sometida a nuestros sentimientos y a nuestras emociones.

3.3. Kant: libertad, racionalidad y dignidad

También en el siglo XVIII, como Hume, Kant desarrolló su filosofía, conocida como idealismo trascendental. Para él, un rasgo esencial de los seres humanos es la libertad: debemos suponer que somos libres para que la moral, las normas jurídicas... tengan sentido. Solo si nuestra voluntad es libre podemos elogiar o censurar las acciones humanas.

En relación con la libertad de la voluntad, Kant defiende que la voluntad solo es libre si es autónoma; es decir, si se da a sí misma sus propias normas. Por ello, lo contrario, la heteronomía, se produce si la voluntad humana está sometida a las influencias de otras personas o de las pasiones, de las emociones, de los sentimientos... Por tanto, la voluntad humana solo es libre si domina las emociones.

Además de la libertad, otra característica esencial de la humanidad es la racionalidad. La voluntad humana debe regirse por el imperativo categórico, que es una norma moral según la cual debemos actuar de tal modo que nuestra máxima (la regla que seguimos) pueda convertirse en una máxima de aplicación universal, de tal forma que todas las personas puedan actuar de la misma manera.

En conclusión, en nuestra condición de seres libres y racionales, según Kant, los seres humanos tenemos dignidad, un valor intrínseco e inalienable que no se puede reducir a ningún tipo de bien material. Los objetos tienen un precio; solo las personas tienen dignidad, y nunca se los puede comprar o vender.

LA FILOSOFÍA EN PERSONA

Immanuel Kant (1724-1804). Piensa que el conocimiento científico es una síntesis entre los datos de los sentidos, las formas a priori de la sensibilidad (el espacio y el tiempo) y las categorías del entendimiento. El ser humano es libre y se da a sí mismo la ley moral que debe cumplir por deber.

Comprende, piensa, investiga...

1 **Esquema.** Resume las características del dualismo cartesiano.

2 Explica la crítica de Hume a la concepción cartesiana del alma humana como sustancia.

3 **Esquema a cuatro bandas.** En grupo, elaborad un esquema sobre las ideas principales de Kant acerca de la naturaleza humana.

TEXTUALMENTE

«El hombre es un ser racional, y, en cuanto tal, recibe de la ciencia el alimento y la nutrición que le corresponde. Pero tan escaso es el alcance de la mente humana que poca satisfacción puede esperarse en este punto, ni del grado de seguridad ni de la extensión de sus adquisiciones. El hombre es un ser sociable, no menos que un ser racional, pero tampoco puede siempre disfrutar de una compañía agradable y divertida, o mantener la debida apetencia de ella. También el hombre es un ser activo, y por esta disposición, así como por las diversas necesidades de la vida humana, ha de someterse a los negocios. Pero la mente requiere alguna relajación, ya que no puede soportar siempre su inclinación hacia la preocupación y la faena. Parece, por tanto, que la naturaleza ha establecido una vida mixta como la más adecuada a la especie humana, y secretamente ha ordenado a los hombres que no permitan que ninguna de sus predisposiciones les absorba demasiado, hasta el punto de hacerlos incapaces de otras preocupaciones y entretenimientos. "Entrégate a tu pasión por la ciencia —les dice—, pero haz que tu ciencia sea humana y que tenga una referencia directa a la acción y a la sociedad. Prohíbo el pensamiento abstracto y las investigaciones profundas y las castigaré severamente con la melancolía pensativa que provocan, con la interminable incertidumbre en que le envuelven a uno y con la fría recepción con que se acogerán sus pretendidos descubrimientos cuando los comuniques. Sé filósofo, pero en medio de toda tu filosofía continúa siendo un hombre"».

D. Hume, *Investigación sobre el conocimiento humano*, I.

1 Resume con tus propias palabras las características que Hume atribuye al ser humano en este texto.

2 En las últimas líneas, el autor hace una invitación a dedicarse a la filosofía, pero sin dejar de ser un ser humano. ¿Qué crees que quiere decir? ¿Te parece que pueden ser cosas diferentes?

4

LA CONDICIÓN HUMANA EN LA FILOSOFÍA CONTEMPORÁNEA

4.1. Ortega: el ser humano como proyecto

La filosofía de Ortega y Gasset se desarrolló en la primera mitad del siglo XX y se conoce con el nombre de «raciovitalismo». Según Ortega, cada vida humana en particular, cada persona concreta, ocupa un lugar único e insustituible en la comprensión de la realidad.

El perspectivismo de Ortega implica que todo punto de vista nos aporta una visión única sobre lo real. Para él, una perspectiva no es una visión parcial o deformada de una realidad existente por sí misma, sino la organización necesaria de esta realidad.

Cada perspectiva es insustituible, pero no cubre la realidad entera; habría que integrar diversas perspectivas para lograr un conocimiento más completo y general.

En consecuencia, cada persona, argumenta Ortega, ocupa una circunstancia vital que configura su vida: «Yo soy yo y mi circunstancia».

Esta vida de cada cual, que incluye la circunstancia en que nos toca vivir, es la realidad radical, la raíz a partir de la cual realizamos nuestra existencia.

Esta existencia humana es un proyecto abierto: para Ortega, el ser humano no tiene una naturaleza fija, sino que su esencia o su ser consiste en lo que aún no es; es decir, en un proyecto de futuro.

En definitiva, el ser humano se crea a sí mismo: la existencia humana es una tarea creativa. Para ello, debemos hacer frente a nuestra circunstancia vital y superarla, hacernos cargo de ella: como señala Ortega, «Yo soy yo y mi circunstancia y si no la salvo a ella no me salvo yo».

LA FILOSOFÍA EN PERSONA

José Ortega y Gasset (1883-1955). Fue un filósofo español que trató de conciliar la razón y la vida mediante su teoría de la razón vital. El ser humano vive siempre inmerso en su circunstancia, por lo que su conocimiento depende de su propia perspectiva.

4.2. Sartre: el ser humano es libertad

Por su parte, la filosofía existencialista, de la que Sartre es un claro exponente, apareció a mediados del siglo XX. Hay dos corrientes en la filosofía existencialista:

- El existencialismo cristiano, de Gabriel Marcel y de Karl Jaspers.
- El existencialismo ateo, de Jean-Paul Sartre.

El núcleo común de ambas corrientes existencialistas es la tesis según la cual la existencia precede a la esencia; es decir, no hay una esencia humana prefijada anterior a la existencia humana individual. La existencia humana no está determinada por una naturaleza o esencia, sino que es libre, abierta.

De acuerdo con el existencialismo ateo de Sartre, que niega la existencia de Dios como creador de la humanidad, el ser humano es indefinible, porque no tiene una naturaleza, sino que es lo que hace, y por esto es radicalmente libre. Su naturaleza es el fruto de sus acciones. El ser humano individual es un «proyecto» de cuya realización solo es responsable cada persona.

No obstante, las elecciones que tomamos y que nos condicionan y nos configuran no solo sirven para definir a cada individuo concreto, sino que, según Sartre, esa responsabilidad compromete a la humanidad entera. «Eligiéndome, elijo al hombre», dice Sartre.

LA FILOSOFÍA EN PERSONA

Jean-Paul Sartre (1905-1980). Fue filósofo y literato, y uno de los principales representantes del existencialismo. Según Sartre, el individuo, cuya existencia está marcada por el absurdo, está condenado a decidir y a crearse continuamente a sí mismo mediante sus decisiones.

anayaeducacion.es «Emprendemos» la defensa de los derechos humanos.

Esta responsabilidad genera un fuerte sentimiento de angustia, sentimiento que, según el existencialismo, debemos afrontar y aceptar. Ese sentimiento que debe conducir a la acción en favor de la humanidad, no a la pasividad y a la inacción.

4.3. Cuerpo, mente y emociones

En la filosofía antigua, las emociones y los sentimientos son valorados de forma negativa en el estoicismo: su objetivo es lograr la impasibilidad *(ataraxia),* la ausencia total de preocupaciones y de emociones que puedan alterar los equilibrios mental y corporal.

Ya en la época moderna, Descartes reivindicó el valor de las pasiones, considerando que eran buenas por su propia naturaleza, si no eran llevadas al exceso o se abusaba de ellas. Mediante la sabiduría práctica lograríamos un buen uso de las pasiones sometidas a la razón.

Por su parte, Hume defendía que la razón era esclava de las pasiones y que estas condicionan nuestras decisiones, aunque luego intentemos justificarlas racionalmente.

Por lo que se refiere a la importancia de las emociones en la actualidad, citaremos las investigaciones del neurólogo Antonio Damásio. De acuerdo con sus conclusiones, el sistema de razonamiento de los seres humanos, lo que entendemos por racionalidad, sería una extensión evolutiva del sistema emocional automático.

Para Damásio, las emociones son una pieza fundamental del proceso racional de toma de decisiones y aportan información mediante intuiciones o cogniciones rápidas.

Según sus investigaciones, el daño de la zona del cerebro dedicada a las emociones afecta también a los procesos de razonamiento y de toma de decisiones.

Comprende, piensa, investiga...

1 ¿En qué consiste el perspectivismo de Ortega? ¿Qué significa la frase «Yo soy yo y mi circunstancia y si no la salvo a ella no me salvo yo»?

2 Según Sartre, «la existencia precede a la esencia». ¿Qué quiere decir? ¿Se parece a lo que afirma Ortega?

3 ¿Qué dice Antonio Damásio sobre la relación entre la razón y las emociones? Compáralo con la visión estoica. ¿Con cuál estás de acuerdo? Debatid sobre las emociones.

COMPROMISO ODS

Objetivos en favor de la humanidad

1 ¿Tenemos un compromiso con la humanidad, como dice Sartre? Analizad cómo se expresa en los ODS.

TEXTUALMENTE

«Lo que los sentimientos aportan al conflicto de la mente es igualmente importante. Los sentimientos conscientes son acontecimientos mentales significativos que llaman la atención hacia las emociones que los generaron, y hacia los objetos que desencadenaron dichas emociones. En individuos que poseen asimismo un yo autobiográfico (un sentido del pasado individual y del futuro anticipado que también se conoce como conciencia extendida), el estado del sentimiento hace que el cerebro procese de forma significativa objetos y situaciones relacionados con la emoción. El proceso de evaluación que llevó al aislamiento del objeto y al inicio de la emoción puede volverse a visitar y analizarse como precise. Además, los sentimientos conscientes llaman asimismo la atención sobre las consecuencias de la situación: ¿qué va a hacer el objeto que desencadenó la emoción? ¿Cuáles son ahora los pensamientos de la persona? Al tener lugar en un entorno autobiográfico, los sentimientos generan una preocupación por el individuo que los experimenta. El pasado, el presente y el futuro anticipado reciben las características significativas apropiadas y una mayor probabilidad de influir sobre el razonamiento y el proceso de toma de decisiones.

Cuando el yo conoce los sentimientos dentro del organismo que los posee, estos mejoran y amplifican el proceso de gestionar la vida. La maquinaria que hay tras los sentimientos permite las correcciones biológicas necesarias para la supervivencia al ofrecer información explícita y resaltada sobre el estado de los diferentes componentes del organismo en cada momento. Los sentimientos etiquetan los mapas neurales asociados con un sello que reza: "¡Registra esto!".

Se podría resumir diciendo que los sentimientos son necesarios porque son la expresión a nivel mental de las emociones y de lo que subyace bajo estas. Solo en este nivel mental de procesamiento biológico y a plena luz de la conciencia hay suficiente integración del presente, el pasado y el futuro anticipado. Solo a este nivel es posible que las emociones creen, a través de los sentimientos, la preocupación por el yo individual».

A. Damásio, *En busca de Spinoza,* cap. 4.

1 Según el autor, ¿es lo mismo sentimiento que emoción? ¿En qué se diferencian? Explica tu respuesta.

2 ¿Por qué, a juicio de Damásio, son importantes los sentimientos?

anayaeducacion.es Consulta la información sobre los Objetivos de Desarrollo Sostenible.

ORGANIZO MI MENTE

Mapa mental

EL SER HUMANO

APRENDER A MIRAR

El niño con el pijama de rayas

Esta película, basada en el libro de John Boyne, cuenta la historia de Bruno, un niño de 8 años que vive con su familia en Berlín en la década de 1940.

Al destinar a su padre a dirigir el campo de concentración de Auschwitz, su vida cambia radicalmente.

Bruno conoce allí a Shmuel, un niño prisionero, y a Pável, un prisionero adulto que antes era médico. Piensa que el campo es una granja y envidia el modo de vida de su amigo, sin ser consciente de las condiciones en que vive.

1) Describe el personaje de Bruno y a su familia. ¿Cómo es su padre? ¿Cómo es su relación con su madre y con su hermana? ¿Qué actitud mantiene la abuela ante el ascenso del padre de Bruno?

2) Después de la mudanza, ¿qué cree Bruno que es el campo de concentración? ¿Qué le explica su padre sobre sus habitantes? ¿Concuerda esa imagen con el personaje de Pável?

3) ¿Cómo cambian la madre y la hermana de Bruno a lo largo de la película? Compara su evolución con el personaje de Bruno. ¿Cambia este su opinión sobre su vida en la casa del campo?

4) ¿Cómo se conocen Bruno y Shmuel? ¿Qué pasa cuando Shmuel está en casa de Bruno? ¿Qué dilema afronta Bruno en ese momento?

5) Redacta una breve reflexión sobre el final de la película. ¿Por qué se produjo el Holocausto? ¿Qué mensaje transmiten el libro y la película?

anayaeducacion.es En el «Taller de filosofía» profundizad en la investigación de las características que nos hacen humanos.

Descubro lo que he aprendido

1 ¿Cómo se describe al ser humano en los mitos y en las leyendas y también en las obras literarias de la antigua Grecia? ¿En qué cambió esta interpretación a partir de la reflexión filosófica sobre la naturaleza humana que se llevó a cabo durante la «Ilustración ateniense»?

2 Explica la metáfora del auriga que utiliza Platón para exponer su concepción del alma humana.

3 Según la psicología aristotélica, ¿qué tipo de alma recibe la información de los sentidos, distingue entre el dolor y el placer y produce el movimiento del ser vivo?

a) El alma racional.

b) El alma irascible.

c) El alma sensitiva.

d) El alma vegetativa.

4 En la Edad Media, las teorías antropológicas de la Antigüedad fueron reinterpretadas desde diferentes perspectivas religiosas. En el caso de Tomás de Aquino, ¿en qué filósofo de la Antigüedad se basó principalmente para desarrollar sus teorías? ¿Cómo concibe el alma humana y cómo interpreta su relación con el cuerpo?

5 ¿Cuál de las siguientes afirmaciones es característica de la antropología filosófica de Pico della Mirandola y la diferencia de la concepción teológica medieval del ser humano?

a) El cuerpo se ha convertido en la prisión del alma debido al pecado original.

b) El alma es la forma del cuerpo, que, a su vez, es la materia de la que está compuesto el ser humano.

c) El ser humano está predestinado, pues tenemos una esencia definida y la libertad consiste en una elección limitada por las situaciones que vivimos.

d) El ser humano es un ser libre, capaz de transformar la naturaleza y de adaptarse a ella de forma creativa.

6 Explica en qué se distinguen las dos corrientes filosóficas a las que dio lugar la concepción cartesiana de la naturaleza humana: el espiritualismo y el materialismo.

7 ¿Qué filósofo de la época moderna afirmaba que «la razón es esclava de las pasiones»?

a) Descartes.

b) Hume.

c) Kant.

d) Leibniz.

8 Ortega y Gasset sostenía que el ser humano no tiene una naturaleza o esencia fija, sino que somos un proyecto abierto hacia el futuro. ¿Qué quería decir con esta afirmación?

9 ¿En qué corriente filosófica se sostenía que hemos de lograr que las emociones no nos afecten y no tener preocupaciones que nos alteren, alcanzando así la imperturbabilidad del alma *(ataraxia)*?

a) Hume y el empirismo.

b) Descartes y el racionalismo.

c) El estoicismo.

d) Sartre y el existencialismo.

10 ¿Cómo es la naturaleza humana, según Sartre, y cómo define al ser humano? Explica la conclusión del texto: «el hombre está condenado a ser libre». ¿Estás de acuerdo con esta afirmación? Razona tu respuesta.

«Dostoievsky escribe: "Si Dios no existiera, todo estaría permitido". Este es el punto de partida del existencialismo. En efecto, todo está permitido si Dios no existe y, en consecuencia, el hombre está abandonado, porque no encuentra ni en sí ni fuera de sí una posibilidad de aferrarse. No encuentra, ante todo, excusas. Si, en efecto, la existencia precede a la esencia, no se podrá jamás explicar la referencia a una naturaleza humana dada y fija; dicho de otro modo, no hay determinismo, el hombre es libre, el hombre es libertad. Si, por otra parte, Dios no existe, no encontramos frente a nosotros valores u órdenes que legitimen nuestra conducta. Así, no tenemos ni detrás ni delante de nosotros, en el dominio luminoso de los valores, justificaciones o excusas. Estamos solos, sin excusas. Es lo que expresaré diciendo que el hombre está condenado a ser libre. Condenado, porque no se ha creado a sí mismo y, sin embargo, por otro lado, libre, porque una vez arrojado al mundo es responsable de todo lo que hace».

J.-P. Sartre, *El existencialismo es un humanismo.*

anayaeducacion.es Realiza la autoevaluación interactiva de la unidad.

5

CULTURA Y SOCIEDAD

¿Qué es la cultura?

En esta unidad trataremos de responder a esta cuestión en la que se pregunta por la definición de la cultura, que se ha planteado en la antropología, en la historia, en la filosofía, en la sociología y en muchas otras ciencias y por diferentes intelectuales.

La idea de cultura se ha convertido en uno de los principales temas de las ciencias sociales y de las humanidades, porque de ella depende nuestra visión de la convivencia en sociedad.

Por otra parte, la noción de cultura tiene ciertas similitudes con la idea de civilización, aunque es conveniente diferenciar ambos conceptos, puesto que en la historia de Europa han representado concepciones distintas de la sociedad.

La diversidad cultural es un hecho que actualmente define cualquier sociedad. No obstante, a veces, la diversidad no es asumida por todas las personas, por lo que el respeto y la tolerancia son imprescindibles para facilitar la convivencia.

Para evitar que se generen comportamientos inaceptables, es necesario analizar críticamente los conceptos que sirven para justificar ciertos discursos y determinadas actitudes que representan una oposición a esa diversidad cultural y que favorecen el rechazo a personas que provienen de otras culturas.

También hemos de tener en cuenta la importancia que desempeñan los procesos de socialización en la formación de los individuos y en la continuidad de la sociedad, mediante los que las personas aprendemos a convivir y participamos en la sociedad.

En esta unidad vas a estudiar

- La definición de los conceptos de «cultura», de «civilización» y de «sociedad».
- Los elementos que conforman una cultura.
- Las etapas y los procesos de socialización.
- Las diferentes actitudes ante la diversidad cultural.

anayaeducacion.es Visualiza la presentación de la unidad.

¿POR QUÉ ES IMPORTANTE ADQUIRIR CULTURA?

La cultura, como actividad humana, convierte el entorno natural humano en un entorno culturizado. El ser humano nace inacabado, en el sentido de que la naturaleza no le dota de todo lo que necesita para sobrevivir y para desarrollarse.

Estado natural

Nuestra fragilidad física nos obliga a actuar sobre el medio para sobrevivir a las condiciones naturales. Por eso, la cultura separa a los seres humanos de la naturaleza y los inserta en un desarrollo histórico.

Cultura

La cultura consiste en el cultivo de nuestras capacidades naturales e intelectuales para lograr desarrollarnos como seres humanos y para impulsar el avance y el progreso de la sociedad en la que vivimos.

Sociedad

Una sociedad es todo conjunto de individuos que mantienen entre sí relaciones de colaboración y cuya convivencia está organizada mediante reglas comunes para la defensa del interés general.

Proceso de humanización

Mediante este proceso, los seres humanos asimilan e incorporan poco a poco toda la herencia cultural que forma el patrimonio de la civilización en la que han nacido: lengua, costumbres, conocimientos, habilidades, etc.

anayaeducacion.es En la «Biblioteca de textos» encontrarás un texto sobre el relativismo cultural.

1 CULTURA, SOCIEDAD Y CIVILIZACIÓN

LA FILOSOFÍA EN PERSONA

Thomas Hobbes (1588-1679). Fue un filósofo inglés según el cual el Estado es una creación humana para superar la barbarie natural. La motivación básica del ser humano es el egoísmo. Justifica el despotismo y propone el utilitarismo como doctrina ética.

LA FILOSOFÍA EN PERSONA

John Locke (1632-1704). Se lo considera el precursor del empirismo filosófico y del liberalismo político. Afirma que el conocimiento nace de la experiencia. Defiende la libertad individual frente al «derecho divino» que se atribuía a las monarquías de su tiempo.

LA FILOSOFÍA EN PERSONA

Jean-Jacques Rousseau (1712-1778). Fue un literato y filósofo francófono nacido en Suiza. Según él, apartándose del estado de naturaleza, los seres humanos forman una sociedad basada en un «contrato» que tiene como fin neutralizar la violencia.

1.1. Sociedad y cultura

Aunque a veces los términos «sociedad», «cultura» y «civilización» se usan como si fueran sinónimos, debemos distinguir sus significados.

➜ La sociedad

En primer lugar, por sociedad entenderemos una agrupación de individuos humanos que mantienen entre sí vínculos familiares, económicos, religiosos, culturales o de cualquier otro tipo.

Además de una interacción entre los individuos, las sociedades pueden definirse por un espacio físico o virtual que comparten los miembros que las forman, o también por las actividades que realizan en común, puesto que hay una dependencia mutua entre ellos.

➜ La cultura

Por otra parte, todos los grupos sociales humanos tienen unos rasgos que los caracterizan y que los definen. La cultura sería el conjunto de costumbres, de ideas, de creencias, de valores, de derecho, de moralidad, de arte, etc., que define a un grupo social.

Así pues, cada grupo social tiene al menos una cultura que lo distingue como único y particular, aunque, habitualmente, dentro de una misma sociedad conviven diversas culturas.

Ahora bien, la idea de cultura es ambigua y deberíamos diferenciar un sentido subjetivo y un sentido objetivo:

- ➜ Cultura en sentido subjetivo se refiere a la formación del individuo, a sus capacidades y a sus habilidades como sujeto de un grupo social.
- ➜ Cultura en sentido objetivo hace referencia a las instituciones, a las ideas, a las creencias, a los valores e, incluso, a los objetos que conforman la identidad de una sociedad.

1.2. Teorías sobre el origen de la sociedad

Una de las cuestiones más importantes de la filosofía social y política ha sido la pregunta por el origen de la vida en comunidad. Fundamentalmente, ha habido dos tipos de respuestas a esta pregunta.

➜ El naturalismo

El ser humano es un animal social y político por naturaleza. La comunidad es previa al individuo, y este solo se realiza como ser humano mediante su participación en dicha comunidad política. Además, por ejemplo para Aristóteles, el objetivo de la sociedad como tal es el logro del bien supremo; esto es, de una vida feliz para sus miembros.

➜ El contractualismo

En la época moderna, tras las guerras de religión del siglo XVII, se replanteó el sentido de la sociedad y se propuso un nuevo modelo para explicar el origen de la vida social y los principios que la rigen: un pacto o contrato entre los individuos para proteger sus derechos frente a terceras personas. Thomas Hobbes, John Locke y Jean-Jacques Rousseau son los principales teóricos del contrato social.

En el cuadro siguiente se recoge un breve resumen de las ideas principales de estos filósofos contractualistas.

Teorías del contrato social	Modelo absolutista (Hobbes)	Modelo liberal (Locke)	Modelo republicano (Rousseau)
Estado natural	Inseguridad, miedo y desconfianza entre los seres humanos. «Guerra de todos contra todos» (*Homo homini lupus*)	Libertad natural, propiedad derivada del propio trabajo, pero inseguridad y vulnerabilidad	Bondad e ingenuidad de los seres humanos, autosuficientes, libres e iguales
Forma del contrato	Renuncia al derecho de gobernarse a sí mismos de todos los individuos en favor de un poder único y absoluto	Cesión del poder político, pero respetando los derechos naturales (libertad, propiedad y seguridad)	Puesta en común de las capacidades individuales y sumisión a la voluntad general (interés de la comunidad)
Estado social	Monarquía o asamblea de gobernantes que reúnen todos los poderes (políticos y espirituales) en una institución. Estado absoluto	División de poderes y tolerancia religiosa: el Estado debe proteger los derechos de los individuos. Democracia liberal	Participación directa en la administración de la comunidad, prioridad de la voluntad general sobre los intereses particulares. Democracia republicana

* El hombre es un lobo para otros hombres

■ 1.3. Cultura y civilización

Por su parte, en primera instancia, el concepto de civilización se puede identificar con la noción de cultura en sentido objetivo: sería el conjunto de costumbres, de creencias, de valores, de conocimientos, de técnicas, de hábitos sociales, etc., compartidos por un grupo social.

Sin embargo, la idea de civilización tiene un matiz referido a los ámbitos de la ciencia, de la técnica y de la política modernas, mientras que el de cultura estaría más vinculado con lo espiritual (el arte, la religión, el pensamiento). Esta oposición entre cultura y civilización comenzó a gestarse en el siglo XVIII en la filosofía alemana, con el fin de criticar la «civilización francesa».

Por civilización se entiende actualmente el conjunto de elementos culturales que nos diferencian de otros grupos sociales, añadiendo un matiz de evolución y de progreso. Cuando utilizamos la noción de civilización, parece que nos referimos a grupos sociales con un cierto nivel de progreso técnico, mientras que en la idea de cultura estaría ausente este matiz.

Según el historiador Norbert Elias, la civilización fue un proceso mediante el que se extendieron a toda la sociedad francesa los hábitos, las costumbres y las ideas que predominaban en la nobleza de Francia. Los modales en la mesa, en el hablar o en el vestir fueron pequeños pasos de este proceso de civilización.

Posteriormente, se opuso la idea de una civilización típicamente francesa a la de una cultura alemana. Mientras que en la civilización francesa serían muy importantes los modales, el refinamiento, los avances técnicos y las ideas liberales, para la cultura alemana lo más relevante serían los valores espirituales.

Comprende, piensa, investiga...

1 **1-2-4.** En grupo, resumid la definición de sociedad. ¿Creéis que una red social es una «sociedad» en ese sentido? ¿Por qué? Justificad vuestra respuesta.

2 **El espejo.** Compara las nociones de cultura en sentido subjetivo y en sentido objetivo. ¿Cuál es la diferencia principal entre ellas?

3 **Tablas.** Elabora tu propia tabla y compara las teorías sobre el origen de la sociedad propuestas por Hobbes, por Locke y por Rousseau. ¿A qué tipo de sociedad da lugar cada una de ellas?

* Derecho a lo que construye con sus manos, el estado los debe proteger (derechos)

Más importante derechos de la humanidad que los de los individuos

TEXTUALMENTE

«El concepto francés e inglés de "civilización" puede referirse a hechos políticos o económicos, religiosos o técnicos, morales o sociales, mientras que el concepto alemán de "cultura" se remite sustancialmente a hechos espirituales, artísticos y religiosos, y muestra una tendencia manifiesta a trazar una clara línea divisoria entre los hechos de este tipo y los de carácter político, económico y social. El concepto de civilización atenúa hasta cierto punto las diferencias nacionales entre los pueblos y acentúa lo que es común a todos los seres humanos o debiera serlo».

N. Elias, *El proceso de civilización.*

1 Resume las principales diferencias entre cultura y civilización, según el texto.

2 ¿Qué concepto de los dos está más vinculado con un ideal universal de todos los humanos? ¿Estás de acuerdo? Justifica tu respuesta.

2
LOS ELEMENTOS DE LA CULTURA

leer y esquema NO

2.1. Cultura y adaptación al medio

La cultura humana se ha desarrollado de un modo exponencial gracias a la aparición del lenguaje y del pensamiento simbólico. Por ello, la cultura se ha generado como una esfera simbólica que media en la relación entre los seres humanos y la naturaleza; en otras palabras, la cultura es una segunda naturaleza humana.

Así pues, las diversas culturas humanas han servido como un medio de adaptación al medio natural (ecosistema) en el que se ha establecido un grupo social.

No obstante, hay que tener en cuenta que la cultura no solo ha servido como un medio de adaptación de los seres humanos a diferentes ecosistemas, sino que también ha funcionado como un medio de transformación del medio natural para adaptarlo a los proyectos vitales y sociales de ese grupo humano:

- El punto de vista que concibe la cultura como medio de adaptación a la naturaleza lo ha defendido la ecología cultural.
- La perspectiva que concibe la cultura como un medio de transformación de la naturaleza corresponde, por ejemplo, a la antropología filosófica del raciovitalismo de Ortega y Gasset.

2.2. Los elementos de la cultura humana

Además de estas dos formas distintas de entender la cultura humana, debemos tener en cuenta que las diferentes culturas humanas están compuestas de elementos materiales (objetos, artefactos, máquinas, construcciones, etc.) y de elementos espirituales (ideas, valores, creencias, etc.).

Entre los elementos de las culturas más importantes, destacan los siguientes:

- Las instituciones: son estructuras sociales con autonomía respecto de los individuos y que perduran en el tiempo.

  Las instituciones tienen diferentes funciones sociales y culturales que descargan a los individuos de muchas decisiones y de muchas acciones, puesto que establecen criterios generales de acción y de decisión.
- Los objetos materiales y los artefactos: pueden ser desde simples herramientas hasta construcciones como máquinas y como sistemas informáticos.
- Los valores: son las ideas compartidas sobre aquello que es digno de ser realizado o no.

  Son las ideas que guían y dan sentido a las acciones de los individuos que pertenecen a una sociedad.
- Las estructuras de pensamiento: se trata de las formas, las categorías y las leyes que rigen la forma de pensar de los individuos.

  Estas estructuras de pensamiento que organizan nuestra forma de razonar, de argumentar y de pensar en general están determinadas por la educación y contribuyen a moldear las ideas y las creencias de los individuos.

GLOSARIO

Cultura: proceso social mediante el que un individuo adquiere conocimientos y hábitos para integrarse en un sistema social y cultural. Tiene diferentes niveles, entre los que destacan el aprendizaje de valores, la adquisición de competencias lingüísticas, el dominio de técnicas... Educación y filosofía están íntimamente vinculadas, desde la noción griega de *paideia* y las teorías de la «Ilustración ateniense» y de Platón sobre la educación hasta la teoría educativa democrática de Dewey pasando por la pedagogía de Rousseau.

TEXTUALMENTE

«Mientras el animal, por ser atécnico, tiene que arreglárselas con lo que encuentra dado ahí y fastidiarse, o morir cuando no encuentra lo que necesita, el hombre, merced a su don técnico, hace que se encuentre siempre en su derredor lo que ha menester —crea, pues, una circunstancia nueva más favorable, segrega, por decirlo así, una sobrenaturaleza, adaptando la naturaleza a sus necesidades—. La técnica es lo contrario de la adaptación del sujeto al medio, puesto que es la adaptación del medio al sujeto».

J. Ortega y Gasset, *Meditación de la técnica*.

1 ¿Qué diferencia al ser humano del animal, según el texto?

2 ¿Estás de acuerdo con la conclusión del texto? Justifica tu respuesta.

NO

→ Los patrones de conducta: son las pautas generales más habituales de comportamiento en una sociedad determinada.

Estos patrones de conducta son las formas generales de actuar en la interacción cotidiana. Influyen en los hábitos y en las costumbres individuales.

2.3. La cultura como factor evolutivo

Más allá de estos elementos culturales, también debemos considerar la relevancia de la cultura en diferentes niveles del ser humano.

→ **En el nivel biológico**

Hay que tener en cuenta la influencia de la cultura en la evolución de la especie humana.

Por ello, en cada cultura se transforma y se modifica la realidad natural humana adaptándola según patrones culturales.

→ **En el nivel afectivo**

En lo que respecta a las vivencias afectivas, como los sentimientos, las emociones, las pasiones, etc., hay que tener en cuenta que son vivencias culturalmente mediadas.

Por tanto, la cultura también afecta a la manera de entender el mundo afectivo de los seres humanos.

→ **En el nivel cognitivo**

La cultura también tiene una fuerte influencia en nuestra forma de entender y de organizar el mundo y la vida en general.

Nuestra manera de pensar está mediatizada por el lenguaje, de modo que nuestra comprensión del mundo y de la realidad depende de nuestra cultura.

Comprende, piensa, investiga...

1 Explica las dos posiciones sobre la relación entre cultura y medio natural. ¿Cuál te parece más acertada? ¿Por qué?

2 Explica los rasgos de los siguientes elementos de la cultura: las instituciones, las estructuras de pensamiento y los patrones de conducta.

3 Busca información sobre la forma en que el lenguaje y la cultura condicionan nuestra forma de ver la realidad. ¿Interpretamos de la misma forma los colores en todas las sociedades?

Centro de interpretación de las cuevas de Guadix.

El ser humano emplea diferentes objetos y artefactos culturales para satisfacer sus necesidades transformando la naturaleza.

3

EL PROCESO DE SOCIALIZACIÓN

GLOSARIO

Socialización: proceso de formación y de maduración social de un individuo. Se diferencian algunos aspectos de la socialización: la incorporación de un individuo a un grupo social; la educación en los valores compartidos socialmente; el aprendizaje de la lengua, de la historia y de la cultura que cohesionan el grupo social; la instrucción en los hábitos y en los modales considerados la norma; la capacidad de reflexión y la construcción de la individualidad de cada miembro de la sociedad. Se suele distinguir entre socialización primaria (en la infancia) y socialización secundaria (en la adolescencia y en la juventud).

Mediante la socialización, los seres humanos se forman socialmente.

NO

3.1. Socialización: una definición genérica

Los seres humanos somos animales sociales: gracias a la vida en sociedad, los seres humanos logramos desarrollar y completar nuestra formación.

Gracias a cierta inmadurez biológica, los seres humanos tenemos mayor plasticidad que otros animales y disponemos de un abanico más amplio de posibilidades vitales y existenciales.

El proceso de formación y de maduración sociales de los individuos se llama socialización y tiene diversos aspectos:

- La incorporación a un grupo social.
- La educación en los valores compartidos socialmente.
- El aprendizaje de la lengua, de la historia y de la cultura del grupo social.
- La instrucción en unos hábitos, en unos modales y en unas actitudes predominantes en la sociedad.
- La reflexión individual y la libertad dentro del marco social.

En este sentido, el sujeto, que vive en sociedad y que convive con los cambios sociales e históricos que se producen en ella, se está socializando durante toda su vida.

Además de esta definición general del proceso de socialización, podemos distinguir entre la socialización primaria y la socialización secundaria.

NO

3.2. Socialización primaria

Esta primera fase de la socialización se desarrolla durante la infancia de los individuos y su contexto principal es el ambiente familiar. También desempeña un papel clave el círculo social en el que se mueve la familia, así como las relaciones con otros miembros de su mismo grupo de edad.

En edades tempranas, se aprende principalmente por imitación y repetición de los modelos que ofrecen las personas adultas de los círculos social y familiar. Además, esta fase primaria de la socialización se caracteriza por la primacía de la afectividad.

Otra de las instituciones con mayor peso en la socialización primaria es, además de la familia, la escuela. En esta no solo se produce un aprendizaje de conocimientos básicos y de actitudes, sino también de habilidades y de reacciones en el contexto de un grupo en un espacio público. La educación en valores y la transmisión de conocimientos están vinculadas íntimamente.

Durante la infancia se produce una generalización gradual del alcance de las normas: en un principio, los individuos adoptan una actitud egoísta, mientras que al final del proceso de desarrollo moral y cognitivo llegan a un reconocimiento del valor de las normas del grupo.

En la actualidad, además, es preciso tener en cuenta las nuevas tecnologías de la información y de la comunicación, que tienen una profunda influencia en las nuevas formas de convivencia y de generación de solidaridad a distancia, tanto en la socialización primaria como en la socialización secundaria.

3.3. Socialización secundaria

Esta fase de incorporación a una sociedad está ligada habitualmente a la participación en instituciones y en grupos voluntarios, como, por ejemplo, la educación posobligatoria; los estudios universitarios; la afiliación a clubes deportivos, a agrupaciones musicales, a asociaciones culturales o religiosas; etc.

En esta segunda etapa de la socialización tienen más importancia las actividades decididas de forma reflexiva por el propio sujeto que las afinidades emotivas. Poco a poco se decide y se asume un mayor nivel de participación y de implicación en las diferentes organizaciones y redes sociales.

No obstante, la socialización secundaria coincide con un período biológico de maduración en el que a la madurez sexual hay que añadir una actitud de rebeldía frente a las normas impuestas por la generación más adulta, el replanteamiento de los vínculos familiares y de las amistades, además de la propia identidad dentro de la sociedad.

A veces, la afirmación de la propia individualidad se realiza de forma brusca y pueden producirse desacuerdos y conflictos entre los individuos adolescentes y las personas adultas.

Otro aspecto que hay que tener en cuenta durante el proceso de socialización secundaria es la diferenciación entre la personalidad individual y el rol social que adopta esa misma persona.

anayaeducacion.es «Emprendemos» la lucha contra la discriminación en el centro escolar.

TEXTUALMENTE

«La cultura de una sociedad tiende a ser similar en muchos aspectos de una generación a otra. En parte, esta continuidad en los estilos de vida se mantiene gracias al proceso conocido como endoculturación. La endoculturación es una experiencia de aprendizaje parcialmente consciente y parcialmente inconsciente a través de la cual la generación de más edad incita, induce y obliga a la generación más joven a adoptar los modos de pensar y de comportarse tradicionales. La endoculturación se basa, principalmente, en el control que la generación de más edad ejerce sobre los medios de premiar y de castigar a los niños».

M. Harris, *Antropología cultural.*

1. ¿Qué es la endoculturación? ¿En qué se basa? Define el concepto a partir del texto.
2. Compara el concepto de «socialización» con el de «endoculturación». ¿Son lo mismo? Explica las semejanzas y las diferencias entre ambos.

Comprende, piensa, investiga...

1. ¿Qué aspectos de la socialización en general te parecen más importantes? Justifica tu respuesta.
2. **Tablas.** Preparad una tabla en la que comparéis la socialización primaria y la socialización secundaria.
3. **Sumamos.** Buscad información sobre la «resocialización». ¿En qué consiste? Poned algunos ejemplos y exponed en clase los resultados de vuestra investigación.

4 EL RELATIVISMO CULTURAL Y EL ETNOCENTRISMO

GLOSARIO

Etnocentrismo: es la creencia y la actitud de considerar que el propio grupo cultural constituye el patrón de medida para juzgar el resto de culturas y de sociedades. Esta actitud genera numerosos conflictos, aunque hasta cierto punto es común a todas las sociedades, que se consideran a sí mismas el punto de referencia para las demás. Las consecuencias más negativas de esta actitud son el racismo, la xenofobia y el etnocidio (la exterminación de grupos étnicos minoritarios).

4.1. Etnocentrismo, xenofobia y racismo

Pese a que pueda parecer que a una sociedad le corresponda una única cultura, pocas son las sociedades en las que el sistema cultural es único y homogéneo, sin variaciones ni diferencias internas. Por esta razón, se pueden adoptar diferentes actitudes ante esta diversidad cultural.

→ El etnocentrismo

Esta actitud consiste en la creencia en que los individuos y los elementos de la propia cultura se encuentran en una situación de privilegio con respecto a otros grupos culturales.

Se piensa que el grupo social y cultural al que se pertenece es el centro del universo y el patrón de medida para valorar las demás culturas.

→ La xenofobia

En muchas ocasiones, el etnocentrismo está vinculado a un miedo hacia cualquier individuo que se perciba como alteridad.

Esta desconfianza hacia las personas que no identificamos como miembros de nuestro grupo sociocultural, es decir, hacia «los extranjeros» o hacia «los extraños» en sentido amplio, se llama xenofobia.

→ El racismo

Por su parte, en el racismo se atribuye al grupo cultural diferenciado una situación de inferioridad y de peligrosidad para el orden social.

Hasta mediados del siglo XX, el racismo se entendió desde un paradigma biológico; es decir, se consideraba que las razas eran grupos humanos diferenciados. Sin embargo, las investigaciones de genética de poblaciones han demostrado que la gran diversidad fenotípica (los aspectos observables) no corresponde a una diferencia genética.

Desde finales del siglo XX, el racismo ha adoptado una fundamentación cultural y ha utilizado la cultura para justificar la discriminación, la inferiorización y la violencia sobre el grupo considerado diferente.

GLOSARIO

Relativismo (cultural): considerado en general, es una propuesta teórica que afirma que las verdades, las creencias, las costumbres... no tienen validez universal; en definitiva, que son relativas a un marco de referencia: serían válidas o verdaderas dependiendo de la época histórica (relativismo histórico) o en relación con una cultura (relativismo cultural). La ventaja del relativismo cultural es su defensa de la tolerancia, aunque puede provocar la incapacidad de criticar acciones y costumbres discutibles ante la imposibilidad de aplicar criterios ajenos a los de la propia cultura.

4.2. El relativismo cultural

Según el relativismo cultural, cada cultura tiene valores y estándares propios: sus criterios morales, estéticos, políticos e incluso epistemológicos son dependientes y están bien adaptados a su forma de vida.

De este modo, no podemos valorar ni juzgar los hábitos, las costumbres y las creencias de otras culturas, ya que estaríamos aplicando nuestros criterios a otra cultura, ignorando que cada cultura tiene los suyos.

Además, en el relativismo se defiende que no hay ningún punto de vista privilegiado desde el que evaluar las instituciones, las costumbres, las ideas y los valores de una cultura ajena a la nuestra. Solo podríamos realizar una valoración (moral, política, estética, epistémica, etc.) desde el interior de esta cultura, asumiendo sus criterios y sus estándares.

Ante esta dificultad, la actitud en la relación entre culturas sería la tolerancia y el respeto mutuos. Sin embargo, el relativismo cultural tiene serias dificultades: ¿qué ocurre con actos que vulneran los derechos humanos? ¿No podemos juzgarlos desde un punto de vista universal? Este relativismo podría conducir a la impotencia frente a instituciones y a acciones contrarias a unos derechos humanos universales.

anayaeducacion.es En el «Taller de filosofía» profundizad en el reconocimiento del racismo.

4.3. Multiculturalismo e interculturalismo

➜ El multiculturalismo

Desde el multiculturalismo se sostiene que la convivencia de diferentes culturas en una misma sociedad debe respetar y proteger la diversidad de criterios, de valores, de costumbres y de creencias propia de cada cultura. Charles Taylor es el teórico más importante que ha expuesto esta teoría.

La aspiración última del multiculturalismo es la demanda de un derecho a la diferencia cultural y del reconocimiento político de esta diferencia en los espacios públicos.

Sin embargo, en las teorías sobre la diversidad cultural hay una cierta tendencia a lo que se ha denominado «el prejuicio culturalista» o la concepción estática de las culturas humanas. Desde esta visión se plantea que las culturas humanas son compartimentos estancos y aislados entre sí. Sin embargo, en realidad, el cruce entre culturas, los préstamos, los intercambios y la síntesis de fenómenos culturales han tenido un papel decisivo en el desarrollo de la historia de la humanidad.

➜ El interculturalismo

Precisamente, en el interculturalismo se intenta desarrollar el elemento del respeto activo de la diferencia cultural y se trata de superar la impresión de aislamiento cultural y de la incomunicación intercultural que podría conllevar el multiculturalismo.

En términos generales, la teoría de la interculturalidad parte de una actitud de respeto general a todas las tradiciones culturales humanas en tanto que formas de expresión de la riqueza de la humanidad.

Comprende, piensa, investiga...

1 Define los conceptos de «etnocentrismo», de «racismo» y de «relativismo cultural».

2 **El espejo.** Compara el multiculturalismo y el interculturalismo: ¿Cuáles son las principales diferencias entre ambos?

3 Buscad casos de racismo, de xenofobia o de etnocentrismo en los medios de comunicación y preparad una presentación para exponerlos en clase.

TEXTUALMENTE

«El prejuicio opera principalmente a través de un pensamiento estereotipado, que utiliza categorías fijas e inflexibles. El acto de estereotipar está a menudo estrechamente ligado al mecanismo psicológico del desplazamiento, por el que la hostilidad o la cólera se dirigen contra objetos que no son el origen real de esos sentimientos. La gente descarga su antagonismo en "chivos expiatorios", personas a las que se culpa de algo que no han ocasionado».

A. Giddens, *Sociología*.

1 ¿Qué es un estereotipo? Pon algunos ejemplos.

2 Explica qué significa la idea del «chivo expiatorio». ¿Conoces algún ejemplo? ¿Se aplica también a las culturas?

anayaeducacion.es Consulta la información correspondiente a la Meta 3 del Objetivo 5.

LA FILOSOFÍA EN PERSONA

Charles Taylor (1931). Este filósofo defiende la multiculturalidad: si se reconoce la multiplicidad de indentidades culturales, es posible la coexistencia pacífica entre diferentes culturas en una misma sociedad sin que los individuos pertenecientes a ellas pierdan sus raíces.

GLOSARIO

Multiculturalismo: propuesta desarrollada por el filósofo Charles Taylor, según la cual todas las culturas merecen ser reconocidas por las otras en tanto que expresan la diversidad y la riqueza de la humanidad. Así pues, todas las culturas tendrían valor en sí mismas y serían únicas y respetables. Por tanto, no podría haber un punto de vista universal que permitiera valorar y jerarquizar las diferentes culturas. Sin embargo, esta concepción encuentra dificultades para resolver los problemas que puede generar la ausencia de una moral que pretenda ser universal.

COMPROMISO ODS

Igualdad de genero

«Eliminar todas las prácticas nocivas, como el matrimonio infantil, precoz y forzado y la mutilación genital femenina».

Objetivos de Desarrollo Sostenible, meta 5.3.

1 ¿En qué consisten las prácticas culturales que se pretenden erradicar mediante esta meta? ¿Por qué resultan «nocivas» para las mujeres?

2 **Asamblea de ideas.** En grupos, por sorteo, asumid las diferentes actitudes ante la diversidad cultural y debatid sobre la legitimidad moral para combatir esas costumbres que perduran en algunas culturas.

Recuerda seleccionar el material de trabajo de esta unidad para tu **portfolio.**

COMPRUEBA LO APRENDIDO

ORGANIZO MI MENTE

Mapa mental

CULTURA Y SOCIEDAD

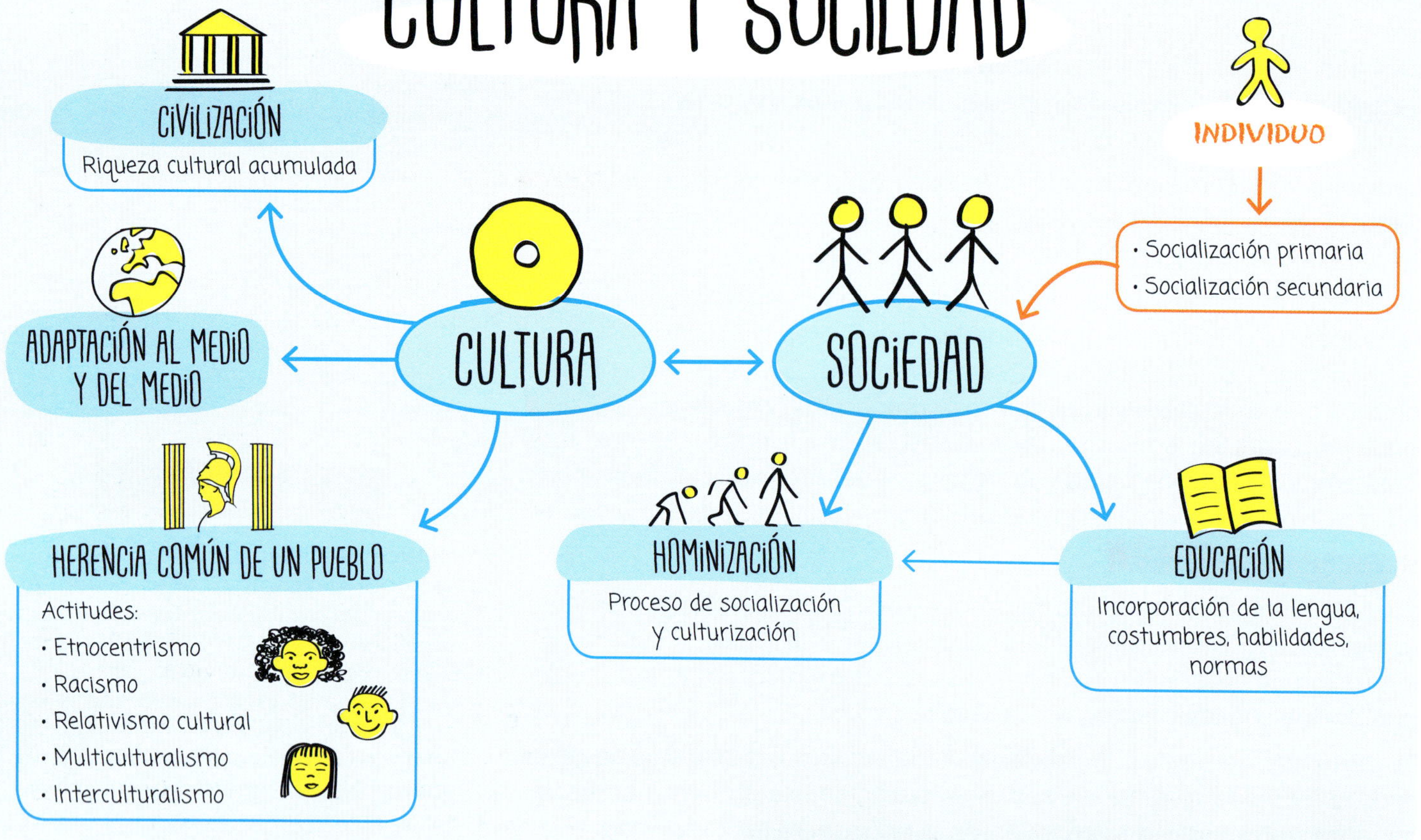

APRENDER A MIRAR

Gran Torino

Walt Kowalski es un jubilado que acaba de perder a su mujer. Su carácter no es fácil. Veterano de la Guerra de Corea, vive solo en su casa, situada en un barrio que se está transformando en una zona residencial de migrantes asiáticos y de otras minorías.

Siente pasión por su coche: un Ford Gran Torino de 1972. La llegada de sus nuevos vecinos, una familia originaria del sudeste asiático, va a cambiar su vida.

En esta película se transmite un mensaje de tolerancia y de convivencia más allá de los muchos prejuicios racistas que aparecen en ella.

1) Resume en unas pocas líneas la evolución del personaje de Walt Kowalski desde el inicio de la película hasta el final. Presta atención a sus prejuicios sobre las personas extranjeras.

2) Toma algunos ejemplos del lenguaje racista que emplea Walt y comenta los prejuicios que se muestran en esas expresiones.

3) ¿Qué bandas juveniles aparecen en la película? ¿Cómo se las representa? Analiza las semejanzas y las diferencias entre ellas.

4) ¿Cuál es el dilema de Thao? ¿En qué problemas se ve envuelto? ¿Cómo lo ayuda Walt?

5) Redacta un breve comentario personal sobre la película en el que expongas de forma razonada tu opinión sobre los problemas de convivencia social y cultural que aparecen en ella y sobre la actitud de su protagonista.

Descubro lo que he aprendido

1 Explica los sentidos objetivo y subjetivo del concepto de cultura.

2 Señala en qué consiste el concepto de civilización de Norbert Elias y en qué se diferencia del concepto de cultura.

3 ¿En qué se diferencia el concepto de cultura como medio de adaptación del ser humano a la naturaleza del concepto de cultura como transformación de la naturaleza al servicio del ser humano?

4 Explica las características de los elementos de la cultura: las instituciones, los objetos materiales y los artefactos, los valores, las estructuras de pensamiento y los patrones de conducta.

5 ¿En qué consiste el proceso de humanización y de socialización humano?

a) En convertir el entorno natural humano en un entorno culturizado.

b) En inventar y en construir nuestras propias condiciones de existencia.

c) En asimilar y en incorporar poco a poco toda la herencia cultural que forma el patrimonio de la civilización dentro de la que hemos nacido.

d) En cultivar nuestras capacidades naturales e intelectuales para desarrollarnos como seres humanos y para impulsar el avance de la sociedad.

6 ¿De qué manera influye la cultura en los tres niveles del ser humano: (1) nivel biológico, (2) nivel afectivo y (3) nivel cognitivo?

a) Nuestra manera de pensar está mediatizada por el lenguaje, de modo que nuestra comprensión del mundo y de la realidad depende de nuestra cultura.

b) En cada cultura se transforma y se modifica la realidad natural humana adaptándola según patrones culturales.

c) Los sentimientos, las emociones, las pasiones, etcétera, son vivencias culturalmente mediadas.

7 Propón tres diferencias entre la socialización primaria y la socialización secundaria.

8 Relaciona cada concepto con su definición: (1) etnocentrismo, (2) relativismo cultural, (3) multiculturalismo e (4) interculturalismo.

a) Es la doctrina mediante la que se intenta fomentar el respeto activo de la diferencia cultural y se tratan de superar las posibles dificultades del multiculturalismo.

b) Es la doctrina en la que se considera que todas las culturas merecen un reconocimiento por parte de las otras, pues incorporan unas características únicas y auténticas que las hacen valiosas como formas de expresión de la diversidad y de la creatividad humanas.

c) Es la doctrina que consiste en estimar los propios pueblo, raza y cultura como la norma absoluta de la civilización y, por tanto, como el modelo para juzgar a las demás civilizaciones y culturas.

d) Es la doctrina en la que se insiste en que cada cultura tiene unos valores propios que están bien adaptados a su forma de vida.

9 ¿Explica en qué se diferencian el racismo y la xenofobia? ¿Existe alguna relación de estas dos actitudes ante la diversidad cultural con el etnocentrismo?

10 Señala qué distinciones establece el antropólogo Claude Lévi-Strauss en este texto entre las nociones de «salvaje» y de «bárbaro». Pon algunos ejemplos del etnocentrismo del que se trata en el texto.

«La actitud más antigua y que reposa, sin duda, sobre fundamentos psicológicos sólidos [...] consiste en repudiar pura y simplemente las formas culturales que nos son extrañas: morales, religiosas, sociales y estéticas, porque estén alejadas de aquellas con las que nos identificamos. [...] De esta manera confundía la Antigüedad todo lo que no participaba de la cultura griega (después grecorromana), con el mismo nombre de "bárbaro". La civilización occidental ha utilizado después el término "salvaje" en el mismo sentido. [...] Y salvaje, que quiere decir 'del bosque', evoca también un género de vida animal, por oposición a la cultura humana. En ambos casos rechazamos admitir el mismo hecho de la diversidad cultural; preferimos expulsar de la cultura, a la naturaleza, todo lo que no se conforma a la norma según la cual vivimos».

C. Lévi-Strauss, *Raza y cultura*.

anayaeducacion.es Realiza la autoevaluación interactiva de la unidad.

6

LA RAZÓN Y LOS SENTIDOS

¿Cómo se genera el conocimiento?

En la actualidad, tenemos acceso a una gran cantidad de información a través de los medios de comunicación y de las nuevas tecnologías. Sin embargo, el acceso a la información no garantiza que podamos confiar plenamente en lo que sabemos.

Más allá de la vida cotidiana, en el ámbito científico también pueden surgir dudas sobre la consistencia del saber. ¿Qué métodos se utilizan en las ciencias? ¿Puede la racionalidad humana descubrir el funcionamiento del universo?

Para tratar de lograr ese saber fiable y alcanzar la verdad, se aplica el método científico, que consiste en la comprobación experimental de una hipótesis.

Por otra parte, está muy extendida la creencia según la cual, con respecto a los problemas morales, personales, sociales y políticos, no hay verdades definitivas. Así pues, en estos ámbitos, todo el conocimiento serían opiniones igualmente válidas. Pero ¿es realmente así? ¿No hay verdades universales? ¿Las verdades son solo fruto del acuerdo entre la gente?

Por tanto, resulta muy importante tratar de descubrir el fundamento y los límites del conocimiento, para establecer si podemos lograr un conocimiento verdadero e indudable y para saber si lo que conocemos realmente es la realidad.

Además, ¿saber más significa ser más inteligente? ¿Qué ocurre con las personas que destacan en ciertos ámbitos del conocimiento, pero no lo hacen en otros? ¿Y las emociones tienen algún papel en el desarrollo de la inteligencia?

En esta unidad vas a estudiar

- La distinción entre conocimiento y opinión, y los métodos de la ciencia.
- Las principales teorías clásicas del conocimiento.
- La definición y las diversas concepciones de la verdad.
- Las teorías de la inteligencia de Gardner y de Goleman.

anayaeducacion.es Visualiza la presentación de la unidad.

¿CÓMO AVANZA EL CONOCIMIENTO CIENTÍFICO?

Parece innegable que nuestro conocimiento progresa: innovaciones médicas, tecnológicas, etc., serían una muestra de ese avance del conocimiento científico. Pero ¿cómo mejora el conocimiento científico? ¿Cómo se produce el progreso científico?

El positivismo

La humanidad ha pasado por tres fases históricas sucesivas, marcadas por la religión, por la metafísica y por la ciencia. En esta última, la ciencia avanza de forma progresiva, lineal y aumentando el conocimiento.

El falsacionismo

La ciencia no avanza verificando las teorías científicas, sino falsándolas, descartando teorías. Solo se considera verdadera aquella teoría que resiste las pruebas y los experimentos a los que la sometemos.

Paradigmas y revoluciones

La ciencia no avanza de forma lineal y acumulativa, sino que sufre crisis o revoluciones científicas en las que el paradigma compartido se pone en cuestión y tras las que se acepta un nuevo paradigma y nuevas teorías.

Anarquismo metodológico

No hay un método científico definitivo, con principios seguros y firmes, sino que el conocimiento científico progresa de modos muy diversos, sin reglas fijas. El único principio válido sería que «todo vale».

anayaeducacion.es En la «Biblioteca de textos» encontrarás un texto sobre la relación entre la información y el conocimiento.

1 CONOCIMIENTO Y OPINIÓN

GLOSARIO

Inducción: razonamiento basado en una serie de casos particulares. La conclusión general resulta de una generalización a partir de esos casos concretos. Se trata de un método fundamentalmente observacional y estadístico. Aunque su validez racional es discutible, confiamos en ella por su efectividad en la vida cotidiana. La conclusión no se sigue necesariamente de las premisas observadas. Se trata de un método probabilístico en el que no se puede asegurar la certeza de la conclusión.

GLOSARIO

Deducción: tipo de razonamiento que conduce a una conclusión a partir de unas premisas establecidas y dadas por ciertas. La deducción se centra en la corrección formal del razonamiento y deja de lado el contenido empírico. La conclusión se sigue necesariamente de las premisas y no aporta más información que la contenida en ellas. En la deducción se avanza en el conocimiento de los casos concretos a partir de unas leyes básicas (llamadas «axiomas»).

LA FILOSOFÍA EN PERSONA

Galileo Galilei (1564-1642). Fue un filósofo y científico italiano que propuso el método matemático-experimental. Gracias a esta aportación, planteó el modelo de una matemática como ciencia racional por excelencia, que resultó decisivo en la filosofía moderna.

1.1. El dualismo epistemológico

Aunque el conocimiento de la realidad suele estar estructurado de forma racional y lógica, tiene su origen en otras fuentes; por ejemplo, los sentidos (el gusto, el tacto, el oído, el olfato y la vista) o la autopercepción interna (sobre nuestro estado físico y anímico).

Además de estas fuentes sensibles, nuestro conocimiento está también mediado por nuestro entorno social e histórico: lo que sabemos es fruto de un trabajo compartido de muchas generaciones para descubrir el mundo.

Cuando hablamos de conocimiento, debemos establecer una distinción clara entre dos formas de saber que tienen rasgos muy diferentes y que no debemos confundir:

- El conocimiento: es la forma de saber con un mayor grado de objetividad, fundamentado en una justificación racional, estructurado según una construcción sistemática coherente y con pretensión de universalidad, dejando de lado los intereses particulares.
- La opinión: es una forma de saber subjetivo, sin una justificación basada en hechos contrastados, carente de una articulación coherente con otros conocimientos justificados y sin universalidad, ya que está sometida a los intereses subjetivos.

1.2. Deducción e inducción

Un método es un procedimiento mediante el que obtenemos un conocimiento seguro, claro y fiable. Tradicionalmente, se ha distinguido entre dos métodos fundamentales: el método deductivo y el método inductivo.

A partir del siglo XVII surgió el método científico o hipotético-deductivo, en el ámbito de la Revolución Científica, protagonizada por Galileo, por Kepler y por Newton, entre otras personalidades de la ciencia.

El método deductivo

La deducción es el procedimiento por el cual llegamos a un conocimiento concreto, cierto y seguro partiendo de un conocimiento previo más general y abstracto. La conclusión resulta directamente de la aplicación del conocimiento previo, o premisas.

Es un método propio de las ciencias formales (matemática, lógica), aunque también se aplica en las ciencias naturales y sociales. Se centra en la corrección del razonamiento, sin tener en cuenta el contenido de los enunciados.

El método inductivo

La inducción consiste en la observación de casos particulares concretos y, a partir de ellos, en la formulación de una conclusión. Observamos un caso determinado y, después de observar un número significativo de repeticiones del mismo caso, formulamos un enunciado sobre un caso nuevo.

Ahora bien, este método no es fiable racionalmente, como mostraron los filósofos David Hume y Bertrand Russell. Aun así, se utiliza en la vida cotidiana y también en las ciencias, especialmente, las naturales.

anayaeducacion.es En el «Taller de filosofía» profundizad en el método de Sherlock Holmes para descubrir la verdad.

1.3. El método científico

Mediante el método científico, o método hipotético-deductivo, se trata de sintetizar lo mejor de los dos métodos expuestos anteriormente: combina el intento de formalización y de rigor lógico del método deductivo con la referencia a la experiencia del método inductivo.

Este método fue desarrollado por Galileo, por Newton y por otras figuras de la ciencia moderna. En él se propone seguir los siguientes pasos:

1 Observamos un fenómeno, bien en la naturaleza, o bien en el laboratorio, para el cual no tenemos una explicación satisfactoria.

2 Planteamos una hipótesis que explique este hecho (para lo cual necesitamos imaginación).

3 Formulamos matemática y formalmente la hipótesis, y extraemos las consecuencias que se derivan de ella (momento deductivo).

4 Comprobamos si las consecuencias deducidas se dan en un experimento que hemos diseñado para confirmar la hipótesis (momento inductivo).

Si las consecuencias previstas se producen realmente, consideramos acertada la hipótesis; si no, tenemos que modificarla.

Ejemplos de este método los podemos encontrar tanto en las ciencias experimentales como en la vida cotidiana. También se lo conoce como la «inferencia de la mejor explicación».

LA FILOSOFÍA EN PERSONA

Isaac Newton (1643-1727). Fue un físico, matemático y teólogo inglés que propuso el modelo de la mecánica clásica para explicar los movimientos del universo y que formuló la ley de gravitación universal. Al mismo tiempo que Leibniz, desarrolló el cálculo integral y diferencial.

GLOSARIO

Método científico (método hipotético-deductivo): establece los pasos que hay que seguir para garantizar la validez del conocimiento: la detección de problemas, la propuesta de hipótesis, la deducción de efectos a partir de estas hipótesis y la experimentación para comprobarlas.

Comprende, piensa, investiga...

1 Pon ejemplos que ilustren la distinción entre conocimiento y opinión. Justifica tu respuesta.

2 **El espejo.** Compara los métodos deductico e inductivo, y señala las diferencias entre ambos.

3 ¿Qué es el método hipotético-deductivo? Explica sus pasos con tus propias palabras.

TEXTUALMENTE

«Estoy seguro de que [Aristóteles] primero procuró asegurarse cuanto fuera posible de las conclusiones mediante los sentidos, las experiencias y las observaciones, y que después trató de buscar los medios para poder demostrarlas, porque así se hace usualmente en las ciencias demostrativas. Esto sucede porque, cuando la conclusión es verdadera, sirviéndose del método resolutivo, fácilmente se encuentra alguna proposición ya demostrada, o se llega a algún principio conocido por sí mismo. Pero si la conclusión es falsa, se puede proceder al infinito sin encontrar nunca una verdad conocida, cuando no se encuentra algo imposible o algún absurdo evidente. Y no dudéis que Pitágoras, mucho antes de encontrar la demostración por la que celebró la hecatombe, se había asegurado de que en el triángulo rectángulo, el lado opuesto al ángulo recto era igual a los cuadrados de los otros lados. Y la certeza de la conclusión ayuda no poco a encontrar la demostración refiriéndonos siempre a las ciencias demostrativas. Pero fuese cual fuese el proceso que siguió Aristóteles, sea que el razonamiento a priori precediese a los sentidos a posteriori, o lo contrario, está claro que el propio Aristóteles, antepone (como se ha dicho muchas veces) la experiencia sensible a cualesquiera razonamientos. [...]

Yo, sin experiencia, estoy seguro de que el efecto se dará como os digo, porque es necesario que así suceda».

Galileo, *Diálogo sobre los dos máximos sistemas del mundo: ptolemaico y copernicano*, I, II.

1 ¿Cómo dice Galileo que procedía Aristóteles en lo que se conoce como ciencias demostrativas?

2 ¿Qué antepone Aristóteles en su investigación? ¿Cómo procede el mismo Galileo?

2

EL FUNDAMENTO Y LOS LÍMITES DEL CONOCIMIENTO

Comprende, piensa, investiga...

1 Antes pensaba..., ahora pienso... ¿Qué concepción del conocimiento se sostiene en el relativismo? ¿Estás de acuerdo con su idea principal? Razona tu respuesta.

2 1-2-4. Por parejas, explicad las principales diferencias entre el idealismo y el materialismo.

3 1-2-4. Por parejas, explicad en qué se oponen el racionalismo y el empirismo, y en qué consiste la síntesis de Kant.

2.1. La duda sobre el conocimiento

La actitud que no admite duda alguna acerca de la validez y sobre el alcance del conocimiento humano se denomina dogmatismo. Por el contrario, el escepticismo y el relativismo son concepciones en las que se ponen en cuestión, respectivamente, el fundamento y los límites del conocimiento.

→ El escepticismo

Según el escepticismo, no es posible lograr un conocimiento cierto. Para el escepticismo, no podemos estar completamente seguros de las cosas que pensamos que sabemos.

Los sentidos no son fiables, el lenguaje es inexacto e incluso la racionalidad podría no ser efectiva: si se aceptan estas consideraciones, la duda es inevitable.

→ El relativismo

Como su nombre indica, según el relativismo, el conocimiento no es válido universalmente, sino que su validez está limitada a un contexto determinado.

El relativismo está emparentado con el escepticismo, aunque no parece ser tan radical, si bien es muy habitual en la vida cotidiana. Puede asumir varias formas:

- Relativismo cultural: una verdad o una teoría es válida, es decir, verdadera, solo en una cultura o en una sociedad determinada.
- Relativismo histórico: la validez de la verdad está limitada a una época o a un momento histórico.

2.2. ¿Conocemos realmente la realidad?

Con respecto al objeto del conocimiento humano, que consiste en tratar de conocer la realidad, podemos diferenciar, además, entre idealismo y materialismo.

→ El idealismo

Según el idealismo, no tenemos un acceso directo a la realidad material, sino que solo conocemos representaciones de la realidad, esto es, las ideas, las imágenes, que nos formamos a partir de una realidad que no podemos llegar a conocer tal como es en sí misma. Esta corriente surgió en la época moderna, a partir de Descartes, de Berkeley y de Kant.

En el caso de Platón, el idealismo se refiere a la existencia de entidades o de realidades no materiales, sino intelectuales, las ideas, que son la causa de la existencia de la realidad material.

→ El materialismo

Según el materialismo, toda la realidad es material y físicamente contrastable. Surgió en la Antigüedad y ha tenido diversas variantes en la Ilustración y en el siglo XIX.

Para el materialismo, el objeto de nuestro conocimiento es siempre una realidad material, aunque debe definir qué es la materia y puede distinguir entre diferentes tipos o niveles de materialidad.

LA FILOSOFÍA EN PERSONA

Gottfried Wilhelm Leibniz (1646-1716). Fue un científico y filósofo racionalista alemán que trató de crear para la filosofía un lenguaje simbólico a imagen del de la matemática. Según él, la realidad última del universo es ser actividad de unas pequeñas sustancias, las «mónadas».

2.3. El conocimiento en la filosofía moderna

En la filosofía moderna, el conocimiento fue un tema central en el racionalismo, en el empirismo y en la filosofía trascendental.

➜ El racionalismo

Según el racionalismo, la razón es la facultad del conocimiento humano. Los sentidos no son una fuente fiable de saber. La razón logra todo el conocimiento posible y con una gran fiabilidad siempre que apliquemos unas reglas (método deductivo) en nuestra investigación.

Además, en el racionalismo se considera que el fundamento del conocimiento humano son unas ideas innatas, claras y evidentes. Descartes y Leibniz son sus dos representantes principales en la época moderna.

➜ El empirismo

El empirismo surge como alternativa al racionalismo. En el empirismo se niega la existencia de ideas innatas, pues todas las ideas derivan de los sentidos y de la naturaleza humana (impresiones).

La experiencia sensible es el criterio fundamental para obtener conocimiento y el origen de todo el saber. Defienden la relevancia de la observación. Sus figuras más destacadas son Locke y Hume.

➜ La filosofía trascendental

En el siglo XVIII, Kant propuso una síntesis entre el racionalismo y el empirismo.

Para Kant, sin experiencia sensible es imposible el conocimiento, pero la experiencia no es suficiente, pues necesitamos organizar estos datos de acuerdo con unos conceptos racionales. Así, el conocimiento tiene su origen en la experiencia (empirismo), pero necesitamos conceptos y leyes racionales para que sea válido, científico (racionalismo).

GLOSARIO

Racionalismo: corriente filosófica que se define por considerar que la razón es la facultad humana que nos distingue de los demás animales y la fuente fundamental y más fiable de cualquier conocimiento. Este se basa en un conocimiento innato. El modelo paradigmático de esta concepción proviene de la certeza matemática y del método deductivo.

GLOSARIO

Empirismo: corriente filosófica desde la que se argumenta que todo conocimiento tiene su origen en la experiencia. Además, en ella se niega la existencia de un conocimiento innato y, hasta cierto punto, se considera que los seres humanos, al nacer, somos como una hoja en blanco. Destaca el papel que desempeña la naturaleza humana en el proceso del conocimiento. El modelo epistemológico de esta corriente son las ciencias naturales y el método inductivo y probabilístico.

TEXTUALMENTE

«Pero, inmediatamente después, advertí que, mientras deseaba pensar de este modo que todo era falso, era absolutamente necesario que yo, que lo pensaba, fuese alguna cosa. Dándome cuenta de que esta verdad: *pienso, luego soy*, era tan firme y tan segura que todas las más extravagantes suposiciones de los escépticos no eran capaces de hacerla tambalear, juzgué que podía admitirla sin temor alguno de errar como el primer principio de la filosofía que yo indagaba.

Posteriormente, examinando con atención lo que yo era, y viendo que podía fingir que carecía de cuerpo así como que no había mundo o lugar alguno en el que me encontrase, pero que, por ello, no podía fingir que yo no era, sino que, por el contrario, solo a partir de que pensaba dudar acerca de la verdad de otras cosas, se seguía muy evidente y ciertamente que yo era, mientras que, con solo que hubiera cesado de pensar, aunque el resto de lo que había imaginado hubiese sido verdadero, no tenía razón alguna para creer que yo hubiese sido, llegué a conocer a partir de todo ello que era una sustancia cuya esencia o naturaleza reside en pensar y que tal sustancia, para existir, no tiene necesidad de lugar alguno ni depende de cosa alguna material. De suerte que este yo, es decir, el alma, en virtud de la cual yo soy lo que soy, es enteramente distinta del cuerpo, más fácil de conocer que este, y, aunque el cuerpo no fuese, el alma no dejaría de ser cuanto ella es.

Analizadas estas cuestiones, reflexioné en general sobre todo lo que se requiere para afirmar que una proposición es verdadera y cierta, pues, dado que acababa de identificar una que cumplía tal condición, pensé que también debía conocer en qué consiste esta certeza. Y habiéndome percatado [de] que nada hay en *pienso, luego soy*, que me asegure que digo la verdad, a no ser que yo veo muy claramente que, para pensar, es necesario ser, juzgué que podía admitir como regla general que las cosas que concebimos muy clara y distintamente son todas verdaderas; no obstante, hay solamente cierta dificultad en identificar correctamente cuáles son aquellas que concebimos distintamente».

R. Descartes, *Discurso del método*, IV.

1 ¿De qué no duda Descartes en este texto? Explica con tus palabras en qué consiste su certeza.

2 ¿Qué regla sobre la verdad extrae Descartes de la idea «pienso, luego soy»? ¿Se puede aplicar en todos los ámbitos de la vida?

3
¿QUÉ ES LA VERDAD?

TEXTUALMENTE

«Así como el bien está en las cosas en cuanto estas dicen orden al apetito, por lo cual la razón de bueno se deriva del objeto apetecido, que se llama bueno en cuanto es apetito del bien, así también puesto que lo verdadero reside en el entendimiento en cuanto este se conforma con el objeto conocido, es necesario que la razón de verdadero se derive del entendimiento al objeto que conoce, para así llamar también verdadera la cosa conocida por el orden que sigue el entendimiento [...]. Por tanto, la verdad está principalmente en el entendimiento y secundariamente en las cosas en cuanto se comparan con el entendimiento como con su principio. [...]

[...] La verdad se define como conformidad entre el entendimiento y las cosas; y de aquí que conocer esta conformidad sea conocer la verdad. Los sentidos no la conocen en modo alguno [...]. El entendimiento, en cambio, puede conocer su conformidad con el objeto inteligible; pero no la percibe cuando conoce la esencia de las cosas, sino cuando juzga que la realidad es tal como la forma que él percibe, y entonces, es cuando primeramente conoce y dice la verdad [...]. En los sentidos, y en el entendimiento cuando conoce las esencias, puede estar la verdad como está en cualquier cosa verdadera, pero no como lo conocido en el que lo conoce, que es lo que entendemos por el nombre de verdadero, ya que la perfección del entendimiento es lo verdadero como conocido».

T. de Aquino, *Suma teológica*, I, cuest. 16, arts. 1 y 2.

1 ¿Cómo define la verdad Tomás de Aquino? ¿A qué tipo de concepción de la verdad corresponde su opinión?

2 ¿Dónde reside principalmente lo verdadero a juicio del autor del texto? ¿Y secundariamente?

3.1. Verdad y veracidad

En primer lugar, deberíamos tener en consideración que la palabra «verdad» tiene una historia.

En latín, el término *veritas* se refiere al rigor y a la exactitud de lo que decimos en relación con los hechos y con lo que sabemos. Es el concepto más cercano a nuestra idea de verdad en la actualidad.

Ahora bien, tenemos que distinguir también entre la verdad y la veracidad:

- La verdad es una propiedad del lenguaje, de las teorías y del saber en general (las creencias, las opiniones, los conocimientos, etc.).
- La veracidad es un atributo de los individuos, de las personas; en definitiva, consiste en la honestidad y en la franqueza sobre lo que pensamos.

Por lo tanto, tenemos que diferenciar entre la verdad o la falsedad de un conocimiento teórico y la franqueza que mostramos con respecto a este mismo conocimiento.

Lo contrario de la verdad es la falsedad, mientras que lo contrario de la veracidad y de la sinceridad es la mentira.

3.2. Correspondencia, coherencia y consenso

A continuación, se expone un breve resumen sobre las principales concepciones sobre la verdad.

La verdad como correspondencia

Es la teoría según la cual asumimos como verdadero aquello que se corresponde con los hechos que todas las personas podemos comprobar.

En esta cocepción se presupone que si el pensamiento se expresa mediante el lenguaje, tenemos que ser capaces de corroborar que el lenguaje se corresponde con las cosas que podemos percibir por medio de los sentidos.

La verdad como coherencia lógica

En este caso, el criterio para establecer la verdad no se centra en el contenido, sino en la forma de nuestro conocimiento.

La coherencia se refiere a la consistencia o no contradicción entre los diferentes enunciados que componen una teoría. Cuando no disponemos de los hechos que nos permiten comprobar un enunciado, nos atenemos a que este no contradiga otros que sí hemos comprobado empíricamente.

La verdad como consenso

El criterio del acuerdo o del consenso se utiliza especialmente en el ámbito de la moral y de la política.

Según esta forma de concebir la verdad, consideramos verdaderos y válidos los planteamientos y las ideas que han recibido el apoyo unánime (o por lo menos ampliamente mayoritario) de las personas afectadas por las ideas, por las teorías o por las creencias que se han examinado.

anayaeducacion.es «Emprendemos» una investigación sobre la información y sobre la censura en Internet.

3.3. Pragmatismo y perspectivismo

También se puede concebir la verdad en función de los resultados que produce, o bien tener en cuenta la diversidad de opiniones. Así la entienden, respectivamente, el pragmatismo y el perspectivismo.

→ El pragmatismo

El pragmatismo es una filosofía de origen norteamericano, surgida a mediados del siglo XIX.

Según el pragmatismo, se considera verdadero el saber que permite aplicaciones prácticas, técnicas o vitales que consideramos buenas para mejorar nuestra vida, aunque no podamos comprobar si este saber se corresponde o no con los hechos.

→ El perspectivismo

Por otra parte, según el perspectivismo de Ortega y Gasset, toda verdad depende de una perspectiva o de un punto de vista que se adopta con respecto a la realidad. Cada perspectiva ofrece una porción de la verdad, que sería la suma de todas las perspectivas.

Cualquier individuo, todas las culturas y cada época tienen un punto de vista único y particular sobre la realidad, pero esta no depende de tales puntos de vista. Es decir, para conseguir una mejor comprensión de la realidad, habría que ser capaz de conocer cuantas más perspectivas sobre ella mejor.

El perspectivismo no niega que haya una realidad común a los diferentes puntos de vista, sino que reivindica el valor de cada uno de ellos en el progreso del saber.

Tampoco significa el perspectivismo que todos los puntos de vista sean igual de válidos o de acertados; puede haber algunos más sesgados o parciales y otros más generales y agudos.

Comprende, piensa, investiga...

1 ¿Cómo se entiende la verdad si adoptamos el criterio de la correspondencia? ¿Y desde el criterio de la coherencia lógica? Cita algunos ejemplos en que utilicemos uno u otro criterio.

2 **El espejo** ¿En qué consiste la verdad según el perspectivismo? ¿Son lo mismo el perspectivismo y el relativismo? Razona tu respuesta.

3 Actualmente, la tecnología ha producido inventos sorprendentes. ¿En qué teoría se justifica esta concepción de la verdad? Explica tu respuesta.

El éxito de la ciencia es uno de los criterios mediante los que se puede fundamentar la verdad de sus teorías.

4
LA INTELIGENCIA

GLOSARIO

Inteligencia: se puede definir como el conjunto de las capacidades superiores del ser humano que le permiten resolver problemas y adaptarse al medio en el que se encuentra. Aunque se utiliza en un sentido general, en la psicología actual se han distinguido diversos tipos de inteligencia (espacial, geométrica, social...). Una de las teorías más sugerentes al respecto es la de la inteligencia emocional, concepto divulgado por el psicólogo Daniel Goleman.

COMPROMISO ODS

Educación de calidad

«De aquí a 2030, asegurar el acceso igualitario de todos los hombres y las mujeres a una formación técnica, profesional y superior de calidad, incluida la enseñanza universitaria».

Objetivos de Desarrollo Sostenible, meta 4.3.

1 Debatid sobre qué tipo de inteligencia se cultiva en el sistema educativo.

2 ¿Se tienen en cuenta las inteligencia-múltiples? ¿Y se atiende al desarrollo de la inteligencia emocional?

LA FILOSOFÍA EN PERSONA

Howard Gardner (1943). Es un psicólogo estadounidense conocido sobre todo por su teoría de las inteligencias múltiples, que cifra en ocho tipos distintos, mediante la que se pone en cuestión la tradicional interpretación unitaria y unidimensional de la inteligencia.

4.1. Crítica a la concepción tradicional

Habitualmente, se define la inteligencia como la capacidad de adaptación, de comprensión y de elaboración de información procedente de nuestro entorno para resolver problemas nuevos.

La inteligencia remite, por tanto, a la facultad de pensar de forma abstracta y de aprender de la experiencia.

En el pasado se ha considerado que la inteligencia era una capacidad innata en los individuos y que se podía medir numéricamente como cualquier otra característica física. Sin embargo, estos test han sido criticados por diversos motivos; entre ellos, la unidimensionalidad y el excesivo intelectualismo del concepto de inteligencia que presuponen:

- Por una parte, estos test se centran en aspectos verbales, lógicos y matemáticos, dejando de lado otras dimensiones de la inteligencia.
- Por otra, la noción de inteligencia no afecta solo a las capacidades cognitivas de un individuo (pensamiento, abstracción, comprensión, etc.), sino también a aspectos emocionales, como el control de las emociones y la empatía.

Desde un punto de vista neurológico, la distinción entre racionalidad y emotividad o, dicho metafóricamente, entre cabeza y corazón, no tiene sentido.

Como se ha mostrado en diversas investigaciones, por ejemplo las de Antonio Damásio, las emociones desempeñan un papel fundamental en la toma racional de decisiones. Según este neurólogo, las emociones aportan información relevante para adoptar una decisión racional.

4.2. Howard Gardner: las inteligencias múltiples

La inteligencia humana abarca múltiples aspectos, por lo que es un error considerar solo los factores cognitivos, sin tener en cuenta las emociones, la creatividad, etc. Por eso, Gardner ha propuesto una visión mucho más amplia de la inteligencia, que desglosa en ocho tipos:

- Inteligencia musical: facultad de percepción auditiva y de creación sonora con un sistema simbólico abstracto.
- Inteligencia cinético-corporal: habilidad física basada en el control del propio cuerpo, alta psicomotricidad.
- Inteligencia lógico-matemática: capacidad deductiva para resolver problemas complejos y uso riguroso de argumentaciones lógicas.
- Inteligencia lingüística: habilidad en el uso del lenguaje, riqueza de vocabulario y gramatical, y facilidad para aprender otras lenguas.
- Inteligencia espacial: facultad de orientación espacial, memoria, abstracción y resolución de problemas sencillos.
- Inteligencia interpersonal: capacidad de relacionarse, de mantener actitudes adecuadas en público y de empatizar con otras personas.
- Inteligencia intrapersonal: habilidad para gestionar la propia vida emocional y para el autoconocimiento.
- Inteligencia naturalista: capacidad de comprensión y de observación de la naturaleza, y respeto por el medio ambiente.

anayaeducacion.es Consulta la información correspondiente al Objetivo 4.

4.3. Daniel Goleman: la inteligencia emocional

La teoría de la inteligencia emocional parte de la insuficiencia que muestran las concepciones tradicionales, que identifican la inteligencia con las capacidades cognitivas, intelectuales y prácticas, pero que dejan de lado la vertiente emotiva y social de los individuos, tan importante en la toma racional de decisiones.

Para Goleman, la inteligencia emocional es un aspecto clave para entender el desarrollo del individuo y sus perspectivas de lograr una vida plena.

En definitiva, en opinión de Goleman, la inteligencia emocional está compuesta por cinco competencias fundamentales que complementan las habilidades cognitivas que se reconocían en la concepción tradicional de la inteligencia:

- El conocimiento de las propias emociones o autoconocimiento: es la capacidad de reconocer ciertas emociones o determinados estados de ánimo.
- La capacidad de controlar las emociones o autocontrol: se trata de dominar los impulsos emotivos y tomar el control para calmarse o para desembarazarse de ciertas emociones negativas que pueden influir en nuestra conducta.
- La capacidad de motivarse personalmente o automotivación: consiste en la habilidad para espolear nuestro comportamiento y para encontrar incentivos que nos animen a actuar en las situaciones difíciles.
- El reconocimiento de las emociones de las demás personas (empatía): la capacidad de ponerse en el lugar de otras personas y de compartir sus sentimientos es clave para establecer relaciones sociales.
- El control de las relaciones (habilidades sociales): se trata de saber gestionar y de relacionarnos con las emociones de las demás personas, sin perder nuestra autonomía.

LA FILOSOFÍA EN PERSONA

Daniel Goleman (1946). Es un psicólogo estadounidense conocido sobre todo por su teoría de la inteligencia emocional, mediante la que integra las emociones y las relaciones sociales entre las capacidades cognitivas, intelectuales y prácticas de la visión tradicional de la inteligencia.

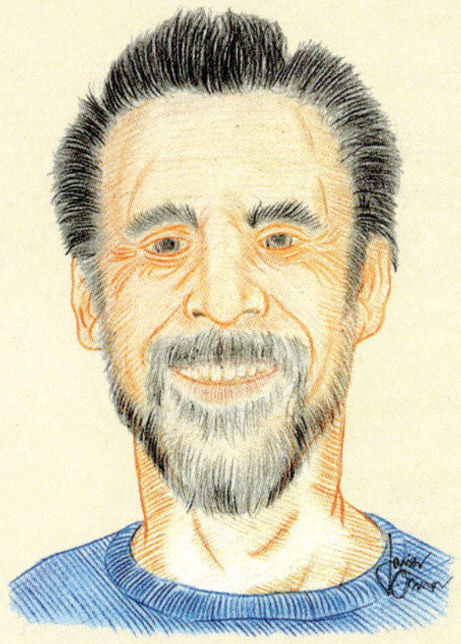

Comprende, piensa, investiga...

1 Investigad sobre las críticas que se han realizado a los test de inteligencia. ¿Estáis de acuerdo con ellas? ¿Podríais plantear otras críticas a estas formas de medir la inteligencia?

2 **Rompecabezas.** ¿Qué error desvela la teoría de las inteligencias múltiples? Repartíos los distintos tipos de inteligencias y haced una presentación sobre ellas.

3 ¿En qué consiste la inteligencia emocional? Buscad información sobre esta teoría y preparad una breve presentación para la clase.

TEXTUALMENTE

«Era una bochornosa tarde de agosto en la ciudad de Nueva York. Uno de esos días asfixiantes que hace que la gente se sienta nerviosa y malhumorada. En el camino de regreso a mi hotel, tomé un autobús en la avenida Madison y, apenas subí al vehículo, me impresionó la cálida bienvenida del conductor, un hombre de raza negra de mediana edad en cuyo rostro se esbozaba una sonrisa entusiasta, que me obsequió con un amistoso "¡Hola! ¿Cómo está?", un saludo con el que recibía a todos los viajeros que subían al autobús mientras este iba serpenteando por entre el denso tráfico del centro de la ciudad. Pero, aunque todos los pasajeros eran recibidos con idéntica amabilidad, el sofocante clima del día parecía afectarles hasta el punto de que muy pocos le devolvían el saludo.

No obstante, a medida que el autobús reptaba pesadamente a través del laberinto urbano, iba teniendo lugar una lenta y mágica transformación. El conductor inició, en voz alta, un diálogo consigo mismo, dirigido a todos los viajeros, en el que iba comentando generosamente las escenas que desfilaban ante nuestros ojos: rebajas en esos grandes almacenes, una hermosa exposición en aquel museo y qué decir de la película recién estrenada en el cine de la manzana siguiente. La evidente satisfacción que le producía hablarnos de las múltiples alternativas que ofrecía la ciudad era contagiosa, y cada vez que un pasajero llegaba al final de su trayecto y descendía del vehículo, parecía haberse sacudido de encima el halo de irritación con el que subiera, y cuando el conductor le despedía con un "¡Hasta la vista! ¡Que tenga un buen día!", todos respondían con una abierta sonrisa».

D. Goleman, *Inteligencia emocional*, «Introducción»

1 ¿En qué se reconoce la inteligencia emocional del personaje del texto de Goleman?

2 Enumera aquellos aspectos que Goleman considera inteligencia emocional que tú veas reflejados en el texto.

ORGANIZO MI MENTE

Mapa mental

APRENDER A MIRAR

Inteligencia artificial

Esta película se basa en una idea de Stanley Kubrick inspirada en el relato de ciencia ficción *Los superjuguetes duran todo el verano,* de Brian Aldiss.

En ella se narra la historia de David, un robot diseñado con inteligencia artificial capaz de experimentar amor y otros sentimientos y emociones.

David ha sido adoptado por la familia Swinton, cuyo hijo, Martin, se encuentra gravemente enfermo en una especie de coma. Todo marcha a la perfección hasta que Martin se recupera y vuelve a casa.

1) Fíjate en el diálogo inicial entre los científicos y los ingenieros de Cybertronics. ¿Cuál es su objetivo? ¿Qué dudas surgen en el debate? ¿Cómo responde el director del proyecto a las dudas que se plantean?

2) ¿Cómo afronta la familia Swinton la presencia de David? ¿Cómo evoluciona la relación entre Martin y David?

3) Comenta las semejanzas y las diferencias entre David y Gigolo Joe. ¿Por qué se ayudan mutuamente? ¿Por qué rompen su vinculación?

4) En la película, los robots están sometidos a esclavitud. ¿Qué riesgos entraña ese sistema social? ¿Por qué hay seres humanos que se oponen a los robots? ¿Estás de acuerdo con su actitud?

5) ¿Conoces otra historia en la que los seres humanos creen una forma de vida inteligente que sienta emociones? Compárala con esta película.

Descubro lo que he aprendido

1 Los métodos inductivo y deductivo son muy diferentes entre sí. ¿Qué ciencias emplean más frecuentemente el método deductivo? ¿En qué ámbitos se aplica más el método inductivo?

2 Piensa en ejemplos reales de aplicación del método científico o método hipotético-deductivo. ¿Qué paso del método científico necesita cierta imaginación? Justifica tu respuesta.

3 ¿Cuál de los siguientes conceptos responde a esta definición: «según esta tesis, no tenemos acceso directo a la realidad como tal, sino tan solo a sus representaciones»?

a) El relativismo.

b) El idealismo.

c) El escepticismo.

d) El materialismo.

4 Expón las características que Hume atribuye a la impresiones en este texto y las diferencias que señala entre ellas y las ideas. ¿Estás de acuerdo con la conclusión del texto? Razona tu respuesta.

«Nuestro autor comienza con algunas definiciones. Llama percepción a todo lo que puede estar presente en la mente, sea que empleemos nuestros sentidos, o que estemos movidos por la pasión o que ejerzamos nuestro pensamiento y nuestra reflexión. Divide nuestras percepciones en dos clases, a saber, las impresiones y las ideas. Cuando sentimos una pasión o una emoción de cualquier clase, o cuando las imágenes de los objetos externos nos son traídas por nuestros sentidos, la percepción de la mente es lo que él llama impresión, que es una palabra que él emplea en un nuevo sentido. Cuando reflexionamos sobre una pasión o sobre un objeto que no está presente, esta percepción es una idea. Por consiguiente, las impresiones son nuestras percepciones vivas y fuertes; las ideas son las más tenues y más débiles. Esta distinción es evidente, tan evidente como la que hay entre sentir y pensar. La primera proposición que adelanta es que todas nuestras ideas, o percepciones débiles, son derivadas de nuestras impresiones o percepciones fuertes, y que jamás podemos pensar en cosa alguna que no la hayamos visto fuera de nosotros o sentido en nuestras mentes».

D. Hume, *Resumen del «Tratado de la naturaleza humana»*.

5 ¿En qué corriente de la filosofía moderna sobre el conocimiento se afirma que no es posible el conocimiento sin experiencia sensible, pero que también se requieren unos conceptos del entendimiento que organicen la información de la experiencia?

a) El empirismo.

b) El materialismo.

c) La filosofía trascendental.

d) El racionalismo.

6 Explica la diferencia entre verdad y veracidad. ¿Crees que hay alguna situación en la que decir la verdad no sea la opción más correcta? Razona tu respuesta.

7 ¿En cuál de las siguientes concepciones se destaca que la verdad de una teoría científica «depende de la consistencia o no contradicción entre los diversos enunciados en el seno de dicha teoría»?

a) La verdad como consenso.

b) La verdad como correspondencia.

c) La verdad como coherencia.

d) La verdad como revelación.

8 ¿Qué se sostiene en el pragmatismo con respecto al problema de la verdad?

9 ¿Cuál de las siguientes no es una de las inteligencias múltiples que ha señalado Howard Gardner?

a) Inteligencia espacial.

b) Inteligencia musical.

c) Inteligencia intrapersonal.

d) Inteligencia espiritual.

e) Inteligencia lógico-matemática.

f) Inteligencia naturalista.

g) Inteligencia interpersonal.

h) Inteligencia cinético-corporal.

i) Inteligencia lingüística.

10 Daniel Goleman ha defendido que la teoría de la inteligencia emocional supera ciertas insuficiencias de la concepción tradicional de la inteligencia. ¿Cuál de las características de la inteligencia emocional consideras que puede ser más importante? Razona tu respuesta.

anayaeducacion.es Realiza la autoevaluación interactiva de la unidad.

7

RACIONALIDAD TEÓRICA Y PRÁCTICA

¿Qué es la racionalidad?

Tradicionalmente, se ha definido al ser humano como animal racional. Desde este punto de vista, la racionalidad sería el rasgo humano por excelencia y, gracias ella, habría sido posible el progreso social, económico y cultural. Sin embargo, ¿ha sido realmente así? ¿En qué consiste la racionalidad?

Podemos diferenciar entre dos sentidos de racionalidad: la racionalidad teórica, vinculada a las ciencias y a la filosofía teórica, y la racionalidad práctica, orientada a la transformación social y a la mejora de las relaciones humanas, tanto en el ámbito individual (ética) como en el terreno social (política).

Además, también debemos tener en cuenta las perspectivas sociológica y cultural sobre la racionalidad. ¿Qué relación existe entre la razón humana universal y la diversidad cultural? ¿Qué podemos entender como racionalidad en el nivel social? ¿Se podría decir que existen sociedades «irracionales»?

En la filosofía contemporánea se ha reflexionado críticamente acerca del papel de la razón y sobre su consideración como la facultad que nos distingue de los demás seres vivos. ¿Es la razón la fuente de nuestra felicidad? ¿Qué papel ha tenido en la conformación de las sociedades humanas?

Son especialmente significativas las críticas de Marx, de Nietzsche y de Freud, que cuestionan, respectivamente, la racionalidad económica, la moral racionalista y la conciencia racional.

En esta unidad vas a estudiar

- La racionalidad teórica.
- La racionalidad práctica.
- La relación entre racionalidad y cultura.
- Las críticas de la racionalidad en la filosofía contemporánea.

anayaeducacion.es Visualiza la presentación de la unidad.

¿NOS HACE MEJORES EL CONOCIMIENTO?

Con el tiempo, los seres humanos han ampliado sus conocimientos científicos, mediante los que han logrado el dominio tecnológico y político del mundo, pero ¿se ha progresado de igual modo en la práctica concreta de la moral y de la política?

Ciencia

Es la actividad humana que genera un conocimiento fundamentado y comprobado que cualquier ser humano puede aceptar como verdadero. En su aplicación técnica y política, su éxito ha sido espectacular.

Técnica

Es la aplicación de la ciencia al dominio material del mundo. Hoy plantea el problema de la responsabilidad de su uso, pues los progresos técnicos también han contribuido al deterioro y a la destrucción del medio natural.

Ética

Es el ámbito de los juicios de valor sobre la distinción entre lo bueno y lo malo. Consiste en el conjunto de los principios de la moral, que es la aplicación de estos juicios y de estos principios a las acciones humanas.

Política

Es una forma de comprender la relación del poder con la ciudadanía, las formas de gobierno, la articulación del Estado, etc. Desde una perspectiva realista, es el arte de dirigir las acciones de los individuos en la sociedad.

anayaeducacion.es En la «Biblioteca de textos» encontrarás un texto sobre la concepción kantiana de la Ilustración.

1 LA RACIONALIDAD TEÓRICA

COMPROMISO ODS

Educación de calidad

«De aquí a 2030, asegurar que todos los jóvenes y una proporción considerable de los adultos, tanto hombres como mujeres, estén alfabetizados y tengan nociones elementales de aritmética».

Objetivos de Desarrollo Sostenible, meta 4.6.

1 La aritmética (las matemáticas), ¿es un saber relacionado con la racionalidad teórica o con la práctica?

2 ¿Por qué son tan importantes las ciencias en la actualidad? ¿Tienen límites? ¿Pueden generar problemas?

anayaeducacion.es Consulta la información correspondiente a la Meta 6 del Objetivo 4.

1.1. Razón teórica y filosofía

Si tenemos en cuenta el origen del pensamiento racional en la antigua Grecia, podemos afirmar que la racionalidad consiste en la capacidad de juzgar y de analizar críticamente la realidad para distinguir lo verdadero de lo falso, sin recurrir a fabulaciones ni a mitos.

Esta facultad se encuentra en la base del pensamiento científico y crítico que aparece en la transición desde el pensamiento mítico al pensamiento lógico en la Antigüedad.

Así pues, de la racionalidad humana surgieron la filosofía y las ciencias. A este tipo de racionalidad la podemos llamar racionalidad o razón teórica, que sería el conjunto de capacidades y de facultades intelectuales humanas dedicadas al conocimiento, a la descripción y a la comprensión de la realidad.

Se trata de la aplicación de la razón humana a tareas vinculadas con la construcción de ideas, de conceptos y, en definitiva, de teorías que nos permitan entender mejor el mundo en el que vivimos. Esta tarea de construcción de herramientas que nos permitan entender mejor el mundo en que vivimos es propia tanto de las ciencias (física, química, astronomía, biología, historia, etc.) como de la filosofía.

De hecho, las disciplinas teóricas de la filosofía, como son la teoría del conocimiento o la lógica, tienen como objetivo un análisis crítico de nuestro conocimiento, de las condiciones del conocimiento científico, de las reglas del pensamiento humano y de las formas de razonar y de argumentar correctamente.

TEXTUALMENTE

«Si la elaboración de los conocimientos pertenecientes al dominio de la razón lleva o no el camino seguro de una ciencia es algo que pronto puede apreciarse por el resultado. [...]

Que la lógica ha tomado este camino seguro desde los tiempos más antiguos es algo que puede inferirse del hecho de que no ha necesitado dar ningún paso atrás desde Aristóteles [...].

[...] En la lógica, el entendimiento no se ocupa más que de sí mismo y de su forma [...]. De ahí que la lógica, en cuanto propedéutica, constituya simplemente el vestíbulo, por así decirlo, de las ciencias y, aunque se presupone una lógica para enjuiciar los conocimientos concretos que se abordan, hay que buscar la adquisición de estos en las ciencias propia y objetivamente dichas. [...]

La *matemática* y la *física* son los dos conocimientos teóricos de la razón que deben determinar sus *objetos a priori*. La primera de forma enteramente pura; la segunda, de forma al menos parcialmente pura, estando entonces sujeta tal determinación a otras fuentes de conocimiento distintas de la razón.

La *matemática* ha tomado el camino seguro de la ciencia desde los primeros tiempos a los que alcanza la historia de la razón humana, en el admirable pueblo griego. Pero no se piense que le ha sido tan fácil como a la lógica —en la que la razón únicamente se ocupa de sí misma— el hallar, o más bien, el abrir por sí misma ese camino real. [...]

La ciencia natural tardó bastante más en encontrar la vía grande de la ciencia. Hace solo alrededor de un siglo y medio [...].

Cuando Galileo hizo bajar por el plano inclinado unas bolas de un peso elegido por él mismo, o cuando Torricelli hizo que el aire sostuviera un peso que él, de antemano, había supuesto equivalente al de un determinado volumen de agua [...]. La razón debe abordar la naturaleza llevando en una mano los principios según los cuales solo pueden considerarse como leyes los fenómenos concordantes, y en la otra, el experimento que ella haya proyectado a la luz de tales principios. [...]

La *metafísica*, conocimiento especulativo de la razón, completamente aislado, que se levanta enteramente por encima de las enseñanzas de la experiencia, con meros conceptos (no aplicándolos a la intuición, como hacen las matemáticas), donde, por tanto, la razón, ha de ser discípula de sí misma, no ha tenido hasta ahora la fortuna de emprender la marcha segura de la ciencia».

I. Kant, *Crítica de la razón pura*, «Prólogo a la segunda edición».

1 ¿Cómo debe la razón abordar el estudio de la naturaleza, según Kant?

2 Según el texto, ¿es la lógica una ciencia? ¿Y la matemática y la física? ¿Por qué el autor dice que la metafísica no ha alcanzado aún el carácter de ciencia?

1.2. Ciencia y filosofía: la filosofía de la ciencia

Una de las disciplinas filosóficas que ejemplifican el ejercicio de la racionalidad teórica es la filosofía de la ciencia. En esta rama de la filosofía, que se apoya en la lógica y en la teoría del conocimiento, se analiza el fundamento de las ciencias; es decir, se revisa y se definen los conceptos básicos de las ciencias naturales y de las ciencias humanas y sociales (hipótesis, ley científica, teoría, método, criterios de verdad, etc.).

Otra de las ocupaciones de la filosofía de la ciencia es la demarcación entre lo que se puede considerar ciencia y las disciplinas que pretenden hacerse pasar por ella. La crítica de formas falsas de saber, o pseudociencias, es tarea de la filosofía de la ciencia. Esta aplicación implica una profunda reflexión acerca del método científico, sobre sus etapas y sobre si es aplicable a disciplinas diferentes entre sí.

Así, la filosofía de la ciencia no solo diferencia entre la ciencia y la pseudociencia, sino también entre diferentes tipos de ciencias, como las formales, las empíricas, las sociales y las humanas.

Además, a lo largo del siglo xx, la filosofía de la ciencia ha centrado su atención en la evolución histórica de la ciencia, que no siempre ha sido progresiva y regular, y en las consecuencias sociales de los descubrimientos científicos. Por ejemplo, la utilización de la energía nuclear con fines bélicos y los avances en ingeniería genética han puesto de manifiesto la responsabilidad social del trabajo científico.

1.3. Los límites de la razón teórica

La racionalidad teórica ha generado grandes avances en diversos campos del conocimiento. De hecho, el positivismo es una corriente de pensamiento que defiende que solo las ciencias pueden generar un conocimiento válido. Para el positivismo filosófico de Auguste Comte, la humanidad habría encontrado en el desarrollo científico el principal baluarte del progreso social.

Sin embargo, incluso si todos los interrogantes teóricos encontrasen respuesta, aún quedarían cuestiones que la racionalidad teórica no puede responder. A los seres humanos no solo nos importan las cuestiones que la ciencia puede aclarar. Además de establecer la verdad o la falsedad de los conocimientos, queremos decidir el «para qué» de estos; es decir, los fines que queremos lograr con el avance teórico.

Así pues, los fines y los valores son también objeto de nuestra reflexión racional. Se trata de la racionalidad práctica, que se desarrolla en los ámbitos de la ética, de la política y de la teoría de la sociedad. En este sentido, la razón práctica es la encargada de responder a la pregunta por el «para qué» del conocimiento teórico.

Pero también hay aspectos del pensamiento humano que superan el marco de la reflexión racional. La espiritualidad, que se manifiesta en las tradiciones religiosas, o la creatividad, que podemos apreciar en la diversidad y en la riqueza del arte, son claros ejemplos de la aspiración humana a ir más allá de los límites de lo racional, sea teórico o práctico. Las emociones y los sentimientos también son elementos constitutivos de la naturaleza humana. Como dijo el filósofo Blaise Pascal, «el corazón tiene razones que la razón no entiende».

anayaeducacion.es En el «Taller de filosofía» profundizad en la delimitación de los límites morales de la ciencia.

Comprende, piensa, investiga...

1 Explica en qué consiste la racionalidad teórica.

2 ¿Cuáles son las principales tareas de la filosofía de la ciencia? Buscad ejemplos de avances tecnológicos que susciten el debate social y preparad una breve presentación para exponer en clase.

3 **La pregunta.** ¿Qué límites tiene la racionalidad teórica? ¿Crees que las ciencias tienen las respuestas para todas las cuestiones que interesan a los seres humanos? Razona tu opinión.

LA FILOSOFÍA EN PERSONA

María Zambrano (1904-1991). Nació en Vélez-Málaga y estudió en Madrid con Ortega. Tras la Guerra Civil se exilió a América. Con su concepto de «razón poética», desciende a las profundidades del sentimiento, más allá de la racionalidad científica, para buscar «lo sagrado», el «sentir originario».

LA FILOSOFÍA EN PERSONA

Blaise Pascal (1623-1662). Fue un matemático, físico, teólogo y filósofo que pensaba que el ser humano trata de superar la debilidad de su naturaleza mediante el ejercicio de la razón, aunque muchas de las cuestiones más importantes para él quedan fuera del ámbito racional.

2 LA RACIONALIDAD PRÁCTICA

Mediante la racionalidad práctica se reflexiona sobre los modos de mejorar la vida individual y de transformar la sociedad.

Comprende, piensa, investiga...

1 Define los principales rasgos de la filosofía práctica y de sus dos disciplinas principales: la ética y la filosofía política.

2 **El espejo.** Explica la diferencia entre moral y ética.

3 ¿Qué es una teoría ética prescriptiva? Busca algún ejemplo de ética prescriptiva y exponlo en clase.

4 **1-2-4.** Por parejas, señalad en qué consiste la diferencia entre la teoría del derecho natural y la del derecho positivo. ¿Cuál os parece más acertada? Razonad la respuesta y compartidla en clase.

2.1. Razón práctica y filosofía

Podemos definir la razón práctica como la aplicación del intelecto a la transformación, a la modificación y a la mejora de la realidad social y vital del ser humano. En este caso, el objetivo de la razón es utilizar la voluntad, el entendimiento, etc., con el fin de conseguir un cambio en la vida particular de cada persona (ética) o en la realidad social (filosofía política).

Como disciplina mediante la que se pretende mejorar la vida individual, en algunas concepciones filosóficas se aspira a lograr la felicidad mediante la sabiduría.

En su objetivo de transformación social, la filosofía se apoya en otras disciplinas que, además de tener un núcleo teórico, cuentan con una clara finalidad práctica. La sociología y la economía serían algunas de las ciencias sociales que también están orientadas a la realización de un diagnóstico y de propuestas de transformación social.

La filosofía ha tenido desde su origen en la antigua Grecia un poder transformador; por ejemplo, el objetivo último del pensamiento de Platón es encontrar un régimen de gobierno que evite la corrupción y la decadencia de la sociedad. Más tarde, en el siglo XVIII, los ideales ilustrados de libertad y de igualdad tuvieron un papel fundamental en la independencia de Estados Unidos y en la Revolución Francesa.

2.2. Moral y ética

En la vida cotidiana tendemos a confundir los conceptos de ética y de moral, puesto que ambos se refieren a las costumbres, a los hábitos y al carácter de los individuos. Sin embargo, podemos diferenciarlos para perfilar mejor el sentido de la racionalidad práctica en la filosofía.

→ La moral

Es el conjunto de costumbres, de hábitos, de valores y de principios que guían nuestra conducta y que forman nuestro carácter y nuestra conciencia. Depende de cada sociedad y de cada época, y recibimos la educación en un código moral por nuestra familia y por el grupo social. Pero hay que diferenciar entre una acción o un individuo inmoral o amoral:

- Inmoral es aquel acto que se opone al código moral establecido en la sociedad; por ejemplo, un crimen.
- Amoral es una conducta que no se puede juzgar según los criterios morales; por ejemplo, una acción realizada durante la infancia.

→ La ética

Consiste en la reflexión filosófica sobre los valores, sobre las actitudes y sobre los principios que conforman la moral de un grupo social. En este sentido, analiza los fundamentos de la conducta individual y se distinguen, al menos, dos tipos de teorías éticas, según su finalidad:

- Éticas descriptivas: tratan de analizar los valores y los principios morales; por ejemplo, esclarecer nociones como el bien, la justicia, etc.
- Éticas prescriptivas: su objetivo es proponer criterios y principios morales; es decir, establecer en qué consiste la moralidad.

2.3. Filosofía política

Además de la reflexión ética, la filosofía práctica incluye también una disciplina fundamental en el pensamiento filosófico occidental: la filosofía política.

La tarea de la filosofía política es analizar y reflexionar críticamente sobre las instituciones sociales, las formas de organización política, la naturaleza del poder y del Estado, y, entre otras muchas cosas, las diferentes corrientes políticas.

La filosofía política implica no solo una descripción o una valoración neutra de todas estas cuestiones, sino que también invita a establecer unas orientaciones para mejorar la organización de la sociedad.

En definitiva, la filosofía política consiste tanto en una teoría acerca del poder y sobre el Estado (su origen, su naturaleza y sus límites) como en un arte de gobernar (con recomendaciones y consejos para organizar la sociedad y para mantener el orden y la estabilidad sociales).

La filosofía política mantiene estrechas conexiones con otras disciplinas, tanto filosóficas como jurídicas; por ejemplo, con la teoría del derecho o con la propia ética. Precisamente, podemos diferenciar dos modelos básicos de filosofía del derecho en relación con la política:

- La teoría del derecho natural o iusnaturalismo: los individuos gozan de unos derechos naturales e innatos, propios de cualquier ser humano. El Estado debe reconocer estos derechos y no vulnerarlos. Naturalismo ; Rousseau
- La teoría del derecho positivo o iuspositivismo: los derechos de los individuos proceden del Estado. No hay derechos innatos y universales, más allá de los que se establezcan en los códigos legales, de hecho (de aquí el nombre de positivismo), de cada Estado.

GLOSARIO

Política: del griego *politiké* y *pólis* ('ciudad'), significa el arte o la ciencia que se encarga de organizar la vida social, de regular las relaciones entre los individuos de una comunidad, de plantear los objetivos comunes que esta comunidad aspira a conseguir y de diseñar las instituciones necesarias que harán posible su realización. Para la filosofía política, los principales retos de la política han sido elaborar una teoría del Estado (diseñar las instituciones más adecuadas para la vida social justa) y definir un arte de gobernar (establecer los hábitos, las prácticas y las acciones del buen gobierno).

TEXTUALMENTE

«Los detractores del utilitarismo raras veces le hacen justicia y reconocen que la felicidad que constituye el criterio utilitarista de lo que es correcto en una conducta no es la propia felicidad del agente, sino la de todos los afectados. Entre la felicidad personal del agente y la de los demás, el utilitarista obliga a aquel a ser tan estrictamente imparcial como un espectador desinteresado y benevolente. [...] la utilidad recomendará, en primer término, que las leyes y organizaciones sociales armonicen en lo posible la felicidad o (como en términos prácticos podría denominarse) los intereses del conjunto. En segundo lugar, que la educación y la opinión pública, que tienen un poder tan grande en la formación humana, utilicen de tal modo ese poder que establezcan en la mente de todo individuo una asociación indisoluble entre su propia felicidad y el bien del conjunto, especialmente entre su propia felicidad y la práctica de los modos de conducta negativos y positivos que la felicidad prescribe; de tal modo que no solo no pueda concebir la felicidad propia en la conducta que se oponga al bien general, sino también de forma que en todos los individuos el impulso directo de mejorar el bien general se convierta en uno de los motivos habituales de la acción y que los sentimientos que se conecten con este impulso ocupen un lugar importante y destacado en la experiencia sintiente de todo ser humano. Si los que rechazan la moral utilitarista se la presentasen ante su intelecto en este su auténtico sentido, no sé qué cualidades por cualquier otra moral podría afirmar en modo alguno que echaban en falta, o qué desarrollo más armónico y profundo de la naturaleza humana puede esperarse que propicie algún otro sistema ético, o en qué motivaciones, no accesibles al utilitarismo, pueden basarse tales sistemas para hacer efectivos sus mandatos. [...]

Es tarea de la ética la de indicarnos cuáles son nuestros deberes o mediante qué pruebas podemos conocerlos, pero ningún sistema ético exige que el único motivo de nuestro actuar sea un sentimiento del deber. Por el contrario, el noventa y nueve por ciento de todas nuestras acciones se realizan por otros motivos, cosa que es del todo correcta si la regla del deber no los condena».

J. S. Mill, *El utilitarismo*.

1 ¿Cómo se define la felicidad en el utilitarismo? ¿Cuál es, a juicio del autor, su prioridad?

2 ¿Cuál es, según el texto, la tarea de la ética? ¿Por qué dice Mill que actuamos sobre todo por otros motivos distintos del sentimiento del deber? Explícalo y expresa tu opinión.

anayaeducacion.es «Emprendemos» una investigación para evaluar los avances científicos y tecnológicos.

3
RACIONALIDAD Y CULTURA

LA FILOSOFÍA EN PERSONA

Michel de Montaigne (1533-1592). Fue un humanista y pensador escéptico del siglo XVI creador del género del ensayo, con su famosa obra de ese mismo título, en la que reflexiona sobre multitud de temas sin seguir un orden predeterminado.

3.1. Relativismo cultural y racionalismo

El racionalismo es la doctrina filosófica según la cual la razón es la principal facultad de los seres humanos. La razón es la capacidad que nos permite distinguir lo verdadero de lo falso, así como discernir entre lo justo y lo injusto. Además, es una facultad universal; es decir, todos los seres humanos disponemos de ella.

No obstante, ya desde los inicios de la época moderna (siglo XVI), el contacto con sociedades radicalmente diferentes de las europeas propició la idea de que quizá no hubiera una racionalidad universal.

Se pensó que los individuos de esas sociedades eran irracionales o menos racionales que las personas de cultura europea. Desde este punto de vista, las sociedades recién descubiertas representaban la infancia de la humanidad, idea que fomentó una visión evolucionista y etnocéntrica de las culturas.

En oposición a este prejuicio evolucionista, Michel de Montaigne señaló que las personas que vivían en Europea también podrían parecer salvajes a los miembros de las tribus indígenas americanas. Lo que nos parece racional y sensato es, para él, fruto de nuestras costumbres. En el fondo de esta idea encontramos el relativismo cultural.

Desde la perspectiva del relativismo cultural, cada cultura tiene sus criterios y sus estándares propios para juzgar y para valorar las costumbres, los hábitos, las instituciones y las formas de saber, de tal forma que no podemos aplicar a una cultura los criterios propios de otra, a riesgo de cometer un error de base. Sin embargo, ¿hasta qué punto son limitados los valores morales y los criterios de validez del conocimiento científico?

TEXTUALMENTE

«A comienzos del siglo XX, los antropólogos tomaron la iniciativa en la revisión de los esquemas y doctrinas evolucionistas, tanto de los darwinistas sociales como de los comunistas marxistas. En los Estados Unidos, la posición teórica dominante fue desarrollada por Franz Boas y sus discípulos y se conoce como particularismo histórico. Según Boas, los intentos del siglo XIX de descubrir las leyes de evolución cultural y de esquematizar las etapas de progreso cultural se basaron en una evidencia empírica insuficiente. Boas adujo que cada cultura tiene su propia historia, larga y única. Para comprender o explicar una cultura en particular, lo mejor que podemos hacer es reconstruir la trayectoria única que ha seguido. Este énfasis en la unicidad de cada cultura supuso una negativa a las perspectivas de una ciencia generalizadora de la cultura. Otra característica importante del particularismo histórico es la noción de relativismo cultural, que mantiene que no existen formas superiores o inferiores de cultura. Términos como «salvajismo», «barbarie» y «civilización» expresan simplemente el etnocentrismo de la gente que piensa que esa forma de vida es más normal que la forma de vida de otras personas.

Para contrarrestar las teorías especulativas "de café" y el etnocentrismo de los evolucionistas, Boas y sus discípulos recalcaron también la importancia de llevar a cabo un trabajo de campo entre los pueblos no occidentales. Como los informes y monografías etnográficos producidos por los particularistas históricos se multiplicaron, quedó claro que los evolucionistas habían representado mal, o pasado por alto, desde luego, las complejidades de las llamadas culturas primitivas y que habían subestimado, en términos generales, la inteligencia e ingenio de los pueblos no caucásicos, no europeos del mundo.

El logro más importante de Boas fue su demostración de que la raza, la lengua y la cultura eran aspectos independientes de la condición humana. Puesto que entre pueblos de la misma raza se encontraban culturas y lenguas similares y diferentes, no existía base alguna para la noción darwinista social de que las evoluciones biológica y cultural formaban parte de un proceso simple».

M. Harris, *Antropología cultural*, «Apéndice».

1 ¿Cómo se define en el texto el relativismo cultural y qué supone esta concepción para el uso de algunos términos como «salvajismo», «barbarie» o «civilización»?

2 ¿Qué se propone desde el particularismo histórico para neutralizar el etnocentrismo del darwinismo social? Explícalo con tus palabras y expresa tu opinión.

3.2. Razón e historia: la idea de progreso

La idea según la cual los seres humanos estaríamos en evolución constante y avanzaríamos hacia una mejor organización social es tan antigua como la cultura occidental.

No obstante, la idea de progreso fue uno de los ejes de la Ilustración en el siglo XVIII y se desarrolló en el positivismo de Auguste Comte en el siglo XIX, que diferencia varias etapas en la historia de la humanidad:

- Una etapa religiosa o teológica de la humanidad, en la que la explicación de la naturaleza remite a la divinidad.
- Una etapa metafísica o abstracta, caracterizada por la renuncia a explicaciones religiosas.
- Una etapa científica, el último estadio de la humanidad, caracterizada por el método científico.

Kant ya había establecido que, en general, hay tres formas de pensar el desarrollo histórico de la humanidad en lo que respecta a la moral:

- Como decadencia continua desde una situación ideal de moralidad.
- Como un avance constante hacia lo mejor, aproximándonos cada vez más a un ideal de una moral universal.
- Como un estancamiento moral, una situación de avances y de retrocesos alternos en la sensibilidad moral, de modo que en cuestiones morales no habría ni progreso ni regresión.

La interpretación filosófica de la historia que propone Kant busca acontecimientos significativos y tendencias morales en las reacciones de la ciudadanía ante dichos acontecimientos. En su época, la reacción de entusiasmo que provocó la Revolución Francesa fue interpretada por Kant como una señal del progreso moral de la humanidad.

3.3. La racionalidad como forma de vida

Como se ha destacado en la sociología, la racionalidad es también una forma de vida característica propia de las sociedades occidentales contemporáneas. Todas nuestras instituciones requieren una justificación racional; sin ella, no se las consideraría legítimas.

Consecuencias de la racionalización de nuestra forma de vida son la especialización y la división del trabajo en el mundo laboral, la sustitución de los compromisos personales por relaciones contractuales, la exigencia de eficiencia y de simplicidad, y también la desacralización tanto de la vida cotidiana como de las instituciones sociales.

La racionalización de nuestra vida se percibe más claramente en los ámbitos relacionados con la ciencia y con la tecnología. Los avances científicos y la eficacia de numerosas aplicaciones técnicas demuestran la importancia de la racionalidad teórica para nuestras vidas.

Sin embargo, el auge de la racionalidad no impide que existan manifestaciones de irracionalidad en la actualidad, pues la existencia humana no se agota en la racionalidad: los sentimientos, las emociones, las creencias, la creatividad, etc., escapan al control racional. No obstante, es importante dominar esas creencias y esos sentimientos irracionales para evitar que se manifiesten sin control y violentamente.

LA FILOSOFÍA EN PERSONA

Auguste Comte (1798-1857). Fue el pensador que inició la corriente filosófica del positivismo, en la que se rechaza radicalmente la metafísica, y que fundó la sociología, que concebía como la ciencia mediante la que pretendía resolver los problemas del ser humano y de la sociedad.

GLOSARIO

Progreso: es el proceso histórico en virtud del cual la humanidad avanza de forma constante e ininterrumpida en el desarrollo de la moralidad y en el perfeccionamiento de la organización social. Desde una situación inicial de ignorancia y de superstición, por medio de la razón, el ser humano va descubriendo la verdad gracias a la ciencia, saber mediante el que se libera de las infantiles creencias religiosas y de los conceptos vacíos de la metafísica para descubrir las verdades empíricas de la ciencia. Además de una mejora material, el progreso implica la idea del avance moral y social de la humanidad.

Comprende, piensa, investiga...

1 ¿En qué consiste el relativismo cultural? ¿Crees que todos los valores morales son relativos a una cultura? ¿Pueden existir valores universales? Justifica tu respuesta.

2 **Antes pensaba..., ahora pienso...** ¿En qué etapas clasifica Comte la evolución de la humanidad? ¿Estás de acuerdo con su optimismo sobre el presente? Razona tu respuesta.

3 ¿Qué significa que nuestra forma de vida está «altamente racionalizada»? ¿Qué acontecimientos o instituciones actuales consideras «irracionales»? ¿Por qué?

4 LA CRÍTICA DE LA RACIONALIDAD: LOS «MAESTROS DE LA SOSPECHA»

LA FILOSOFÍA EN PERSONA

Karl Mark (1818-1883). Fue un discípulo crítico de Hegel. Afirma que el motor de la historia no es el espíritu, sino la lucha de clases, la explotación del proletariado por la burguesía. La revolución abolirá la explotación y la alienación mediante un Estado comunista.

4.1. Marx: crítica de la racionalidad económica

También durante el siglo XIX, Marx criticó el sistema económico capitalista que impulsó la Revolución Industrial. La racionalización económica genera desigualdad e injusticia social.

Según Marx, el proceso histórico de los últimos siglos había generado un cambio en la estructura social de Europa. A mediados del siglo XIX, la sociedad se dividía en dos clases: la burguesía, que era dueña de los medios de producción, y el proletariado, que solo poseía su fuerza de trabajo, que tenía que vender a cambio de un salario.

Marx denuncia que el supuesto progreso social y económico debido al desarrollo del sistema económico capitalista conlleva un proceso de alienación de la clase trabajadora. La alienación consiste en la pérdida de lo más propio e íntimo de cada individuo, en la enajenación de su personalidad por la explotación laboral. El proletariado dedica su fuerza de trabajo y su tiempo a producir mercancías que no le pertenecen.

Esta situación se justificaba y se disfrazaba mediante lo que Marx denomina la «ideología de la clase dominante»; es decir, de la burguesía. Por ideología entiende el sistema de creencias, de ideas y de valores que ocultan una realidad social, que maquillan una situación injusta y la presentan como el estado normal y natural.

Por ejemplo, Marx considera que la religión es ideológica, porque justifica las relaciones sociales desiguales e injustas: según su metáfora, son las flores que cubren las cadenas de la explotación económica.

4.2. Nietzsche: crítica de la moral racionalista

Durante el siglo XVIII, la Ilustración abanderó la idea de que mediante el libre uso de la razón la humanidad conseguiría el progreso social, científico, moral y político. Pero a principios del siglo XIX esta idea fue sometida a una dura crítica durante el Romanticismo.

El filósofo Arthur Schopenhauer puso en duda ese optimismo. Según él, la racionalidad humana está sometida a los instintos y a las pasiones, que dominan ciegamente a los individuos. Solo seríamos libres negando esos instintos y esas pasiones, a los que denomina «voluntad».

Esta sospecha fue ampliada por Nietzsche en su crítica de la moral racionalista que imperaba en la cultura occidental. Según él, los valores morales de la tradición cristiana y racionalista representan los intereses de «los débiles y resentidos». La humildad, el perdón y la compasión son ejemplos de valores de esta moralidad. Estos valores representan un ideal negativo de vida humana. Las pasiones y los instintos son negados y reprimidos en nombre de la razón.

Frente a esos valores, Nietzsche propone una moral afirmativa y creadora que invita a la superación personal, a la mejora y al perfeccionamiento continuos, pero alejada de cualquier ideal trascendente. Algunos de sus valores centrales serían la creatividad, la valentía y la magnanimidad.

Las pasiones y los instintos no son reprimidos ni negados, como proponía Schopenhauer, sino transformados, sublimados y aprovechados para generar sentimientos más elevados y afirmativos.

LA FILOSOFÍA EN PERSONA

Friedrich Nietzsche (1844-1900). Fue un filósofo que criticó el cristianismo y la metafísica, con sus ideales trasmundanos, porque niegan la vida en favor de Dios y de una vida ultraterrena. Concibe la vida como un juego de fuerzas y el tiempo como eterno retorno de lo mismo.

4.3. Freud: racionalidad y consciencia

A finales del siglo XIX y a principios del siglo XX, Freud investigó sobre las causas de algunas enfermedades nerviosas y mentales. Concluyó que muchas de ellas se debían a las tensiones psíquicas que producían los impulsos y los deseos que eran reprimidos por la conciencia del individuo, sometida a la presión social.

Así pues, según Freud, la conciencia racional es solo una parte del psiquismo del individuo, pues la vida psíquica está formada por varias instancias que están en constante tensión entre ellas:

- El yo: es la superficie consciente del psiquismo del individuo. Es la conciencia racional, en el juicio y en la voluntad individual.

  Para Freud, el yo se puede comparar con la parte de un iceberg que emerge sobre el agua, mientras que la mayor parte de nuestra vida mental está sumergida; es decir, es inconsciente.

- El ello: constituye el conjunto de impulsos y de instintos vinculados al deseo sexual *(eros)* y a la agresividad *(thánatos)* que buscan su satisfacción inmediata de acuerdo con el principio del placer.

  Estos instintos (el ello) son inconscientes y están reprimidos por nuestra conciencia racional (el yo) y por las normas morales que interiorizamos al socializarnos (el superyó).

- El superyó: son las normas y los valores morales que interiorizamos inconscientemente en nuestra conciencia durante el proceso de socialización y que asumimos como propios.

  Esta instancia de nuestra personalidad limita los impulsos inconscientes del ello.

En conclusión, la razón es tan solo un mecanismo de la conciencia que tiene que hacer frente al conflicto entre los impulsos del ello, los límites que impone el superyó y el principio de realidad.

Goya, *El sueño de la razón produce monstruos.*

Los impulsos irracionales influyen profundamente en nuestra vida consciente, aunque permanezcan ocultos y reprimidos por la conciencia.

TEXTUALMENTE

«El *superyó,* el *yo* y el *ello* son los tres reinos, regiones o provincias en que dividimos el aparato anímico de la persona. [...]

Podemos decir que el *yo* representa en la vida anímica la razón y la reflexión, mientras que el *ello* representa las pasiones indómitas. [...]

El *yo* no es, de todos modos, más que una parte del *ello* adecuadamente transformada por la proximidad del mundo exterior, preñada de peligros. En sentido dinámico es débil; todas sus energías le son prestadas por el *ello.* La relación del *yo* con el *ello* podría compararse a la del jinete con su caballo. El caballo suministra la energía para la locomoción; el jinete tiene el privilegio de fijar la meta y dirigir los movimientos del robusto animal: pero entre el *yo* y el *ello* ocurre frecuentemente el caso, nada ideal, de que el jinete tiene que guiar el caballo allí donde este no quiere ir».

S. Freud, *La disección de la personalidad psíquica.*

1 Define con tus palabras los tres, llamados por el autor, «reinos» del aparato anímico de la persona.

2 Freud utiliza la metáfora del caballo y del jinete para expresar que el yo (jinete) guía al ello (caballo), pero ¿qué crees que quiere decir con la frase con la que termina la comparación: «el jinete tiene que guiar el caballo allí donde este no quiere ir»?

Comprende, piensa, investiga...

1 **Rompecabezas.** Buscad información sobre la filosofía de la voluntad de Schopenhauer y preparad una presentación sobre ella.

2 Escribe un relato distópico sobre una sociedad en la que predominen los valores propuestos por Nietzsche.

3 Expón la crítica de Marx al sistema económico capitalista. ¿Qué es la alienación? ¿Crees que se produce en el mundo laboral actual? Razona tu respuesta.

4 ¿Qué relación hay entre el yo, el ello y el superyó? Represéntalos gráficamente según la analogía del iceberg.

Recuerda seleccionar el material de trabajo de esta unidad para tu **portfolio.**

COMPRUEBA LO APRENDIDO

ORGANIZO MI MENTE

Mapa mental

LA RACIONALIDAD

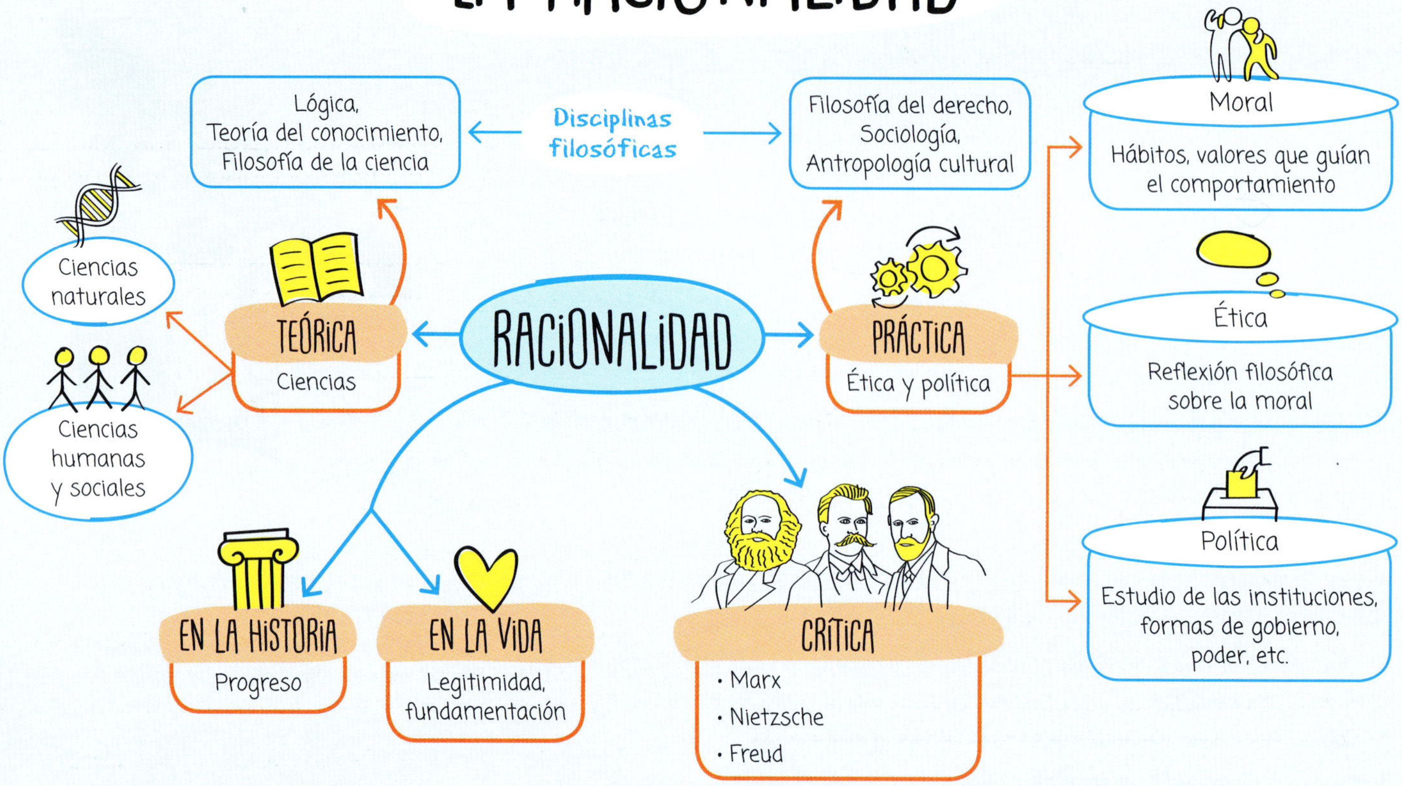

APRENDER A MIRAR

Gattaca

En el futuro, los seres humanos se dividen en dos grupos: los individuos mejorados genéticamente y los que son fruto del azar. Solo los primeros pueden trabajar en la agencia espacial Gattaca, en la que aspira a entrar Vincent, el protagonista, pero no cumple los requisitos médicos.

Para cumplir su sueño, Vincent suplanta la identidad de otra persona, pero la situación se complica cuando un compañero es asesinado y la policía investiga a fondo a todos los miembros de la agencia.

Su engaño puede ser descubierto en cualquier momento y, además, algunas pistas parecen señalarle como el principal sospechoso del crimen.

1) Resume la relación entre Vincent y su hermano. ¿Qué actitud adoptan su made y su padre ante sus problemas de salud?

2) Explica la relación entre Vincent e Irene. ¿Cómo se conocen? ¿Tiene ella diversidad funcional?

3) Describe cómo consigue el protagonista ser apto para la agencia espacial. ¿Engaña al médico que controla la identidad de cada aspirante?

4) ¿Quién cometió el asesinato en realidad? ¿Por qué? Explica el sentido del final de la película.

5) El genoísmo es una forma de discriminación genética. ¿Crees que, en un futuro, la manipulación genética puede convertirse en un criterio de división social? Argumenta tu respuesta y comenta alguna situación de la película.

Descubro lo que he aprendido

1 ¿Crees que las ciencias pueden responder a todas las cuestiones que interesan a los seres humanos?

2 ¿Cuáles son las tareas de la filosofía de la ciencia?

a) La demarcación entre la ciencia y lo que no lo es.

b) La revisión de los conceptos de las ciencias naturales, pero no de las ciencias humanas.

c) El establecimiento de criterios éticos para juzgar las consecuencias de los hallazgos científicos.

d) La denuncia de las pseudociencias o formas falsas de saber.

3 ¿En qué consiste el uso práctico de la razón?

a) En la transformación de la realidad y en la orientación de la vida humana para convertirla en lo que debería ser.

b) En el deseo intelectual de obtener un conocimiento coherente, racional y unificado de nuestra existencia y del mundo.

c) En comprender la revelación divina para combatir las interpretaciones desviadas y heréticas de las creencias religiosas.

d) En conocer un ámbito parcial de la realidad y en la aplicación de sus descubrimientos a la transformación técnica del mundo.

4 ¿Qué diferencia señala Tomás de Aquino entre razón teórica (ciencia) y razón práctica (moral)?

«Pertenece a la ley natural todo aquello a lo cual el hombre se encuentra naturalmente inclinado, dentro de lo cual lo específico del hombre es que se sienta inclinado a obrar conforme a la razón. Ahora bien, [...] es propio de la razón el proceder de lo común a lo particular. Aunque de diferente manera, según se trate de la razón teórica o de la razón práctica. Porque la primera versa principalmente sobre cosas necesarias, que no pueden comportarse más que como lo hacen, y por eso tanto sus conclusiones particulares como sus principios comunes expresan verdades que no admiten excepción. La razón práctica, en cambio, se ocupa de cosas contingentes, como son las acciones humanas, y por eso, aunque en sus principios comunes todavía se encuentra cierta necesidad, cuanto más se desciende a lo particular, tanto más excepciones ocurren».

T. de Aquino, *Suma teológica,* I-II, cuest. 94, art. 4.

5 ¿En qué se diferencia la ética de la moral?

6 Explica en qué consiste el concepto filosófico de la política.

7 ¿Qué se afirma en el relativismo cultural? ¿Crees que los verdaderos valores morales son solo los que rigen en la sociedad occidental y europea? Justifica tu respuesta.

8 Comprueba que recuerdas las ideas filosóficas propias de cada uno de estos filósofos adjudicando cada una de ellas a su autor: (1) Schopenhauer, (2) Marx, (3) Nietzsche y (4) Freud.

a) La conciencia racional es solo una parte del psiquismo del individuo.

b) Inteligencia musical.

c) Solo se puede ser verdaderamente libre si se niegan las pasiones y los instintos propios.

d) Los valores carcterísticos de la moral occidental representan un ideal negativo de vida humana.

9 ¿Qué relación ves entre los valores y los preceptos de la moral y el concepto de superyó propuesto por Freud?

10 Según Kant, el desarrollo histórico de la humanidad se puede pensar de tres formas distintas en lo que se refiere a la moral. Entre las siguientes propuestas, identifica las que planteó Kant de las que son erróneas:

a) Una acción histórica continuada en la que la moral renuncia a explicaciones religiosas sobre sus fundamentos.

b) Un avance constante hacia el ideal de una moral universal.

c) Una progresiva sustitución de la moral por el método científico.

d) Un estancamiento moral, en el que una sucesión de avances y de retrocesos alternos en la sensibilidad moral impide que puedan señalarse ni progresos ni retrocesos.

e) Una decadencia continua desde una situación ideal de moralidad.

f) Una explicación de la naturaleza que remite a la divinidad como fuente de la moralidad.

anayaeducacion.es Realiza la autoevaluación interactiva de la unidad.

8

¿QUÉ ES LA LIBERTAD?

La libertad, un valor fundamental

La cuestión de qué entendemos por libertad ha sido y sigue siendo uno de los temas centrales de la historia del pensamiento político y filosófico.

Cuando hablamos de libertad, estamos utilizando un concepto fundamental para entender las sociedades occidentales modernas.

La libertad es un valor social y político en cuyo nombre se han llevado a cabo grandes transformaciones que han afectado profundamente a la vida de millones de personas a lo largo de la historia de la humanidad. Por ejemplo, la libertad frente a los poderes despóticos inspiró las revoluciones burguesas que tuvieron lugar en el siglo XVIII en Europa.

Precisamente, es el primer valor del lema de la Revolución Francesa («Libertad, igualdad y fraternidad») y también es uno de los valores básicos que se defienden desde los organismos internacionales en la actualidad para garantizar la dignidad de las personas.

No se puede ocultar tampoco que, más allá de ser uno de los ideales de la política moderna, la ambigüedad de este ideal también ha permitido que se lo utilizara como excusa para llevar a cabo y para justificar múltiples crímenes y atrocidades.

Por tanto, es muy importante reflexionar críticamente sobre el sentido de este concepto tan polifacético y tan complejo para tratar de establecer los distintos tipos de libertad que se pueden diferenciar y sus dos sentidos, así como el significado del libre abedrío de los seres humanos y su limitación en función de los variados tipos de determinismo.

En esta unidad vas a estudiar

- La libertad en sus múltiples sentidos.
- La diferencia entre la libertad negativa y la libertad positiva.
- La polémica filosófica sobre el libre albedrío.
- La relación entre libertad y determinismo.

anayaeducacion.es Visualiza la presentación de la unidad.

¿QUÉ ES PARA TI LA LIBERTAD?

La idea de libertad es uno de los conceptos más relevantes, pero también más polémicos, de la filosofía y de la política. ¿Qué podemos entender por libertad? ¿Qué sentidos podemos distinguir en dicha noción? Reflexionad sobre estas propuestas.

Hacer lo que quiero

Ser libre sería seguir los deseos o apetitos. Todo lo que me impidiese seguir mi instinto sería un obstáculo a mi libertad, que sería una facultad de la voluntad no muy diferente a la libertad de los demás animales.

Una ilusión

Quizás la libertad solo sea sensación falsa que se produce en nuestra mente cuando seguimos nuestros instintos o nuestras creencias, un ideal imposible, pues estamos sometidos a las leyes biológicas y sociales.

Tener autonomía

Ser libre sería decidir racionalmente sobre lo que hacemos y sobre las normas que obedecemos, sin imposiciones externas, sean un instinto biológico, una orden de otra persona o un deseo suscitado por la publicidad.

Una tarea común

Frente a una visión individualista de la libertad, mi libertad requiere que los demás seres humanos también sean libres; pues solo podemos vivir libremente si todas las personas que nos rodean son libres.

anayaeducacion.es En la «Biblioteca de textos» encontrarás un texto sobre la libertad individual frente a la presión social.

1 EL SIGNIFICADO DE LA LIBERTAD

GLOSARIO

Libertad: capacidad de decidir y de actuar de acuerdo con la deliberación individual, sin someterse a ningún condicionamiento externo (coacción, amenaza...) que influya sobre nuestra voluntad. Se la considera uno de los valores clave en los ámbitos de la política y de la ética. Además, es la condición fundamental para poder atribuirnos responsabilidad por nuestras acciones. Podemos distinguir varios tipos de libertad: sociológica, psicológica y moral.

TEXTUALMENTE

«Somos los sacerdotes del poder —dijo—. El poder es Dios. Pero ahora el poder es solo una palabra en lo que a ti respecta. Y ya es hora de que tengas una idea de lo que el poder significa. Primero debes darte cuenta de que el poder es colectivo. El individuo solo detenta poder en tanto que deja de ser un individuo. Ya conoces la consigna del Partido: "La libertad es la esclavitud". ¿Se te ha ocurrido pensar en que esta frase es reversible? Sí, la esclavitud es la libertad. El ser humano es derrotado siempre que está solo, siempre que es libre. Ha de ser así porque todo ser humano está condenado a morir irremisiblemente, y la muerte es el mayor de todos los fracasos; pero si el hombre logra someterse plenamente, si puede escapar de su propia identidad, si es capaz de fundirse con el Partido de modo que él es el Partido, entonces será todopoderoso e inmortal. Lo segundo de lo que tienes que darte cuenta es de que el poder es poder sobre seres humanos. Sobre el cuerpo, pero especialmente sobre el espíritu».

G. Orwell, *1984.*

1 ¿Qué dice el texto sobre el poder político? ¿Sobre quiénes se ejerce el poder? ¿Y, especialmente, sobre qué?

2 ¿Qué significa la frase «la libertad es la esclavitud»? ¿Y su contraria?

1.1. Una definición general de la libertad

Para empezar, y de forma muy general, podríamos definir la libertad como la facultad de actuar siguiendo nuestra propia voluntad sin el impedimento de ningún obstáculo. Por ejemplo, en primer lugar, el sujeto que disfruta de la libertad puede ser un individuo o también un grupo, porque la libertad tiene connotaciones colectivas: un pueblo, una clase social, etc., puede disfrutar o puede aspirar a tener ciertas libertades.

En segunda instancia, la libertad en general se concreta en diversas formas de libertad (política, moral, psicológica, etc.) y, en algunos ámbitos como en la política, también se habla de tipos de libertades, como las libertades civiles (de pensamiento, religión, etc.) o las libertades políticas (al voto, a la participación en cargos públicos, etc.).

No obstante, el principal punto de discusión en torno a la definición de la libertad es sobre la naturaleza de la voluntad humana: ¿Qué es la voluntad? ¿Es una facultad fundamentalmente racional o en ella predominan los deseos sobre las razones? ¿Cómo decidimos sobre nuestras acciones?

En consecuencia, la libertad no puede ser meramente una libertad de acción, sino que remite a una cuestión más profunda: la responsabilidad. Esta relación implica que lo que queremos es objeto de reflexión por nuestra parte.

Así pues, la libertad no consiste en hacer lo que nos apetece, sino en actuar según nuestra voluntad, decidiendo racional y reflexivamente sobre nuestra acción; esto es, según nuestra libre voluntad o nuestro libre albedrío.

1.2. El valor moral y político de la libertad

En primera instancia, la libertad es un valor moral que atañe a la conciencia individual de cada individuo. Decidir de forma autonóma, la libertad de pensamiento y de conciencia o la libertad de expresión son manifestaciones de ese valor moral de la libertad.

Pero, además de ser un valor moral individual, la libertad también tiene un aspecto social: esperamos que nuestra sociedad se caracterice por la libertad, y esta aspiración significa que queremos poder reunirnos con quien nos apetezca, que deseamos viajar sin ningún impedimento, etc.

Por tanto, la libertad es un valor básico de la política contemporánea: en la actualidad, los individuos tenemos unos derechos y unas libertades que deben ser respetados y garantizados por el Estado y por las administraciones públicas.

Así pues, la libertad es un valor moral y social que exige su traslado al ámbito político y convertirse en uno de los pilares fundamentales de las leyes y de las instituciones políticas.

Sin embargo, la libertad no solo es un valor en el sentido de un concepto que fundamenta nuestras instituciones, sino que también es un ideal al que aspiramos en la medida en que necesita ser conquistada cada día para no perderla.

1.3. Tipos de libertad

Para poder entender mejor en qué consiste la libertad, es conveniente distinguir entre algunas formas de libertad:

- Libertad social o civil: son las libertades de acción, de expresión, de reunión, de circulación, etc., que tenemos por el mero hecho de vivir en sociedad, pero pueden peligrar debido a modas, a leyes, etc.
- Libertad moral: es uno de los valores que guía nuestra conducta individual. Consiste en seguir las normas que nos damos personalmente (autonomía) teniendo en cuenta la libertad de las demás personas. Está orientada por nuestra concepción de lo correcto y de lo justo.
- Libertad política: es el valor que se materializa en las instituciones mediante las que se organiza la vida social, y consiste en la capacidad de participar en las decisiones que nos afectan como miembros de una comunidad.
- Libertad metafísica: también se conoce como libre albedrío o libertad de la voluntad. Se refiere a la capacidad de actuar siguiendo nuestra voluntad sin someternos a ninguna limitación (física, psicológica, teológica, etc.).

Para concluir, debemos definir dos conceptos fundamentales para entender la libertad:

- La autonomía (*autós,* 'sí mismo'; *nómos,* 'ley' o 'norma') consiste en la capacidad de decidir personalmente, de darse unas reglas racionales de conducta superando cualquier obstáculo interno (deseos, impulsos, etc.) o externo (moda, presión social, etc.).
- La heteronomía (*héteros,* 'otro'), por el contrario, consiste en actuar siguiendo los dictados de un elemento ajeno a nuestra capacidad reflexiva, como, por ejemplo, los impulsos, los instintos.

La libertad política es la capacidad de la ciudadanía de tomar parte en las decisiones que afectan a la comunidad.

anayaeducacion.es En el «Taller de filosofía» profundizad en la relación entre la libertad y la felicidad.

COMPROMISO ODS

Paz, justicia e instituciones sólidas

«Garantizar el acceso público a la información y proteger las libertades fundamentales, de conformidad con las leyes nacionales y los acuerdos internacionales».

Objetivos de Desarrollo Sostenible, meta 16.10.

1 ¿A qué tipo o tipos de libertades se hace referencia en esta meta?

2 ¿Por qué crees que se relacionan en esta meta el «acceso público a la información» y las «libertades fundamentales»?

anayaeducacion.es Consulta la información correspondiente al Objetivo 16.

Comprende, piensa, investiga...

1 Define el concepto de «libertad» a partir de lo que has estudiado.

2 Elaborad un informe sobre casos actuales en los que se vulnere la libertad política. ¿Qué significa que la libertad es un valor moral y político?

3 ¿En qué consiste la libertad social? ¿Y la metafísica?

2

DOS SENTIDOS DE LA LIBERTAD

LA FILOSOFÍA EN PERSONA

Isaiah Berlin (1909-1997). Fue un filósofo e historiador de las ideas judío que prestó especial atención a la teoría política. Fue un defensor del liberalismo y del pluralismo de los valores, y desde esta postura se opuso al totalitarismo y al extermismo político.

TEXTUALMENTE

«El pluralismo, que implica la libertad "negativa", me parece un ideal más verdadero y más humano que los fines de aquellos que buscan en las grandes estructuras disciplinarias y autoritarias el ideal del autocontrol "positivo" de las clases, los pueblos o de la entera humanidad. Es más verdadero porque, al menos, reconoce el hecho de que los fines humanos son múltiples, son en parte inconmensurables y están en permanente conflicto. Suponer que todos los valores pueden medirse con el mismo patrón, de forma que sea mera cuestión de examen saber cuál es el superior, me parece una forma de ocultar que sabemos que los hombres son agentes libres, y de aparentar que las decisiones morales pueden tomarse, en principio, mediante una regla de cálculo».

I. Berlin, *Dos conceptos de libertad.*

1 ¿Por qué el pluralismo y la libertad negativa le parecen a Berlin un ideal más verdadero que la libertad positiva?

2 ¿Qué argumenta Berlin con respecto a la comparación de los valores humanos? ¿Qué significa que son «inconmensurables»?

2.1. Libertad negativa y libertad positiva

Si profundizamos en el sentido político de la libertad, podemos distinguir entre libertad negativa y libertad positiva, una diferenciación que propuso Isaiah Berlin, filósofo e historiador de las ideas, a mediados del siglo XX.

Según Berlin, el estudio de las ideas políticas tiene una gran relevancia, porque funcionan como guías para las fuerzas políticas. En este sentido, la idea de libertad ha sido una de las ideas políticas fundamentales de la Modernidad. Sin embargo, este autor propone que se distingan dos sentidos antagónicos de esta idea:

- El sentido negativo de la libertad: indica el espacio en que un ser humano puede actuar sin ser obstaculizado por otras personas. Se refiere a estar liberado de todo tipo de coacciones, interferencias e impedimentos.

  Se denomina negativo, porque enfatiza la ausencia o la negación de cualquier interferencia sobre el individuo libre.

- El sentido positivo de la libertad: destaca la capacidad para realizar un proyecto vital; es decir, consiste en decidir personalmente (autonomía) y autorrealizarse.

  Recibe el adjetivo de positivo en tanto que pretende afirmar un proyecto o forma de vida, y no solo negar cualquier impedimento para la acción del individuo. Por ello, también se denomina «libertad de» a la libertad negativa y «libertad para» a la libertad positiva.

Para Berlin, ser libre de cualquier interferencia y obstáculo, la libertad negativa, implica una diferencia de raíz con la concepción de la libertad como autorrealización de un individuo y como forma de vida.

Otra forma de distinguir los dos sentidos de la libertad que diferencia Berlin es mediante las preguntas a las que responderían: la libertad negativa sería la respuesta a la pregunta «¿qué soy libre de hacer o de ser?», mientras que la libertad positiva respondería a la cuestión «¿quién me dice lo que tengo que hacer o dejar de hacer?».

2.2. Prioridad de la libertad negativa

Una distinción como la propuesta por Berlin podría encontrarse ya en la obra de Benjamin Constant, filósofo francés del siglo XIX, quien diferenció dos tipos de libertad:

- La «libertad de los antiguos»: es la libertad política de participación en el gobierno y en la legislación (semejante a la libertad positiva).
- La «libertad de los modernos»: consiste en la independencia de los individuos particulares frente a los poderes del Estado (análoga a la libertad negativa). Esta libertad, consideraba Constant, no podía sacrificarse en nombre de ninguna libertad política o social.

De un modo semejante, Berlin también reivindica el sentido negativo de libertad sobre la libertad en su acepción positiva, porque permite mayor diversidad de proyectos vitales humanos y porque fomenta la creatividad y la pluralidad, sin imponer una única forma de vida que se considere racional y superior a las demás.

2.3. Críticas a esta teoría dual de la libertad

Esta teoría de la libertad de Isaiah Berlin ha recibido algunas críticas. Quizá la más sugerente sea la de Gerald McCallum.

Según este filósofo, no podemos distinguir entre diversas concepciones de la libertad, porque este concepto tiene una estructura única.

La distinción entre libertad negativa y libertad positiva consiste solamente, pues, en hacer énfasis en un elemento o en otro de esa única estructura conceptual.

McCallum defiende una concepción triádica de la libertad, ya que esta implicaría:

- Que hay un agente o sujeto.
- Que ese sujeto está libre de cualquier interferencia, control o dependencia.
- Que es libre para realizar una determinada acción.

Así pues, la libertad negativa enfatizaría el aspecto 2 de la tríada (ausencia de interferencia) y la libertad positiva el aspecto 3 (la realización de la acción proyectada).

En cualquier caso, según McCallum, cuando reflexionamos sobre uno de estos sentidos de libertad, estamos presuponiendo el otro, muchas veces inconscientemente.

En conclusión, la distinción entre libertad negativa y libertad positiva no es más que un artificio que oculta la estructura única del concepto de libertad.

Comprende, piensa, investiga...

1 **El espejo.** ¿Cuáles son las principales diferencias entre el sentido negativo y el sentido positivo de la libertad, según Berlin?

2 **El espejo.** ¿Qué semejanzas hay entre la distinción de Berlin y la concepción sobre la «libertad de los antiguos» y la «libertad de los modernos» de Constant?

3 ¿En qué consiste la crítica que realiza McCallum a la distinción entre libertad negativa y libertad positiva?

La libertad positiva es la capacidad de autorrealizarnos desarrollando nuestro proyecto vital.

anayaeducacion.es «Emprendemos» un juicio en defensa de las libertades individuales ante las injusticias.

3

EL PROBLEMA DEL LIBRE ALBEDRÍO

LA FILOSOFÍA EN PERSONA

Erasmo de Róterdam (1466-1536). Fue uno de los principales humanistas del Renacimiento. Teólogo católico, defendió la necesidad de una reforma de la Iglesia, pero se opuso a la ruptura que supuso la Reforma protestante de Lutero y de Calvino.

3.1 .Definición del concepto de libre albedrío

Por libre albedrío se entiende la libertad de la voluntad, o libertad metafísica. Más concretamente, el libre albedrío se refiere a la facultad humana de decidir y de actuar siguiendo la propia voluntad con total independencia de los factores externos, por lo que el individuo es el origen de la acción y reclama la responsabilidad moral por sus resultados.

Aunque este problema se planteó con especial polémica a partir del Renacimiento y de la reforma protestante en la filosofía occidental, tiene sus raíces en la Antigüedad clásica (Aristóteles) y en la formación del pensamiento cristiano (Agustín de Hipona).

En el Renacimiento se empezó a superar el teocentrismo, la creencia en que Dios es el eje central sobre el que gira toda la vida humana, y se reivindicaba que el ser humano debe ser el centro de la sociedad, de la política, de la cultura y del pensamiento: el antropocentrismo es una de las principales reivindicaciones del humanismo europeo de la época.

Precisamente, el debate sobre el libre albedrío fue protagonizado por uno de los principales humanistas, Erasmo de Róterdam, y por Martín Lutero, el monje agustino que promovió la reforma protestante. Mientras que Erasmo de Róterdam defendía la libertad de la voluntad, Lutero se opuso a esta teoría en su escrito *De servo arbitrio.*

No obstante, fue con la filosofía moderna cuando el problema del libre albedrío se convirtió en uno de los hilos conductores del pensamiento occidental.

Boticelli, *Nacimiento de Venus.*

En el Renacimiento, el ser humano se libera de la tutela divina.

3.2. Interpretaciones modernas del libre albedrío

→ Descartes: la libertad como indiferencia

En el siglo XVII, uno de los principales representantes del racionalismo, René Descartes, defendió que la libertad de nuestra voluntad debía entenderse como indiferencia.

La libertad consiste en elegir el curso de la acción sin obedecer a ninguna coacción u obligación que nos empuje hacia una opción o hacia otra. La libertad es, por tanto, la espontaneidad de nuestra voluntad.

Ahora bien, es necesario matizar esta definición. En la línea del intelectualismo moral de Sócrates y de Platón, Descartes también defendió que la voluntad era libre en la medida en que obedeciera al intelecto, que le indica qué es lo bueno y lo preferible. Solo hace falta juzgar bien para actuar bien, pues la voluntad sigue los dictados del entendimiento.

→ Spinoza: la libertad como conciencia de la necesidad

Otro racionalista del siglo XVII, Baruch Spinoza, argumentaba que nuestra conciencia de actuar libremente es una ilusión generada por la ignorancia de las causas naturales que nos impulsan a obrar.

Así pues, los seres humanos no tenemos conciencia de los verdaderos motivos de nuestras acciones, y solo en la medida en que tomemos conciencia de ellos, lograremos una cierta libertad. La libertad se define, pues, como la conciencia de la necesidad. Solo el conocimiento permite la libertad en un universo concebido de forma determinista.

→ Hume: la libertad humana dentro de la necesidad natural

El filósofo empirista David Hume, ya en el siglo XVIII, consideraba que la voluntad humana está determinada por las razones, por los motivos, por los impulsos y por las características de la persona para actuar o para decidir cómo lo hace. Pero esta influencia no implica falta de libertad, pues la libertad no se opone a la necesidad de una causa o de una motivación, sino a la coacción. Si oponemos libertad y necesidad, equiparamos la libertad al azar.

La conclusión es que la libertad consiste en actuar siguiendo las determinaciones (motivos, razones, sentimientos, etc.) de la voluntad, y el ser humano libre se diferencia de quien está en prisión y no puede realizar aquello que decide voluntariamente.

→ Kant: la libertad como fundamento de la moralidad

También en el siglo XVIII, el filósofo Immanuel Kant replanteó el debate. Su tesis es que la libertad de la voluntad es un requisito indispensable para poder atribuir responsabilidad moral a los individuos.

Si negamos la libertad, excluimos la responsabilidad y, con ella, la moralidad. Por ello, aunque los seres humanos, en tanto que seres naturales, estén sometidos a la necesidad, debemos pensar que son seres libres desde un punto de vista moral para evitar caer en la irresponsabilidad y en la inmoralidad (si no somos libres, no tendría sentido corregir a alguien, elogiarlo, castigarlo, etc.).

En conclusión, además de la causalidad natural, el ser humano sería capaz de originar una causalidad por libertad.

LA FILOSOFÍA EN PERSONA

Baruch Spinoza (1632-1677). Fue un destacado filósofo racionalista. Identifica a Dios con la naturaleza. El ser humano no es libre, sino que se halla sujeto a leyes eternas. La sabiduría consiste en el conocimiento de esas leyes y en el «amor intelectual» a Dios, que es inmanente a lo real.

Comprende, piensa, investiga...

1 ¿Con qué concepción de la libertad se identifica el libre albedrío? ¿Cómo lo definirías?

2 **Sumamos.** Explicad el debate sobre la libertad entre Martín Lutero y Erasmo de Róterdam.

3 **El espejo.** Compara las teorías sobre la libertad de Descartes y de Hume. ¿Cuáles son las diferencias entre ambos planteamientos?

X - Sierra

4

DETERMINISMO, COMPATIBILISMO Y LIBERTARISMO

GLOSARIO

Determinismo: teoría en la que se afirma que todas las acciones de los seres humanos están sometidas a leyes naturales, físicas, genéticas, sociales..., y que, por tanto, la libertad no es más que una ilusión sin fundamento. Nuestra creencia en la libertad se basaría principalmente en el desconocimiento de las causas que nos determinan. Esta concepción tendría raíces en algunas religiones y en algunas creencias supersticiosas (astrología), pero se ha desarrollado especialmente con el triunfo de la ciencia moderna y a partir de la propuesta del modelo mecanicista del universo (Pierre-Simon Laplace).

TEXTUALMENTE

«No pretendas que los sucesos sucedan como quieres, sino quiere los sucesos como suceden y vivirás sereno».

«Recuerda que eres actor de un drama, con el papel que quiera el director: si quiere uno corto, corto; si uno largo, largo; si quiere que representes un pobre, represéntalo con nobleza, como a un cojo, un gobernante, un particular. Eso es lo tuyo: representar bien el papel que te han dado; pero elegirlo es cosa de otro».

«Si tomas a tu cargo un papel por encima de tus fuerzas, no solo faltas a la compostura en él, sino que además das de lado lo que podrías llevar a término».

Epicteto, *Manual*.

1 El texto de Epicteto enuncia la tesis del *amor fati,* «ama el destino». ¿En qué frase se expone esta idea más claramente? ¿Qué significa? Intenta explicarla con tus palabras.

2 ¿Qué moraleja transmite la metáfora del actor dramático? ¿Estás de acuerdo? Argumenta tu respuesta.

4.1. Definición del determinismo

En la filosofía contemporánea, el debate sobre la libertad de la voluntad se ha planteado en torno a la teoría del determinismo y sobre sus posibles consecuencias.

Ya en el siglo XIX, algunos filósofos (Schopenhauer, Nietzsche y Marx) defendieron que, en el fondo, las acciones de los seres humanos no están motivadas por sus ideas y por sus creencias, sino que responden a intereses que pueden resultar inconscientes para los propios sujetos.

Luego, Freud, con su teoría del psicoanálisis, desarrolló esta crítica mediante su noción del inconsciente: en muchas ocasiones, actuamos guiados por intereses, por ideas y por pasiones de las que no nos percatamos.

En definitiva, según estas teorías, la sospecha de que la libertad no es más que una ilusión está bien fundamentada.

Esta amenaza sobre la libertad de la voluntad se conoce como determinismo, y su formulación clásica la propuso Laplace, un físico de los siglos XVIII y XIX. A este científico se le atribuye la siguiente hipótesis: si pudiéramos conocer todas las leyes de la naturaleza y establecer la posición de todos los átomos en un momento dado, una inteligencia superior (un «demonio», en palabras de Laplace) podría predecir el estado del universo en cualquier momento que quisiéramos.

En otras palabras, desde el determinismo se defiende que cualquier acontecimiento, incluyendo las acciones humanas, está causado por hechos del pasado que no dependen de nuestra voluntad.

4.2. Diferentes formas del determinismo

Podemos distinguir diversas formas de determinismo:

- Determinismo religioso: de acuerdo con esta forma de determinismo, la omnisciencia y la omnipotencia de Dios impiden la libertad humana.

  Nuestras acciones, y todos los acontecimientos naturales en general, estarían limitados por la voluntad divina.

- Determinismo físico: según la concepción mecanicista del universo, las leyes físicas de la naturaleza rigen y determinan el acontecer de todos los sucesos que ocurren en el mundo, desde los movimientos atómicos hasta el desplazamiento de los continentes, incluyendo las acciones humanas.

  Ahora bien, el desarrollo de la física cuántica ha puesto en entredicho la concepción mecanicista del universo y ha abierto la puerta al azar y a la indeterminación en el seno de las leyes físicas.

- Determinismo genético: en esta concepción, la libertad humana está sometida a las condiciones de nuestra carga genética. No seríamos más libres de lo que nos permiten estos límites.

- Determinismo psicológico: en esta variante, existe un conjunto de ideas, de creencias y de pensamientos inconscientes que no percibimos y que determinan nuestra conducta sin que nos demos cuenta.

4.3. Visiones contemporáneas del determinismo

En la filosofía contemporánea, podemos distinguir diversas posturas ante el desafío del determinismo:

- El «incompatibilismo» (o «determinismo duro»): es la posición que defienden quienes consideran que si el determinismo es cierto, es imposible mantener que los seres humanos seamos libres y, por tanto, que tengamos responsabilidad moral (el estoicismo, Ted Honderich).
- El «compatibilismo» entre determinismo y responsabilidad: de acuerdo con esta postura, nuestras nociones de libertad y de responsabilidad moral no se ven afectadas por la verdad de la hipótesis del determinismo bajo cualquiera de sus formas.

  La libertad no se opone a la determinación, sino al azar. Somos responsables si somos la causa de la acción (David Hume, Harry Frankfurt).
- El «libertarismo»: según el cual, la libertad es un hecho innegable de nuestra conciencia. El determinismo no afecta a los seres humanos (Immanuel Kant, John Searle).

Además de las diferentes argumentaciones que se han propuesto desde la filosofía, actualmente en la neurociencia y en la psicología se ha estudiado el fenómeno de la libertad en relación con el funcionamiento de nuestro cerebro.

El interés de esta propuesta radica en investigar en qué medida los procesos neuronales mediante los que tomamos decisiones y actuamos están sometidos a leyes físicas que escapan a nuestro control consciente o somos dueños de nuestras decisiones y de nuestras actuaciones.

Dos ejemplos de científicos que han seguido esta línea de investigación son Michael Gazzaniga y Benjamin Libet.

LA FILOSOFÍA EN PERSONA

Arthur Schopenhauer (1788-1860). Fue un filósofo para el que todo lo existente son meras representaciones de la voluntad. El individuo no es dueño de su destino, sino esclavo de la voluntad que hay en él. Es un pensador pesimista y propone una ética de la renuncia.

LA FILOSOFÍA EN PERSONA

John Searle (1932). Es un filósofo de la tradición analítica. Ha estudiado los aspectos pragmáticos del lenguaje y formuló una teoría sistemática de los actos lingüísticos. Distingue la mente del cerebro y rechaza la comparación de la mente humana con un ordenador.

Comprende, piensa, investiga...

1 Explica qué es el determinismo, en general.

2 **El espejo.** ¿Qué diferencia hay entre el determinismo físico y el determinismo religioso? ¿Cuál tiene más vigencia en la actualidad? Justifica tu respuesta.

3 **CTF.** ¿Qué argumenta con respecto a la libertad alguien que se considera «determinista duro»? ¿Y si es libertarista? ¿Qué tienen en común ambos individuos?

Según el determinismo, es imposible la libertad humana, pues está limitada por diferentes causas.

ORGANIZO MI MENTE

LA LIBERTAD

Mapa mental

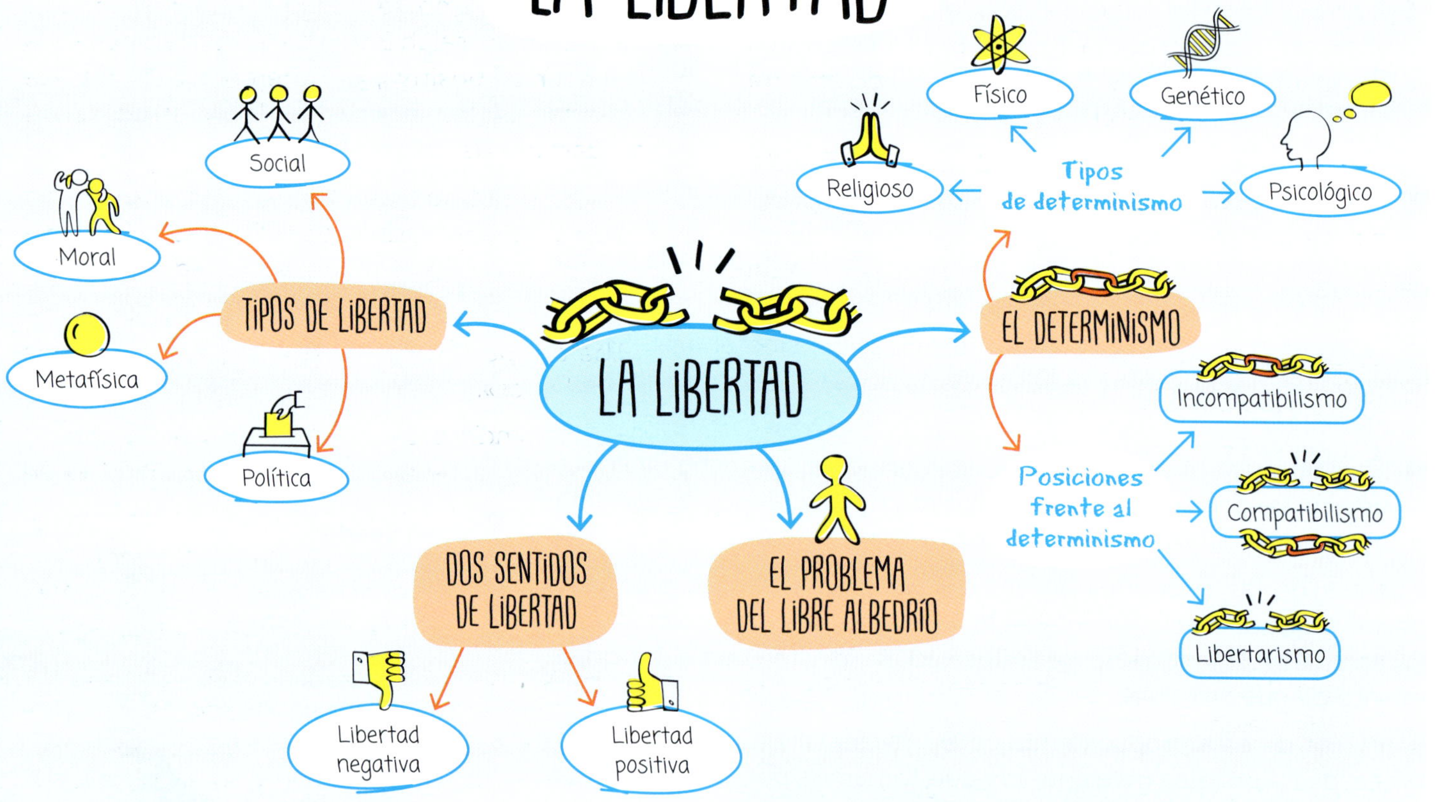

APRENDER A MIRAR

Doce años de esclavitud

Esta película está basada en la historia real un músico de origen afroamericano y ciudadano libre que vivió en el estado de Nueva York a mediados del siglo XIX llamado Solomon Northup.

Un día, Solomon fue drogado y entregado a unos mercaderes de esclavos que se dirigían al sur de Estados Unidos. Solomon fue despojado de su identidad y de su libertad.

Durante el viaje al sur, planeó rebelarse y escapar con algunos compañeros, aunque, finalmente, debió afrontar solo su futuro como esclavo.

1) Describe la vida del protagonista antes de ser reducido a la esclavitud. ¿Cómo perdió la libertad? Explica la evolución que experimentó hasta que fue vendido en una subasta.

2) Resume la relación de Solomon con sus dueños, el señor Ford y el señor Epps. ¿Qué diferencias hay entre ellos? ¿Cómo lo tratan uno y otro?

3) Describe la situación de Patsey, la esclava que trabaja en la plantación de algodón del señor Epps. ¿Qué le pide a Solomon? ¿Por qué?

4) ¿Cómo logra Solomon recuperar la libertad?

5) **Rompecabezas.** Investigad sobre la esclavitud. ¿Cuándo y quién la declaró ilegal en Estados Unidos? ¿Qué supuso esa decisión? Y en España, ¿hasta cuándo fue legal la esclavitud? ¿Existe la esclavitud en la actualidad? ¿Dónde? ¿En qué condiciones?

Descubro lo que he aprendido

1 Define los conceptos de «autonomía» y de «heteronomía» aplicados a la idea de libertad. Pon tres ejemplos de comportamiento autónomo y tres de comportamiento heterónomo.

2 ¿A cuál de las formas de libertad corresponde esta definición: «valor que se materializa en las instituciones que organizan la vida social y que consiste en la capacidad de participar en las decisiones que nos afectan como miembros de una comunidad»?

a) Libertad metafísica.

b) Libertad política.

c) Libertad civil.

d) Libertad moral.

3 Según Hannah Arendt, ¿qué tipo de libertad tiene prioridad y qué condiciones previas se tienen que dar para que exista una auténtica libertad? ¿Puede existir la libertad plenamente sin igualdad, sin que otras personas también sean libres? Razona tus respuestas.

«El hombre no sabrá nada de la libertad interior, si antes no tiene, como una realidad mundana tangible, la experiencia de su condición de ente libre. Primero nos hacemos conscientes de la libertad o de su opuesto en nuestra relación con los otros, no en la relación con nosotros mismos. Antes de que se convierta en un atributo del pensamiento o en una cualidad de la voluntad, la libertad se entendió como la condición del hombre libre, la que le permitía marcharse de su casa, salir al mundo y conocer a otras personas de palabra y obra. Esta libertad estaba claramente precedida por la liberación: para ser libre tiene que haberse liberado de las necesidades de la vida. Pero la condición de libre no se sigue del acto de liberación. La libertad necesitaba, además de la mera liberación, de la compañía de otros hombres que estuvieran en la misma situación y de un espacio público común en el que se pudiera tratarlos, en otras palabras, un mundo organizado políticamente».

H. Arendt, *¿Qué es la libertad?*.

4 ¿Por qué denomina Isaiah Berlin «negativo» a un sentido de la libertad? Expón su concepción de la libertad negativa y explica por qué Berlin considera que es más valiosa que la libertad positiva. ¿Estás de acuerdo con él? Razona tu respuesta.

5 ¿Qué paralelismo se puede establecer entre la distinción de Isaiah Berlin de la libertad negativa y la libertad positiva, y la diferenciación entre la «libertad de los antiguos» y la «libertad de los modernos» de Benjamin Constant?

a) La «libertad de los modernos» es equiparable con el sentido positivo de la libertad, y la «libertad de los antiguos», con la libertad negativa.

b) Solo se puede hablar de libertad negativa y de libertad positiva a partir de la «libertad de los modernos».

c) La diferencia entre libertad negativa y libertad positiva solo se puede aplicar a la «libertad de los antiguos».

d) La «libertad de los modernos» es equiparable con el sentido negativo de la libertad, y «libertad de los antiguos», con la libertad positiva.

6 ¿Qué filósofo moderno defendía que, pese a que los seres humanos somos seres naturales sometidos a las leyes físicas y biológicas, estamos obligados a pensar que somos seres libres para poder atribuirnos responsabilidad por nuestras acciones?

a) Spinoza.

b) Kant.

c) Hume.

d) Descartes.

7 ¿Cómo define la libertad Spinoza?

8 ¿Desde cuál de los siguientes tipos de determinismo se sostiene que «existe un conjunto de ideas, de creencias y de pensamientos inconscientes que determinan nuestra conducta sin que nos demos cuenta»?

a) Desde el determinismo físico.

b) Desde el determinismo genético.

c) Desde el determinismo psicológico.

d) Desde el determinismo duro.

9 Explica la posición del «compatibilismo» con respecto al problema de la libertad.

10 Explica cómo se estudia actualmente en la neurociencia y en la psicología el fenómeno de la libertad y en qué sentido resulta interesante su propuesta.

anayaeducacion.es Realiza la autoevaluación interactiva de la unidad.

9

ÉTICAS APLICADAS

La ética en las sociedades avanzadas

La creciente complejidad de nuestro mundo ha producido situaciones nuevas que requieren la aplicación de criterios morales que ya no pueden proporcionar las doctrinas éticas del pasado.

Hacen falta unas orientaciones éticas para aplicar en casos específicos que exigen una elección moral concreta que nunca antes se había imaginado que pudiera presentarse.

En la actualidad, una buena parte de las nuevas cuestiones éticas se generan por los avances científicos y a causa de los asombrosos adelantos técnicos que continuamente se producen.

Uno de los ámbitos más amplios de aplicación de la ética es el de la bioética, debido a las innovaciones en los campos de la medicina y de la biología; en particular, de la biología molecular y de la genética.

La bioética es una disciplina epsecialmente importante, pues se plantean problemas morales que están relacionados con la vida humana, con la vida concreta de los individuos, entorno a cuestiones como la reproducción y el nacimiento, la relación «médico-paciente» y las decisiones sobre la muerte.

Además, aparte de la bioética, otras áreas de aplicación actual de la ética son, por ejemplo, las garantías morales que deben regir en el funcionamiento de las empresas y de las relaciones comerciales, amplificadas a escala mundial debido a la globalización; las cuestiones morales sobre la transformación del medio ambiente natural por parte de los seres humanos, o el uso ético de las tecnologías de la información.

En esta unidad vas a estudiar

- La diferencia entre ética y moral.
- El concepto y el ámbito de la bioética.
- La ética de los negocios y la globalización.
- Los problemas de la ética ambiental y la relación entre la ética y la tecnología.

anayaeducacion.es Visualiza la presentación de la unidad.

PROBLEMAS ÉTICOS DE LA TECNOCIENCIA

Los avances científicos y tecnológicos en los ámbitos de la medicina, de la biología, de los negocios y de las finanzas, de la explotación del medio ambiente, de las tecnologías de la información, etc., plantean desafíos que la reflexión ética debe iluminar.

Bioética

Debe aportar soluciones en el ámbito de la asistencia sanitaria, en temas como la ingeniería genética, la eutanasia, los trasplantes, los experimentos con seres humanos o la relación «médico-paciente».

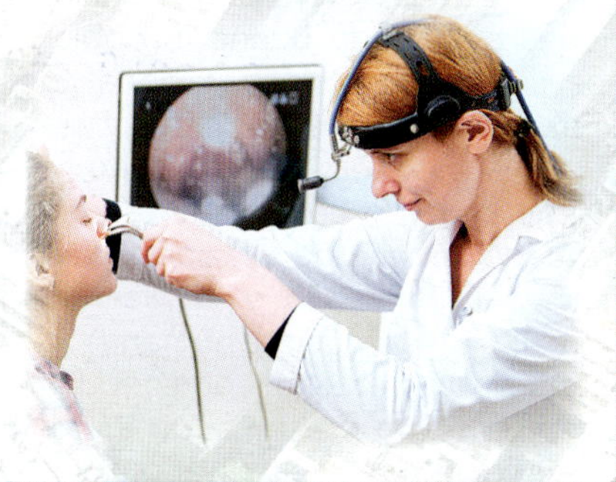

Ética empresarial

Su objetivo son las decisiones sobre las instituciones económicas: las empresas, los bancos, las relaciones laborales, los negocios, etc. Se ha de exigir responsabilidad y modelos de comportamiento normativos.

Ética ecológica

Se ocupa de las agresiones al medio ambiente y de la explotación de los recursos, y se exige la preservación del entorno y de la diversidad naturales y del derecho de las generaciones futuras a disfrutar de ellos.

Ética computacional

Se plantean los problemas generados por la introducción de las tecnologías de la información en la vida cotidiana de los seres humanos, prestando especial atención a los avances en el campo de la robótica.

anayaeducacion.es En la «Biblioteca de textos» encontrarás un texto sobre la necesidad de impedir el sufrimiento de los animales.

1
ÉTICA Y MORAL

GLOSARIO

Ética (o reflexión moral): consiste en la reflexión bien razonada, coherente y crítica sobre los valores, las costumbres, las creencias morales y las concepciones de la vida buena. Su objetivo es someter a crítica racional la moral existente en una sociedad y aspira a que el proyecto vital humano se oriente de acuerdo con la libertad. La ética puede tener una interpretación descriptiva (analizando y explicando los motivos de la acción humana), o bien una interpretación prescriptiva (argumentando y presentando guías para la acción). Actualmente, se están desarrollando considerablemente las éticas aplicadas (a la medicina, a la economía...).

GLOSARIO

Moral: la palabra «moral» proviene del latín *mos, mori,* que significa 'costumbre'. Designa el conjunto de costumbres y de normas por el que debe regirse el comportamiento de una persona para que se la considere moralmente buena. La moral está constituida por los hábitos, las costumbres, los valores, las normas y las acciones que realizamos orientadas a conseguir el bien. A veces, se puede confundir con la ética, aunque reservamos este término para la reflexión filosófica sobre la moral. Moral se opone a inmoral (contrario al bien) y a amoral (que no tiene sentido del bien y del mal).

Obramos moralmente cuando nos comportamos bien o mal, y reflexionamos éticamente sobre nuestra conducta.

X = Sientra

X

1.1. ¿Son lo mismo la ética y la moral?

La ética es la disciplina filosófica en la que se estudian los juicios de valor cuando se aplican a la distinción entre el bien y el mal. Por otro lado, también se la define como la ciencia de los principios de la moral, siendo la moral la aplicación concreta de estos principios en las acciones humanas.

Mientras que la ética orienta la conducta humana desde los valores que nos interesa hacer realidad en cada momento, la moral es ese conjunto de juicios relativos al bien y al mal establecidos para dirigir la conducta de los seres humanos.

La moral tiene, pues, un carácter objetivo, pues los juicios éticos de valor se concretan en normas de comportamiento que cada individuo adquiere y que regulan sus actos en su práctica diaria afectando a su toma de decisiones.

La norma moral es, pues, el precepto que concreta el alcance de esos valores, pues determina lo que hay que hacer o lo que hay que omitir para la realización de un valor.

La decisión moral supone siempre el ejercicio de la libertad, si bien tal decisión está condicionada por las dimensiones individual y social de la ética. Es decir, la norma moral ordena que se respeten los valores, pero la realización de estos ha de hacerse con arreglo a la naturaleza objetiva de las cosas y a las consecuencias previsibles.

Sartre

El presupuesto necesario tanto de la ética como de la moral es la afirmación de la libertad humana; el ser humano es éticamente responsable de sus acciones y de su proyecto vital, de modo que la realización de este proyecto, tanto en el ámbito personal como en el terreno colectivo, representa el deber fundamental y el criterio último para la valoración ética de lo bueno y de lo malo.

1.2. El criterio para distinguir lo bueno de lo malo

A lo largo de la historia se han propuesto diversas explicaciones sobre el criterio fundamental de las normas éticas y de los juicios de valor.

Éticas materiales o de fines

En un conjunto de teorías se considera que el supremo bien, y, por tanto, el criterio ético para guiar los juicios morales, se define por su referencia a un determinado fin práctico establecido en función de un concepto previo acerca de la naturaleza humana. Por ejemplo:

- Según el hedonismo, el bien es el placer.
- En el utilitarismo y en el pragmatismo, bueno es lo útil, lo que sirve a los intereses de la conservación de la vida, a la mejora de la convivencia social o al éxito.
- En el comunismo se consideran buenos los hechos que favorecen la lucha de clases y la revolución, para fundar el sistema comunista.

Éticas formales o deontológicas

La éticas materiales supeditan la valoración de lo bueno y de lo malo a diversos modos de concebir el bien por referencia a fines prácticos en los que se proyecta la naturaleza del ser humano.

Frente a ellas, aparece otro modo de entender la ética, las éticas formales, en las que el bien se define como mero objeto de la voluntad o de las reglas que la rigen; es decir, se atiende, ante todo, a las normas que rigen la voluntad humana y se considera el bien supremo aquello a lo que la voluntad tiende en cumplimiento de tales normas.

Esta es la concepción de Kant, para quien la existencia de la ley moral es un hecho; o sea, en toda sociedad existen normas y costumbres morales constitutivas de lo humano. Este carácter permite unir la ley moral a la razón y considerarla universal y obligatoria para todo ser racional.

Comprende, piensa, investiga...

1 **La pregunta.** Reflexiona sobre la libertad y la moral. ¿Qué relación hay entre ellas?

2 **Rompecabezas.** Presentad en clase las siguientes éticas materiales y reflexionad en común sobre los criterios éticos que propone cada una de ellas: eudemonismo, hedonismo, utilitarismo y comunismo.

3 ¿En qué consistió la innovación de Kant en el terreno de la ética?

TEXTUALMENTE

«Aguardar que nuestros sistemas morales y éticos dieran pie a virtuosos, nobles y santos sería tan descabellado como pretender que nuestras teorías estéticas forjasen poetas, pintores y músicos.

La filosofía no puede sino limitarse a interpretar y explicar lo que hay, llevando al conocimiento claro y abstracto de la razón esa esencia del mundo que en concreto, es decir, como sentimiento, resulta comprensible para cualquiera, si bien la filosofía ha de dar dicha explicación bajo toda posible referencia y desde cualquier punto de vista. [...]

El criterio dado y el tratamiento anunciado ya indican que en este libro ético no cabe aguardar prescripciones ni teoría del deber algunas; mucho menos debe suministrar un principio moral universal, algo así como una receta universal para engendrar virtudes. Tampoco hablaremos de ningún *"deber-ser-incondicionado"*, porque este —como se concluye en el apéndice— alberga una contradicción, ni asimismo hablaremos de una "ley para la libertad", la cual se encuentra en el mismo caso: pues así se habla a los niños y a los pueblos en su infancia, más no a quienes han interiorizado la formación de una época que se ha vuelto mayor de edad. Es una contradicción bien palmaria el llamar libre a la voluntad y, sin embargo, prescribirle leyes conforme a las cuales debe querer: "debe querer" —¡un hierro de madera!—. A consecuencia de nuestra visión global, la voluntad no solo es libre, sino incluso omnipotente: de ella no parte solo su obrar, sino también su mundo; y tal como es la voluntad, así aparece su obrar, así aparece su mundo: su autoconocimiento se cifra en ambas cosas y de lo contrario no es nada; la voluntad, al determinarse, determina su obrar y su mundo, pues fuera de ella no hay nada y ambas cosas son ella misma: solo así es la voluntad verdaderamente autónoma, siendo heterónoma según cualquier otro parecer».

A. Schopenhauer, *El mundo como voluntad y representación*, IV, § 53.

1 ¿Qué significa para el autor del texto la expresión de «una "ley para la libertad"»? ¿Con qué lo compara? ¿Qué significado crees tú que puede tener y qué relación tiene con el concepto de deber?

2 ¿Cómo describe Schopenhauer la voluntad y qué consecuencias éticas se deducen de su descripción?

2
LA BIOÉTICA

GLOSARIO

Bioética: rama de la ética que se dedica a intentar resolver los problemas morales relacionados con el avance de los códigos jurídicos acerca de los conocimientos y de los procedimientos técnicos de las ciencias de la salud y de las ciencias biológicas. Entre los principales tipos de cuestiones de que se ocupa la bioética cabe destacar los problemas relacionados con la reproducción y con el nacimiento de los seres humanos, las relaciones «médico-paciente» y las decisiones relacionadas con la muerte propia o de personas allegadas.

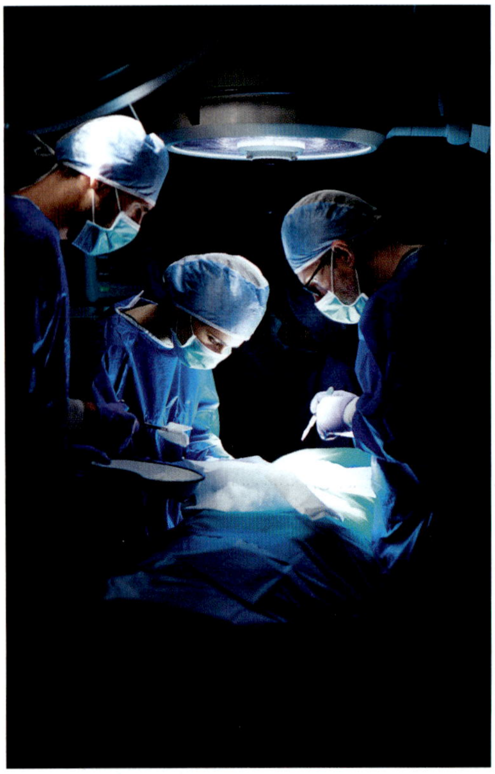

En el ámbito de la salud se plantean múltiples dilemas éticos en los que es necesaria una reflexión filosófica para tratar de hallar una solución.

X - Si entra

2.1. El concepto de «bioética»

La bioética es la disciplina mediante la que se trata de aportar soluciones a los conflictos que pueden surgir entre las posibilidades que ofrece el desarrollo tecnológico y las exigencias de una vida auténticamente humana.

Cualquier profesional sanitario necesita encontrar una solución adecuada a los frecuentes dilemas éticos que se plantean en la práctica clínica. Estos dilemas surgen también en el contexto de trabajos de investigación con seres humanos, en los comités de bioética, en la enseñanza en ciencias de la salud o en disciplinas como el derecho, la política, la gestión o el periodismo sanitario.

Se suele dividir la bioética en dos partes:

- La bioética general: estudia los fundamentos éticos, los valores y los principios que deben dirigir el juicio ético y las fuentes documentales de la bioética (los códigos médicos, el derecho nacional e internacional, las normas deontológicas y otras fuentes que enriquecen y clarifican la discusión).
- La bioética especial: se ocupa de dilemas específicos, tanto en el terreno médico y biomédico como en el ámbito político y social (los modelos de asistencia sanitaria y de distribución de recursos, la relación entre cada profesional de la salud y sus pacientes, las prácticas de medicina prenatal, la ingeniería genética, la eugenesia, la eutanasia, los trasplantes de órganos, los experimentos con seres humanos, etc.).

El enfoque que se dé a la fundamentación (bioética general) condicionará las posibles soluciones que se ofrezcan a los dilemas específicos (bioética especial).

Por ejemplo, así ocurre en el caso del rechazo de la eutanasia en un modelo bioético basado en la búsqueda de la verdad sobre el ser humano y en el reconocimiento y en el respeto de su especial dignidad, o, por el contrario, en la aceptación de la eutanasia en los modelos basados en la autonomía absoluta de la libertad individual.

2.2 Los problemas de la bioética

Se pueden agrupar en tres tipos principales las cuestiones de las que se ocupa la bioética clínica.

- **La reproducción y el nacimiento de los seres humanos**

Con respecto a la reproducción humana y al nacimiento, la bioética se ocupa de los problemas planteados en diversos ámbitos:

- Por las nuevas técnicas de reproducción.
- Por el diagnóstico prenatal.
- Por la posibilidad, en un futuro cercano, de la aplicación de técnicas como la clonación reproductiva de seres humanos (o sea, provocar el nacimiento de un ser humano que sea genéticamente idéntico a otro) o de ingeniería genética humana (que permitiría la aparición de individuos con rasgos genéticos que, al menos en parte, estén predeterminados).

Estas y otras posibilidades relacionadas con la reproducción humana plantean graves riesgos de deshumanización, pero también hacen surgir nuevos derechos, como el derecho a la libertad de procreación, el derecho a la integridad genética o el derecho del embrión y de los no nacidos.

➜ La atención a la salud y la relación «médico-paciente»

También en el ámbito de la asistencia sanitaria ha cambiado profundamente la relación entre el personal sanitario y sus pacientes, basada en la confidencialidad y en la autonomía de cada paciente.

Por ejemplo, actualmente se reconoce el derecho de cualquier paciente a ser informado del diagnóstico médico y a aceptar o a rechazar el tratamiento que se propone para curar su enfermedad tras recibir la información sobre los riesgos o sobre los efectos secundarios que puede conllevar.

Ese derecho lo tiene cualquier paciente, incluso en el caso de que su negativa a recibir el tratamiento prescrito por el equipo médico pueda provocar su muerte.

➜ Las decisiones sobre la propia muerte y sobre la de otras personas

A finales del pasado siglo se estableció una nueva forma de dictaminar la muerte de los seres humanos: ya no se considera muerta a una persona ante la imposibilidad de detectar los latidos del corazón (parada cardíaca), sino que se certifica su muerte cuando cesa toda actividad cerebral.

Ahora bien, en la actualidad es posible mantener con vida mediante el empleo de máquinas los cuerpos de las personas que se encuentran en estado de muerte cerebral. Es decir, estas máquinas hacen posible prolongar la vida vegetativa de pacientes que no tienen la posibilidad de curarse.

En situaciones como las de la muerte cerebral se plantea y se discute sobre cómo hay que actuar de manera que se logre armonizar el respeto a la vida con el derecho a una muerte digna.

Comprende, piensa, investiga...

1 ¿Qué se estudia en la bioética general?

2 Piensa en un caso clínico en el que sea necesario aplicar normas bioéticas y escribe un pequeño texto sobre ello.

3 Busca información sobre la relación «médico-paciente» en el funcionamiento de un hospital.

TEXTUALMENTE

«1 [...] La "clonación de la vida", sobre todo si está producida por métodos artificiales o tecnológicos, no puede quedar fuera de las "competencias" de la Bioética, en tanto esta se preocupa de enjuiciar, desde su formalidad propia, todo cuanto tenga que ver con el curso de la vida.

Ahora bien: conviene comenzar separando una idea metafísica (o mítica) de clonación (la "clonación es la reproducción idéntica de un individuo viviente") del concepto técnico de clonación. [...]

2 La clonación, tal como la hemos definido, y circunscribiéndola a los vivientes por los que se interesa la Bioética [...] puede establecerse (buscando criterios de distinción que sean "bioéticamente pertinentes") según dos órdenes distintos: el de la *clonación cultural* y el de la *clonación genética*. Órdenes que, a su vez, habrán de cruzarse con la distinción entre las clonaciones animales y las clonaciones humanas (pues tanto en los animales como en los hombres cabe hablar de clonaciones culturales y clonaciones genéticas).

La clonación cultural es el proceso en virtud del cual los individuos de un grupo o sociedad animal o humana repiten los mismos patrones de conducta o de morfología (peinado, barba, figura...) [...].

3 La clonación biológica o genética comprende dos tipos bien distintos si atendemos a su origen; podemos llamar a estos tipos *clonación natural* y *clonación artificial*».

G. Bueno, *¿Qué es la Bioética?* Final, cuest. Tercera.

1 Gustavo Bueno considera que «la clonación de la vida» no puede quedar fuera de las competencias de la bioética. ¿Cómo lo justifica?

2 En el texto, el autor hace una serie de clasificaciones sobre el concepto de clonación. Señala en qué términos y defínelos con tus palabras.

anayaeducacion.es En el «Taller de filosofía» profundizad en las relaciones entre los seres humanos y los animales.

3
LA ÉTICA DE LOS NEGOCIOS

GLOSARIO

Ética empresarial: consiste en el análisis y en la valoración moral de todas las actividades desarrolladas en los ámbitos empresarial, laboral y económico en general en nuestra sociedad. Se trata de una ética con voluntad prescriptiva, esto es, de establecer principios de acción, y se apoya en diversas ciencias empíricas auxiliares, como la economía, la sociología o el derecho. Su campo de acción incluye las instituciones económicas (empresas, organismos reguladores...), los roles de los equipos directivos y del personal de las empresas, y las relaciones que mantienen, y, además, también debe tener en consideración el impacto medioambiental que producen las actividades económicas.

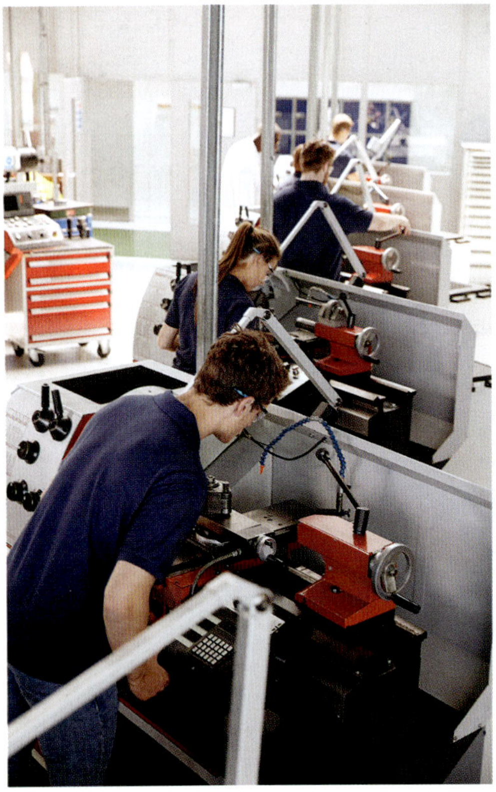

En el ámbito de los negocios es necesario respetar unas normas de comportamento basadas en códigos éticos.

3.1. Ética y sistema económico

Es una idea bastante extendida la de que, en el mundo de los negocios, los objetivos del beneficio económico y de la creación de riqueza han de evitar los prejuicios éticos. Para las personas que piensan así, ética y negocios son ámbitos separados, no en el sentido de que los negocios tengan que ser necesariamente inmorales, pero sí amorales.

Frente a esta opinión, desde mediados del siglo XX en Estados Unidos se vienen desarrollando diversas propuestas de ética de los negocios, que se han visto reforzadas recientemente ante los siguientes hechos:

- La indignación popular que producen los escándalos financieros y los casos de corrupción económica.
- La formación de asociaciones ciudadanas de defensa de los derechos de los consumidores, de denuncia de los desastres ecológicos producidos por la actividad económica, etc.
- La progresiva incorporación de códigos éticos a los programas de desarrollo empresarial para prevenir los perjuicios que se derivan de que no se respete la compatibilidad entre lo útil y lo justo, entre la libertad de iniciativa y la responsabilidad en la toma de decisiones, etc.

Con sus inversiones y sus estrategias, las empresas han de atender, pues, no solo a la especulación y a la ganancia propia, sino también a consideraciones de responsabilidad social ante las consecuencias no económicas de sus decisiones y de sus acciones económicas.

En concreto, las empresas deben tener en cuenta el modo justo o injusto en que se consiguen sus beneficios, las características y el impacto de los bienes que producen o con qué estrategias se realizan los negocios que las afectan.

3.2. La necesidad de una ética empresarial

Como una parte de la ética general, la ética de los negocios debe ser una ética de las consecuencias y no de las intenciones. En este sentido, se pone el acento en la responsabilidad en la toma de decisiones y en su impacto para prescribir determinados modelos de comportamiento, que deben cumplirse de manera normativa.

Para ayudarse en su labor, esta ética ha de estar articulada con otras disciplinas auxiliares, como la economía, la sociología o el derecho. Su finalidad es llevar a cabo una valoración moral de los negocios en cuatro niveles:

- En el de las instituciones económicas de base, como el mercado, la economía planificada, el Estado de bienestar, etc.
- En el de las organizaciones intermedias, como los bancos, las empresas, etc.
- En el de las decisiones y de los comportamientos que caracterizan determinadas relaciones económicas o roles profesionales específicos, como los de accionistas, equipo directivo, clientela, etc.
- En el de las acciones y las dinámicas de las empresas que afectan al medio ambiente.

3.3. Ética empresarial y globalización

Desde mediados del siglo XX, el sistema económico y político mundial se ha transformado por la liberalización de los mercados, el auge de la economía financiera internacional y la convergencia tecnológica digital que permite el flujo de información de forma inmediata a través del planeta. Estos factores han convertido la globalización en un proceso de interrelación e interdependencia mutua entre países que aglutina factores políticos, económicos, sociales, culturales y tecnológicos.

Esta situación inédita hasta ahora plantea retos nuevos a la ética empresarial, que deberá proyectarse a partir de ahora hacia una dimensión universalizadora, porque la globalización influye en el diseño y en la actividad de las empresas en los siguientes sentidos:

- El auge de la economía financiera (la producción de riqueza gracias a los intereses del capital, al cambio de divisas, a las inversiones en bolsa, etc.) ha dejado en segundo plano la economía productiva (fabricación de mercancías y prestación de servicios). De ahí la necesidad de un código específico dirigido a la banca y a las finanzas.
- La liberalización de los mercados, la supresión de controles estatales a la actividad económica y las nuevas tecnologías han impulsado la competitividad internacional y han permitido estrategias muy efectivas para la reducción de costes y de precios. En esta situación es necesario formular normas éticas que regulen esta actividad.
- La deslocalización industrial ha hecho posible el desplazamiento de empresas a países con condiciones económicas más favorables (menos impuestos, mano de obra más barata, etc.), lo que ha producido una liberalización del mercado laboral. También por estas causas se precisa una ética dirigida a regular las relaciones laborales y la política fiscal de distribución de la riqueza.

Comprende, piensa, investiga...

1 **CTF.** ¿Por qué razones le interesa a una empresa comportarse de forma ética con su clientela?

2 Buscad códigos éticos de la banca, de otros tipos de empresas o de instituciones políticas. Comentad las normas que se recogen en ellos.

3 **Mesa redonda.** Reflexionad en clase sobre esta cuestión: ¿para hacer negocios éticamente basta con no transgredir las leyes?

GLOSARIO

Globalización: proceso mundial de interdependencia económica, política, cultural y tecnológica característico de la actualidad. Aunque la historia de la humanidad está repleta de intercambios comerciales y culturales, de relaciones de dependencia y de influencias entre poblaciones repartidas por todo el planeta, desde mediados del siglo XX la economía financiera y el desarrollo de la tecnología digital han facilitado las interdependencias a todos los niveles entre las empresas, los Estados y la ciudadanía a nivel global.

TEXTUALMENTE

«Esta ética cívica mínima es, a mi juicio, no solo un elemento clave del pluralismo moral, sino también el germen de una *ética global,* que hoy se exige desde distintas instancias y que ya se está configurando.

En efecto, desde finales del siglo XX voces diversas reclaman una ética global, capaz de orientar éticamente el proceso de globalización económico y financiero [...], pero —a mi juicio— el que está funcionando de hecho es la conformación de una *ética cívica transnacional,* que va descubriendo las exigencias de justicia comunes a las sociedades con democracia liberal, profundizando en ellas y extendiéndolas. En la elaboración de esta ética cívica transnacional está siendo decisivo el papel representado por las *éticas aplicadas*.

Ciertamente, en el último tercio del siglo XX se produce "la revolución de las éticas aplicadas" y con ello va cambiando paulatinamente la fisonomía de las sociedades y de la reflexión ética. El desarrollo tecnológico exige respuestas morales que no pueden venir solo de los políticos, los empresarios o los científicos, ni siquiera solamente de los ciudadanos, sino que precisan el concurso de todos ellos, amén de comisiones y comités éticos locales, nacionales y transnacionales. [...] Un mínimo de acuerdos morales traspasa las fronteras y va forjando una *ética cívica transnacional.* [...]

De ahí que las *comisiones de ética* vayan constituyendo cada vez más una *fenomenización* de esa *moral cívica,* y no estatal, que une a los ciudadanos. [...] Ese proceso deliberativo está llevando a descubrir los contenidos de una ética cívica transnacional propia de sociedades con democracia liberal.

En este sentido se va labrando un ética cívica transnacional, encargada de responder a las grandes cuestiones desde unos valores y principios compartidos por los distintos grupos, por las distintas "éticas de máximos" de las sociedades pluralistas. Es la tarea de una *ética global o universal, la tarea de una ética de los ciudadanos del mundo».*

A. Cortina, «Lo justo y lo bueno», en *La aventura de la moralidad,* cap. 10, § 10.

1 ¿Cuál crees que es la idea principal del texto? ¿Con qué nombre se refiere a ella la autora?

2 ¿Qué piensas que quiere decir Adela Cortina con «una ética de los ciudadanos del mundo»? ¿Considera que esa ética es posible? Argumenta tu respuesta.

anayaeducacion.es «Emprendemos» el análisis de un código ético empresarial.

4
OTROS RETOS DE LA ÉTICA APLICADA

COMPROMISO ODS

Acción por el clima

«Mejorar la educación, la sensibilización y la capacidad humana e institucional respecto de la mitigación del cambio climático, la adaptación a él, la reducción de sus efectos y la alerta temprana».

Objetivos de Desarrollo Sostenible, meta 13.3.

1 ¿Qué es el cambio climático? ¿Por qué se produce?

2 ¿Cómo se pueden reducir sus consecuencias? Averiguad en qué consisten la teoría del «desarrollo sostenible» y la propuesta del «decrecimiento».

anayaeducacion.es Consulta la información correspondiente la Meta 3 del Objetivo 13.

4.1. La ética ecológica

El rápido proceso de industrialización en los últimos siglos ha dado lugar a un grave desequilibrio medioambiental.

Actualmente, la preocupación por el calentamiento global muestra que la preservación del medio ambiente es un asunto de vital importancia. Sin embargo, los motivos por los que se aceptan o se rechazan los argumentos a favor de la preservación son objeto de debate ético.

Ha habido muchos intentos de categorizar y de justificar la importancia de preservar el medio ambiente. Comentemos algunos de ellos.

→ El ecohumanismo

Desde el ecohumanismo se sostiene que todos los seres, animados e inanimados, tienen un valor ético por la simple razón de su existencia.

Desde esta perspectiva, se propone una defensa del valor de las entidades ecológicas colectivas, como los ecosistemas o el ambiente global como una entidad completa.

→ La hipótesis Gaia

Esta teoría es otro movimiento de reivindicación ética ecológica impulsado por James Lovelock, según el cual el planeta Tierra altera su estructura geofisiológica en el tiempo para conservar el equilibrio evolutivo de la materia orgánica e inorgánica.

Nuestro planeta es, pues, una entidad total y holística, dotada de valor ético y en la que la especie humana no tiene una significación particularmente especial en el largo plazo.

TEXTUALMENTE

«Debemos pensar en Gaia como un sistema integral formado por partes animadas e inanimadas. El exuberante crecimiento de los seres vivos, posible gracias al sol, hace a Gaia muy poderosa, pero este caótico y salvaje poder está constreñido por las propias limitaciones de esa entidad que se regula a sí misma en beneficio de la Tierra. Creo que reconocer esos límites al crecimiento es esencial para un conocimiento intuitivo de Gaia. Parte fundamental de ese conocimiento es saber que esas limitaciones no afectan solo a los organismos de la biosfera, sino también al entorno físico y químico. [...]

[...] Recientemente, conforme he ido siendo más consciente del calentamiento global, he empezado a pensar en la Tierra más como un camello. Los camellos, a diferencia de la mayoría de los animales, regulan su temperatura corporal a dos niveles distintos pero estables. De día, en el desierto, cuando el calor es insoportable, suben su temperatura a 40 °C, un valor lo bastante cercano a la temperatura exterior para evitar tener que refrescarse sudando, lo que implicaría gastar valiosa agua. Por la noche, cuando hace frío en el desierto, a veces hasta con valores bajo cero, el camello perdería demasiada energía si tratase de mantener su temperatura corporal a 40 °C, así que la reduce a unos 34 °C. Gaia, igual que el camello, tiene diversos estados estables que le permiten adaptarse a los cambios internos y externos. La estabilidad es casi siempre invariable, como sucedió durante los milenios que precedieron a 1900. Cuando la presión es demasiado fuerte, sea hacia el calor o hacia el frío, Gaia, igual que haría un camello, adopta un nuevo estado estable que le resulte más fácil de mantener. Ahora está a punto de realizar uno de esos cambios.

La metáfora del camello es importante, porque para comprender y tratar de salir del lío en el que nos hemos metido con el cambio climático es necesario conocer la verdadera naturaleza de la Tierra e imaginarla como el ser vivo más grande del sistema solar, no como algo inanimado, al modo de esa vergonzosa idea de «la nave espacial Tierra». Hasta que no se produzca este cambio en nuestros corazones y mentes no percibiremos instintivamente que vivimos en un planeta vivo que responderá a los cambios que efectuamos sobre él, bien aniquilando los cambios, o bien aniquilándonos a nosotros. A menos que veamos la Tierra como un planeta que se comporta como si estuviera vivo, al menos para regular su clima y su química, no dispondremos de la voluntad suficiente como para cambiar nuestra forma de vida y comprender que precisamente esa manera de vivir es nuestro peor enemigo».

J. Lovelock, «¿Qué es Gaia?», en *La venganza de la Tierra*.

1 ¿Qué es Gaia? Explica la metáfora del camello.

2 ¿Qué amenaza la vida en la Tierra? Pensad en lo que debemos hacer para evitar ese riesgo, según Lovelock.

→ Los acuerdos medioambientales internacionales

Por último, en la ética de la conservación se subraya que se debe respetar éticamente el medio ambiente fomentando un desarrollo sostenible que permita garantizar el bienestar de los seres humanos del presente y las posibilidades de las generaciones venideras.

Este es el argumento ético que está en la base de las actuaciones gubernamentales, del protocolo de Kioto (1997) y de los acuerdos de Río de Janeiro de 1992.

4.2. Ética y tecnología

Si nos centramos en las tecnologías de la información, el objetivo de la ética aplicada sería el análisis del impacto social de estas tecnologías y la correspondiente formulación y justificación de políticas para su uso ético. Se ha señalado a este respecto que la revolución de las tecnologías computacionales ha ocurrido en dos fases:

- La introducción tecnológica con el desarrollo y con la definición de los ordenadores a partir de las décadas de 1960 y de 1970, en el pasado siglo XX.
- La expansión tecnológica en la que ya estamos inmersos, cuando la tecnología se ha hecho presente en casi todas las actividades diarias que realizamos los seres humanos, cambiando contundentemente el sentido de muchos conceptos fundamentales, como los de dinero, educación, trabajo, comercio, elecciones y, por lo tanto, el de sociedad.

En esta última fase, la ética computacional emerge como un tema de gran relevancia, puesto que la tecnología se ha vuelto cotidiana, y las cuestiones éticas ya no solo atañen a especialistas, sino que están impactando a todas las personas por igual. Es el caso, por poner un ejemplo, que plantean los robots.

El ser humano ha sido capaz de crear máquinas con características humanas que pueden realizar funciones y desarrollar respuestas a diferentes estímulos, llegando a niveles de perfección asombrosos. Por ejemplo, en el ámbito de la robótica se han diseñado robots que reproducen ya la forma en la que los humanos procesamos la información y la traducen a un *software* que los permite comportarse casi como un ser humano.

Desde la ética aplicada nos preguntamos en este caso qué sucederá cuando un robot sea capaz de adquirir un comportamiento autónomo e independiente de su programación. ¿Qué ocurrirá, por ejemplo, si las máquinas llegan a estar dotadas de sentimientos? ¿Deberán acogerse al derecho de los seres humanos o se deberá promulgar un código especial, el «derecho robótico»?

Es cierto que estos robots son pensados con fines utilitarios, como expediciones a otros planetas, facilitar las operaciones médicas, inspeccionar campos de minas, etc., pero no dejan de plantear problemas éticos. Por ejemplo, ¿qué hay que hacer con Rovio, el robot que tiene forma de coche y que ha conseguido engañar a otro ser robótico en el juego del escondite?

GLOSARIO

Desarrollo sostenible: necesidad de promover el desarrollo económico, demográfico y cultural de una población, de modo que se satisfagan las necesidades de las generaciones presentes sin comprometer las posibilidades de generaciones futuras para atender sus propias necesidades. Este concepto fue inicialmente presentado en un informe (Informe Brundtland) redactado para la ONU en el año 1987 y fue elaborado posteriormente en la Cumbre de la Tierra de Río de Janeiro en el año 1992.

Comprende, piensa, investiga...

1. **Mesa redonda.** Debatid en clase mediante qué procedimientos habría que fomentar en la actualidad una ética ecológica.
2. ¿En qué consiste la hipótesis Gaia? Ampliad vuestra información sobre esta teoría y haced una presentación en clase sobre sus propuestas.
3. Imaginad un mundo futuro en el que compartamos nuestra vida con multitud de robots autónomos y dotados de sentimientos. En clase, elaborad un decálogo de normas fundamentales de «derecho robótico».

Recuerda seleccionar el material de trabajo de esta unidad para tu **portfolio.**

COMPRUEBA LO APRENDIDO

ORGANIZO MI MENTE

Mapa mental

LA ÉTICA

ÉTICAS APLICADAS HOY

MORAL Y ÉTICA
- Éticas materiales
- Éticas formales

ÉTICA ECOLÓGICA

Conservación del medio ambiente:
- Ecohumanismo
- Hipótesis Gaia
- Acuerdos internacionales

BIOÉTICA

- General: Valores y principios para la decisión ética
- Especial: Dilemas específicos: recursos, medicina prenatal, ingeniería genética, eutanasia, trasplantes...
- Bioética clínica:
  - Reproducción humana
  - Relación profesional sanitario-paciente
  - Muerte

ÉTICA COMPUTACIONAL
- Introducción tecnológica: ordenadores
- Expansión tecnológica: vida cotidiana (robots)

ÉTICA DE LOS NEGOCIOS

- Ética empresarial
  - Transacciones mercantiles
  - Economía planificada
  - Bancos y finanzas
  - Relaciones laborales
  - Ética profesional
- Globalización
  - Economía financiera
  - Liberalización de los mercados
  - Deslocalización industrial

APRENDER A MIRAR

Mar adentro

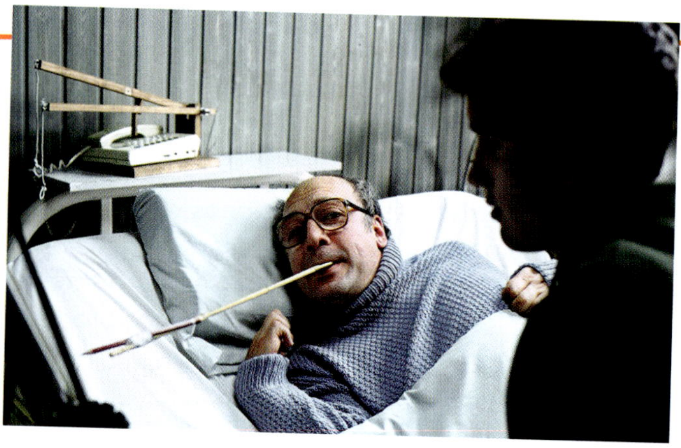

Esta película, dirigida por Alejandro Amenábar, está basada en un caso real: el accidente, la discapacidad, la lucha y la muerte de Ramón Sampedro.

Cuando tenía 25 años, Ramón Sampedro se golpeó en la cabeza tras lanzarse al agua desde una roca y quedó tetrapléjico y postrado en una cama durante el resto de su vida.

A partir de ese momento, emprendió una lucha para que se le permitiera morir ayudado por otra persona, un hecho que era delito en España.

1) Ramón Sampedro estaba consciente y desarrolló una ingente labor como activista a favor de la eutanasia. ¿Crees que tenía «derecho a morir»?

2) Ramona Maneiro le facilitó el veneno y grabó sus últimas palabras, como confesó años después en televisión. Previamente había sido juzgada y absuelta por falta de pruebas. Su acto, ¿fue un crimen o una acción humanitaria?

3) La familia de Ramón Sampedro estaba en contra de su decisión. ¿Tenían algo que decir?

4) En Reino Unido, Frances Inglis fue condenada a cadena perpetua por matar a su hijo Thomas, que sufría una lesión cerebral irreversible. ¿Consideras que fue justa esa sentencia?

5) **RPPCS.** Redacta un documento en el que especifiques los argumentos a favor y en contra de la eutanasia.

6) ¿Qué es el testamento vital y para qué sirve?

Descubro lo que he aprendido

1 ¿En qué se diferencian las éticas formales de las éticas materiales?

2 Relaciona cada una de las siguientes concepciones con la teoría ética correspondiente: (1) hedonismo, (2) utilitarismo, (3) pragmatismo y (4) comunismo.

a) Bueno es lo que favorece los cambios que permitan implantar una sociedad comunista.

b) Bueno es lo que nos permite tener éxito y mejorar la convivencia social.

c) Bueno es lo útil y beneficioso para la supervivencia.

d) Bueno es lo que proporciona placer.

3 Enumera y explica brevemente los tipos principales de cuestiones de las que se ocupan la bioética general y la bioética especial.

4 Entre las propuestas que te planteamos a continuación, detecta de qué asuntos se ocupa la bioética clínica y de cuáles no.

a) La ingeniería genética humana.

b) Los juicios de valor que deben guiar las actuaciones bioéticas.

c) La armonización del respeto a la vida y el derecho a una muerte digna.

d) La relación «médico-paciente».

5 Comenta la imagen del «empresario capitalista» que presenta el sociólogo Max Weber en el texto siguiente.

> «Entre los empresarios capitalistas, el "tipo ideal" encarnado en algunos individuos dignos de ser considerados, en nada puede compararse con este tipo común del ricachón despreciable. Pues detesta la ostentación, el lujo superfluo y la satisfacción que pudiera darle su poder: siente aversión hacia las señales externas de la consideración social que se le brinda, debido a que lo hacen sentir incómodo. [...] De manera especial, no asidua, pero sí fácil, hallamos en él una modestia más franca que la reserva recomendada por Franklin como extrema prudencia. Para su persona "nada" le destina a su riqueza; únicamente es dueño del sentimiento de "cumplir simplemente con su profesión"».
>
> M. Weber, *La ética protestante y el espíritu del capitalismo.*

6 Enumera los hechos más relevantes que han impuesto la necesidad de desarrollar una ética de los negocios.

7 Señala a qué hacen referencia los niveles de valoración moral de los negocios: (1) el de las instituciones económicas de base, (2) el de las organizaciones económicas intermedias, (3) el de las decisiones y los comportamientos que caracterizan las relaciones económicas y los roles profesionales y (4) el relacionado con el medio ambiente.

a) Al conjunto de accionistas, a los equipos directivos, a la clientela...

b) Al mercado, a la economía planificada, al Estado de bienestar...

c) A la preservación de la naturaleza.

d) A los bancos, a las empresas...

8 Explica cómo han influido los siguientes fenómenos característicos de la globalización en el diseño y en la actividad de las empresas.

a) El auge de la economía financiera o especulativa.

b) La liberalización de los mercados, la supresión de controles estatales a la libertad económica y las nuevas tecnologías.

c) La deslocalización industrial a nivel global y la liberalización del mercado laboral.

9 Relaciona cada propuesta ética con los problemas a los que se pretende aplicar: (1) ecohumanismo, (2) hipótesis Gaia, (3) acuerdos medioambientales internacionales.

a) Conservación del medio ambiente por su valor para el bienestar de los seres humanos en el presente y para sus descendientes.

b) Mantener el equilibrio de la estructura geofisiológica de la Tierra y la evolución de la materia orgánica e inorgánica.

c) La defensa de todos los seres existentes, animados e inanimados.

d) La preservación de las entidades ecológicas colectivas o ecosistemas.

10 Explica los hechos y los mecanismos que hacen necesaria la aplicación de una ética aplicada al ámbito de la tecnología y de la informática.

anayaeducacion.es Realiza la autoevaluación interactiva de la unidad.

10

¿QUÉ ES LA REALIDAD?

La naturaleza de la realidad

En la tradición de la filosofía occidental, las preguntas por la esencia, por los principios y por los tipos de realidad que podemos conocer (material, conceptual, etc.) han sido el objeto de estudio de la metafísica.

Desde el inicio de la filosofía en la antigua Grecia, cuando nacieron la ciencia y la filosofía con el fin de lograr una explicación racional del mundo, la metafísica ha formado parte del pensamiento occidental.

Las grandes teorías filosóficas de Platón y de Aristóteles son un ejemplo de la aspiración de la metafísica. No obstante, desde la época moderna y en la filosofía contemporánea, el proyecto de la metafísica ha sido sometido a revisión crítica en buena parte de las principales corrientes de pensamiento.

A la vez, en las ciencias naturales se han propuesto teorías sobre diversos ámbitos de la realidad que suscitan nuevos problemas que son objeto de la reflexión filosófica. ¿Es posible la libertad humana si tenemos en cuenta el determinismo mecanicista de algunos paradigmas científicos? ¿Cómo debemos afrontar desde la filosofía los problemas que afectan al medio ambiente en el mundo en el que vivimos?

En el ámbito de las ciencias naturales, la teoría del caos y el indeterminismo se oponen al mecanicismo de la época moderna destacando la imposibilidad de predecir el futuro debido a la aleatoriedad de los fenómenos y a la falibilidad de las teorías científicas.

En cuanto al ser humano, el sentido de nuestra existencia se ha abordado en la metafísica y por las religiones, y en la filosofía contemporánea ha adquirido nueva relevancia.

En esta unidad vas a estudiar

- La pregunta metafísica por la esencia de la realidad.
- La filosofía de la naturaleza.
- El tratamiento del problema de la libertad en la ciencia contemporánea.
- El sentido de la existencia.

anayaeducacion.es Visualiza la presentación de la unidad.

¿QUÉ ES LO REAL?

Esta pregunta parece absurda por lo supuestamente obvio de su respuesta. Sin embargo, es uno de los problemas fundamentales de la filosofía y, más allá de los avances en ciencias como la física o la química, todavía suscita debates filosóficos.

El realismo ingenuo

Es la posición «natural» cuando no reflexionamos sobre la cuestión. Real es lo material, lo que se puede ver y tocar, lo que se puede percibir. Sin embargo, ¿no hay realidades que no son perceptibles, pero sí pensables?

El dualismo ontológico

Hay dos ámbitos de lo real: lo sensible, que percibimos a través de los sentidos, y lo inteligible, que concebimos intelectualmente. Existen las fórmulas matemáticas, las figuras geométricas o los valores morales.

El monismo materialista

Existen realidades de diversos tipos, como los recuerdos, los sentimientos, los pensamientos matemáticos, etc., pero toda la realidad se puede reducir a procesos materiales de tipo físico, químico o biológico.

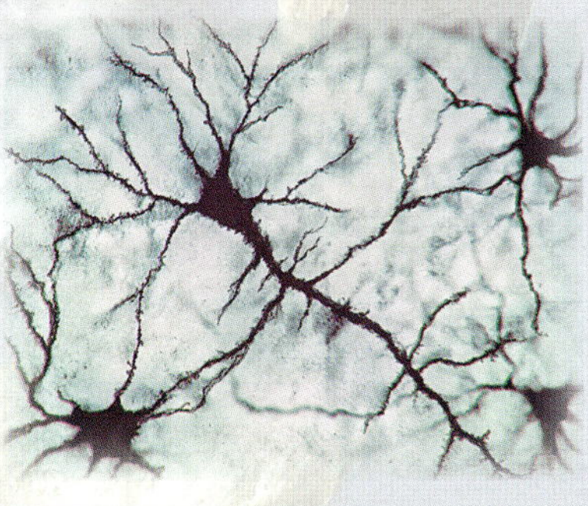

El pluralismo ontológico

Existen diversos ámbitos de la realidad, que no se pueden derivar unos de otros. Aunque los sentimientos, los recuerdos u otros «objetos» sean causados por acontecimientos físicos, no se pueden reducir a ellos.

anayaeducacion.es En la «Biblioteca de textos» encontrarás un texto de Kant en el que señala que la metafísica no es una ciencia.

1

LA METAFÍSICA: LA PREGUNTA POR LA ESENCIA DE LA REALIDAD

La filosofía comenzó buscando el elemento principal de la realidad, que, para Tales de Mileto, es el agua.

1.1. La metafísica griega: Platón y Aristóteles

Desde el nacimiento de la filosofía, la pregunta sobre la naturaleza de la realidad ha acompañado a la reflexión filosófica.

En las primeras corrientes filosóficas de la antigua Grecia se consideró que existían uno o varios elementos que constituían la esencia de toda la realidad. Por ejemplo, Tales de Mileto pensaba que el agua es el elemento principal de la realidad.

→ Platón

En la época clásica de la filosofía (siglos V y IV a. C.), en Atenas, Platón argumentó que la realidad material es una copia de unos modelos ideales, eternos e inteligibles. La esencia de la realidad sensible radica, pues, en unas entidades externas a la propia naturaleza.

Como la naturaleza está sometida al tiempo y, por tanto, al cambio continuo, no puede haber un conocimiento cierto y estable de ella. Así pues, ante la imposibilidad de conseguir un conocimiento fiable, Platón postula la existencia de esos modelos eternos que denomina «ideas», que son la esencia de la realidad y el objeto del conocimiento intelectual.

→ Aristóteles

Aristóteles (siglo IV a. C.), discípulo de Platón, no admitía la oposición entre lo sensible y lo inteligible. Según él, la metafísica estudia los atributos y los diversos tipos de ser que podemos distinguir y estudiar.

Aristóteles busca un saber que sirva de fundamento al resto de ciencias, que estudie el ser en general, sin centrarse en un ámbito concreto de la realidad. Así, la metafísica o filosofía primera estudia los principios básicos de la realidad, de lo sensible y de lo inteligible.

TEXTUALMENTE

«Una forma de vida está definida, sobre todo, por el repertorio de *creencias* en que se está. Naturalmente, esas creencias van cambiando de generación en generación —como ha mostrado Ortega—, y en eso consiste la mutación histórica; pero cierto esquema mínimo perdura a través de varias generaciones y les confiere la unidad superior que llamamos *época, era, edad*. ¿Cuáles son las creencias básicas en que está el hombre griego, que limitan y configuran su filosofía?

El heleno se encuentra en un *mundo* que existe desde siempre y que como tal no es nunca problema, sino que toda cuestión lo *supone* ya. Este mundo es interpretado como *naturaleza,* y por ello como *principio,* es decir, como aquello de donde emerge o brota toda realidad concreta; aparece, pues, como dotado de *virtualidad,* de capacidad productiva. Pero a la vez es una *multiplicidad:* en el mundo hay muchas cosas que son cambiantes y definidas por la contrariedad. Cada una de ellas tiene una consistencia independiente, pero no son siempre, sino que varían; y sus propiedades se entienden como términos de oposiciones o contrariedades: lo frío es lo contrario de lo caliente, lo par de lo impar, etc.; esta polaridad es característica de la mente antigua. Las propiedades inherentes a las cosas permiten su utilización en una técnica que se diferencia radicalmente de los procedimientos mágicos, que manejan las cosas como poderes.

Este mundo del hombre griego es *inteligible*. Se puede comprender; y esta comprensión consiste en *ver* o contemplar esa realidad y *decir* lo que es: *teoría, logos* y *ser* son los tres términos decisivos del pensamiento helénico, y se fundan en esa actitud primaria ante el mundo. La consecuencia de ello es que el mundo aparece como algo ordenado y sometido a ley: esta es la noción del *cosmos*. La razón se inserta en ese orden legal del mundo, que se puede gobernar y dirigir; y la forma concreta de esa legalidad en la mano es la convivencia política de los hombres en la ciudad. Es menester contar con ese mínimo esquema de las creencias antiguas para comprender el hecho histórico de la filosofía griega».

J. Marías, *Historia de la filosofía,* «Introducción».

1 ¿Cómo cree el autor del texto que los griegos abordan la cuestión del mundo? ¿Qué es, a su juicio, lo que caracteriza el pensamiento antiguo?

2 ¿En qué consiste, para Julián Marías, la «inteligibilidad» del ser humano en el mundo griego?

1.2. Crítica moderna a la metafísica: Hume y Kant

Durante la época medieval, la metafísica griega fue utilizada por pensadores como Agustín de Hipona o como Tomás de Aquino para fundamentar la fe religiosa mediante los conceptos de la filosofía clásica.

Con el inicio de la época moderna, la contienda entre el racionalismo y el empirismo se centró en la cuestión de si es posible un tipo de conocimiento puramente conceptual sin basarse en la experiencia.

→ Hume

A mediados del siglo XVIII, Hume defendió que debemos desechar las ideas que no se deriven de una impresión (información referida a la experiencia). Todo conocimiento debe remitir a la experiencia de la naturaleza. La metafísica, como disciplina acerca de la realidad inteligible y sobre sus principios, no tiene sentido.

→ Kant

Según Kant, la metafísica, mediante la que se aspira a conseguir un sistema de conocimiento racional independiente de la experiencia, no es una ciencia. Por ello, debería reducir sus pretensiones y centrarse en cuestiones morales (metafísica práctica) y sobre el conocimiento (teoría del conocimiento).

La tarea de la filosofía ya no es explicar la naturaleza de la realidad, sino las condiciones que hacen posible el conocimiento de esa realidad.

1.3. La metafísica en la filosofía contemporánea

En la filosofía contemporánea, que arranca en el siglo XIX y perdura hasta la actualidad, la metafísica ha recibido numerosas críticas.

→ Nietzsche

Rompe y critica la metafísica de Platón y Aristóteles porque no acepta la vitalidad

Nietzsche considera metafísica la distinción radical entre una realidad sensible y material, y otra inteligible e inmaterial. Esta diferenciación es síntoma de una visión negativa y pesimista de la vida.

La metafísica tradicional (Platón, el cristianismo) está en la base de una moral que no acepta la vitalidad como valor fundamental.

→ Wittgenstein

Wittgenstein piensa que la metafísica consiste en un uso del lenguaje que viola sus reglas ordinarias, empleando unos términos en un contexto que no es el suyo.

La tarea de la filosofía consiste en disolver los problemas del entendimiento, es decir, los problemas metafísicos, que se producen al chocar nuestro pensamiento con los límites del lenguaje.

→ El positivismo lógico o neopositivismo

Según esta corriente filosófica del siglo XX, cualquier disciplina que pretenda tener sentido debe poder verificarse empíricamente (el significado debe tener un referente en la experiencia) y respetar las reglas sintácticas y gramaticales del lenguaje.

En la metafísica no se respetan esos criterios y, en consecuencia, carece de sentido. La metafísica se asemeja a un discurso artístico, que juega con el lenguaje, pero no a un discurso significativo como la ciencia.

LA FILOSOFÍA EN PERSONA

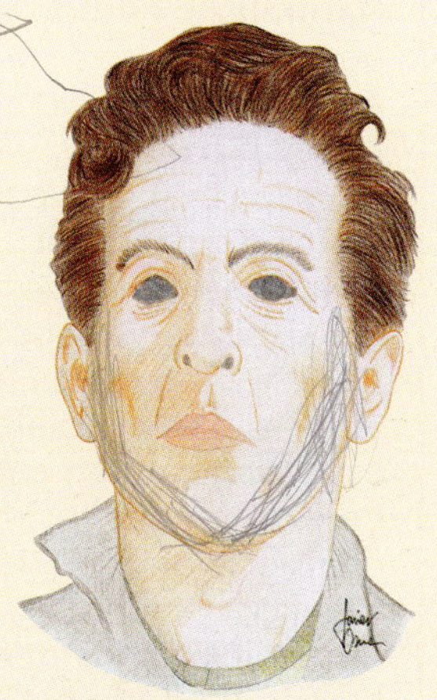

Ludwig Wittgenstein (1889-1951). Reflexionó sobre el lenguaje, que consideraba la estructura formal de nuestra experiencia del mundo. En una segunda etapa, pensó que hay multitud de «juegos de lenguaje», y cada uno supone un tipo de cultura y una «forma de vida».

GLOSARIO

Neopositivismo: corriente filosófica del siglo XX iniciada por el Círculo de Viena que, como el positivismo, considera que la ciencia es la forma suprema de conocimiento de la realidad e introduce un nuevo papel para la filosofía como disciplina auxiliar de las ciencias empíricas, pues ha de esclarecer y de analizar sus teorías. Además de defender el empirismo y una visión científica del mundo, rechaza la metafísica. Sus principales representantes fueron Moritz Schlick, Rudolf Carnap, Friedrich Waismann, Otto Neurath, Hans Hahn y Victor Kraft.

Comprende, piensa, investiga...

1. **El espejo.** ¿En qué consiste la metafísica de Platón? ¿En qué le contradice Aristóteles?
2. **El espejo.** ¿En qué coinciden las críticas de Hume y de Kant a la metafísica?
3. ¿Desde qué punto de vista rechaza Nietzsche la metafísica?
4. **El espejo.** ¿Qué tienen en común las críticas de Wittgenstein y del positivismo lógico a la metafísica?

2 LA FILOSOFÍA DE LA NATURALEZA

GLOSARIO

Naturaleza: es todo lo que hay, todo lo que existe, tanto en el sentido de que es el primer principio del que están hechas todas las cosas —así se entendía desde la física jonia— como en el sentido de que tiene en sí misma el principio del movimiento, es decir, que tiene la capacidad por sí misma de generar cualquier cosa. Ese principio es una sustancia material, y por ello es el objeto de la física, que es la ciencia mediante la que se trata de explicar su movimiento, esto es, la composición y las leyes que rigen la transformación de todo lo que existe. La naturaleza existe en el espacio y en el tiempo, y está sometida a la causalidad, a partir de la que se pueden formular las leyes que la rigen.

COMPROMISO ODS

Objetivos en defensa de la naturaleza

1 Selecionad los ODS que consideréis que están más relacionados con el cuidado de la naturaleza y analizad los principales problemas para la conservación del medio ambiente.

2 Estudiad, en particular, qué medidas podemos tomar en los ámbitos de las energías limpias, el desarrollo sostenible y el consumo responsable.

anayaeducacion.es Consulta la información sobre los Objetivos de Desarrollo Sostenible.

2.1. La física de Aristóteles

Una de las concepciones filosóficas de la naturaleza más influyentes en la historia occidental ha sido la de Aristóteles. La física aristotélica se ocupa de la realidad que tiene dentro de sí el principio del movimiento, es decir, de la *phýsis,* o naturaleza.

Aristóteles dialoga con la tradición griega de filosofía de la naturaleza, que arranca en Tales de Mileto y los fisiólogos jonios, que intentaban encontrar el elemento básico que comparte toda la naturaleza.

En contra del materialismo de estos investigadores, Aristóteles propone una teoría que combina los conceptos de materia y de forma para explicar la realidad natural.

Por otra parte, Aristóteles plantea una concepción dinámica de la naturaleza, en la medida en que utiliza los conceptos de potencia y de acto para explicar el desarrollo y el cambio de la naturaleza. Por ejemplo, una semilla es un arbusto en potencia, y el arbusto adulto es el acto.

En la concepción aristotélica, el universo, en el que la Tierra ocupa el centro, está formado por una serie de esferas concéntricas. Además, el universo se divide en dos ámbitos con características diferentes: el mundo sublunar, por debajo de la esfera de la Luna, y el mundo supralunar. De aquí deriva la concepción geocéntrica del universo que perduró hasta el siglo XVI, cuando fue sustituida por el heliocentrismo de Copérnico.

En el caso de los objetos que conforman la realidad sublunar, cada uno de ellos tiene unas características y tienden hacia un lugar propio, su «lugar natural».

Esta noción del lugar natural de los elementos naturales solo fue refutada definitivamente mediante las aportaciones de Galileo sobre la caída de los graves y el descubrimiento de la ley de la gravedad por parte de Newton.

2.2. Filosofía de la naturaleza y ciencia modernas

La concepción aristotélica de la naturaleza perduró durante casi toda la Edad Media, y entró en crisis con el desarrollo de la ciencia moderna en el siglo XVI.

Podemos señalar algunas diferencias importantes entre la visión de la naturaleza propia del modelo aristotélico y la de la ciencia moderna:

- La naturaleza se concibe como una realidad mensurable y cuantificable mediante las matemáticas. Ya no es suficiente una descripción cualitativa de las características de la realidad natural ni apelar a las esencias propias de cada entidad natural, sino que hay que formular leyes y teorías en lenguaje matemático exacto.
- El movimiento que se observa en la naturaleza ya no se explica por ninguna causa final (teleología). Aristóteles había distinguido cuatro tipos de causas: final, eficiente, material y formal, pero había dado primacía a la final. La ciencia moderna excluye la teleología de sus teorías, y concibe la naturaleza como un mecanismo organizado mediante causalidad eficiente.

→ La naturaleza es susceptible de ser dominada por los seres humanos, pero para lograrlo hay que conocerla. Mediante la experimentación se pueden reproducir ciertos fenómenos naturales con el fin de comprenderlos mejor. El desarrollo del método hipotético-deductivo implica que la naturaleza puede ser interrogada para que nos revele sus leyes y sus principios.

Los principales protagonistas de la Revolución Científica fueron Copérnico, Kepler, Galileo y Newton en astronomía y en física, a los que cabe sumar Harvey en medicina y Descartes, Locke, Leibniz y Spinoza en filosofía, aunque algunos de estos filósofos también hicieron aportaciones importantes en otros ámbitos, por ejemplo, en matemáticas (Descartes y Leibniz).

2.3. Naturaleza y filosofía contemporánea

En la filosofía contemporánea, la actitud hacia la naturaleza ha cambiado radicalmente con respecto a la visión tradicional de la filosofía de la naturaleza.

La concepción moderna de la naturaleza, pensada en términos mecanicistas y de su dominio técnico, se ha modificado por una visión consciente de su fragilidad. La transformación técnica del mundo ha mostrado que el equilibrio medioambiental está en peligro (calentamiento global, contaminación, desertificación, etc.).

En ese sentido, muchas corrientes filosóficas han prestado atención a la naturaleza como un problema que no solo requiere soluciones científicas y técnicas, sino también una reflexión crítica desde la moral y desde la política. Un buen ejemplo de esta preocupación por la naturaleza es la obra de Hans Jonas *El principio de responsabilidad*.

La principal aportación de Jonas es la defensa de una ética «orientada al futuro», es decir, de una reflexión moral que tenga en consideración la limitación y la fragilidad de la naturaleza y el derecho de futuras generaciones a vivir en un medio ambiente saludable.

Para lograr este objetivo, Jonas recurre a la noción de responsabilidad y reivindica este principio frente al pensamiento moral utópico centrado en la esperanza en la tecnología.

En la ética de la responsabilidad se lanza una dura crítica al pensamiento progresista en general. La alternativa consiste en la reivindicación del temor como deber y como condición necesaria para su pensamiento ético, que se concreta en el «imperativo de la responsabilidad».

Comprende, piensa, investiga...

1 ¿Qué significa en la física aristotélica el «lugar natural» de cada objeto?

2 Ordenad los rasgos de la ciencia moderna que la diferencian del modelo aristotélico por orden de importancia y explicad por qué los habéis colocado de esa manera. Confrontad en clase las clasificaciones y debatid sobre ellas.

3 **La pregunta.** ¿Creéis que tenemos el deber de conservar la naturaleza para que las futuras generaciones puedan disfrutar de ella?

anayaeducacion.es «Emprendemos» el análisis de un problema medioambiental que pone la naturaleza en peligro.

LA FILOSOFÍA EN PERSONA

Hans Jonas (1903-1993). Fue un filósofo preocupado por los problemas derivados de los avances de las tecnociencias. Para evitar estos peligros asociados a la técnica, es necesario desarrollar una ética que regule y que limite el uso de los medios que la técnica nos proporciona.

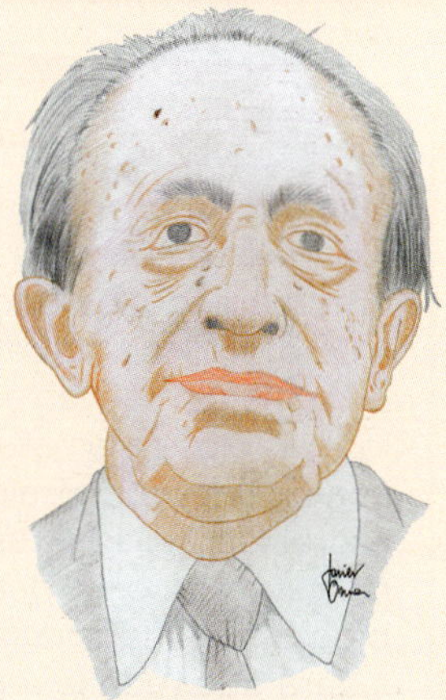

TEXTUALMENTE

«Responsabilidad es el *cuidado*, reconocido como deber, por otro ser, cuidado que, dada la amenaza de su vulnerabilidad, se convierte en "preocupación". Pero el temor está ya como un potencial en la pregunta originaria con la que se puede representar inicialmente toda responsabilidad activa: ¿qué le sucederá a eso si *yo no* me ocupo de ello? Cuanto más oscura sea la respuesta, tanto más clara será la responsabilidad; y cuanto más alejado en el futuro se encuentre lo que ha de temerse, cuanto más lejos esté de las propias alegrías y penas y más incierto sea, con tanto mayor diligencia han de ser movilizadas en su favor la clarividencia de la fantasía y la sensibilidad del sentimiento. La *teoría* de la ética precisa de la representación del mal tanto como de la del bien y más aún cuando el mal se ha vuelto poco claro a nuestra mirada y solo puede volver a hacerse patente mediante la amenaza de un nuevo mal anticipado. El temor se convertirá, pues, en el primer deber, en el deber preliminar de una ética de la responsabilidad histórica».

H. Jonas, *El principio de responsabilidad*.

1 ¿En qué se basa nuestra responsabilidad sobre los otros seres, según el texto?

2 ¿Por qué, según Jonas, el temor es el primer deber de la ética?

3 EL PROBLEMA DE LA LIBERTAD Y LA CIENCIA CONTEMPORÁNEA

GLOSARIO

Mecanicismo: en esta concepción de la realidad se compara la naturaleza con una máquina, es decir, con un mecanismo similar a un reloj en el que unos engranajes mueven a otros y producen los cambios en la naturaleza de acuerdo con unas leyes causales inexorables. Por ello, el mecanicismo está estrechamente relacionado con el determinismo y también con el materialismo, pues se considera que toda la realidad es material y corpórea, aunque no es incompatible con el reconocimiento de una realidad inmaterial, si bien en este caso las leyes de la naturaleza solo se aplicarían a los seres materiales; de esta manera (como en Descartes), el mecanicismo admitiría la posibilidad de la libertad humana.

3.1. El modelo mecanicista

Desde los inicios de la Revolución Científica en la Modernidad, uno de los modelos explicativos imperantes en la ciencia moderna ha sido el mecanicismo.

La imagen del universo y de los seres humanos del mecanicismo implica que la naturaleza consiste en un conjunto de engranajes y de resortes conectados entre sí de forma mecánica y necesaria, de tal modo que el movimiento de uno de estos elementos conlleva un movimiento en otros componentes del mecanismo de la naturaleza.

La naturaleza, por tanto, está sometida a unas leyes inexorables que rigen su funcionamiento. La única forma de conocer y de predecir su comportamiento futuro es mediante el descubrimiento de dichas leyes. Si esto es así, no habría lugar para la libertad, pues también los seres humanos estamos sometidos a las leyes naturales.

Sin embargo, diversos científicos y filósofos de la Modernidad, como Descartes o como Leibniz, trataron de salvaguardar la libertad humana, pese a aceptar el modelo mecanicista de la ciencia natural moderna.

La concepción mecanicista de la naturaleza de estos filósofos no afecta a la libertad humana, es decir, no implica el determinismo (la negación de nuestra libertad). Por ejemplo, Descartes distinguía entre la sustancia extensa (la materia), sometida a las leyes naturales, y la sustancia pensante (el alma), clave de la libertad.

Por el contrario, Spinoza, que negaba esta dualidad de sustancias y que era determinista, defendía que los seres humanos creemos que somos libres porque ignoramos las verdaderas causas de nuestras acciones; es decir, la libertad solo es una falsa ilusión debida a nuestra ignorancia.

TEXTUALMENTE

«Ya hemos dicho más arriba que, desde luego, no tenemos un absoluto imperio sobre ellos [los afectos]. Sin embargo, los estoicos creyeron que los afectos dependen absolutamente de nuestra voluntad y que podemos dominarlos completamente. Con todo, ante la voz de la experiencia, ya que no en virtud de sus principios, se vieron obligados a confesar que para reprimir y moderar los afectos se requieren no poco ejercicio y aplicación [...]. Dicha opinión está muy cerca de la de Descartes. Pues admite que el ánima o el alma está unida principalmente a cierta parte del cerebro, a saber, la llamada glándula pineal, por cuyo medio el alma percibe todos los movimientos que se suscitan en el cuerpo, así como los objetos exteriores, pudiendo el alma moverla de diversas maneras, con solo quererlo. [...] Sostiene, además, que toda volición del alma está unida por naturaleza a cierto movimiento de la glándula. [...] Finalmente, sostiene que, aunque cada movimiento de esta glándula parezca estar conectado por la naturaleza, desde el comienzo de nuestra vida, a uno solo de nuestros pensamientos, puede unirse mediante el hábito, sin embargo, a otros. [...] Concluye de ello que ninguna alma es tan débil que no pueda, bien dirigida, adquirir un absoluto poder sobre sus pasiones. [...] Verdaderamente, no puedo dejar de asombrarme de que un filósofo que había decidido firmemente no deducir nada sino de principios evidentes por sí, ni afirmar nada que no percibiese clara y distintamente, [...] asuma una hipótesis más oculta que cualquier cualidad oculta. Pues ¿qué entiende, me pregunto, por "unión" de alma y cuerpo? [...] Quisiera, ciertamente, que hubiese explicado dicha unión por su causa próxima. Pero había concebido el alma como algo tan distinto del cuerpo que no pudo asignar ninguna causa singular ni a esa unión ni al alma misma y le fue necesario recurrir a la causa del universo, es decir, a Dios. [...] Por último, omito todo lo que afirma acerca de la voluntad y de la libertad de esta, ya que he mostrado sobradamente que es falso. Así, pues, dado que la potencia del alma, como más arriba he mostrado, se define por la sola capacidad de conocer, los remedios contra los afectos [...] los determinaremos por el solo conocimiento del alma, y de dicho conocimiento deduciremos todo lo que concierne a su felicidad».

B. Spinoza, *Ética*, Parte quinta, prefacio.

1 Según Spinoza, ¿cómo se entiende en el estoicismo el problema de los afectos? ¿Y Descartes? ¿Por qué no le convence ninguna de las dos opiniones?

2 ¿Cómo entiende el autor la relación entre el alma y el cuerpo? ¿Cómo se vincula esa relación con la libertad?

3.2. La teoría del caos

La palabra «caos», de origen griego, significa 'desorden', aunque en la teoría del caos, que se opone al modelo mecanicista del universo, se refiere a la impredictibilidad o a la aleatoriedad de ciertos fenómenos.

Según esta teoría del caos, propuesta por Edward N. Lorenz, el universo no es un mecanismo que funciona con total regularidad y exactitud, sino que en él se producen fenómenos aparentemente aleatorios e impredictibles.

Según Lorenz, pese a la supuesta impredictibilidad de tales fenómenos, por ejemplo en la meteorología, se pueden desarrollar ecuaciones y modelos matemáticos que permitan explicar por qué se produce una cierta repetición de patrones. En definitiva, la teoría del caos presupone que hay alguna ley que permite explicar el sistema analizado.

Uno de los conceptos que acuñó Lorenz fue el de «efecto mariposa». Mediante esta expresión, Lorenz hace referencia a la disparidad entre causa y efecto: un pequeño acontecimiento puede desencadenar un efecto imprevisto de gran envergadura.

Contra la creencia del sentido común de que existe proporcionalidad y contigüidad entre una causa y su efecto (una causa pequeña produce un efecto pequeño cerca de ella), en la teoría del caos se defiende la posible desproporción entre la causa y su efecto, además de una posible distancia espacial y/o temporal entre ambos.

3.3. Indeterminismo y libertad

En el debate contemporáneo sobre la libertad, se ha recurrido a teorías científicas —como la teoría del caos en matemáticas o la mecánica cuántica en física— para intentar resolver la cuestión del determinismo.

Karl R. Popper ha sido uno de los principales partidarios del indeterminismo; esto es, la tesis según la cual no se puede prever con total certeza cualquier acontecimiento futuro. Por ello, se opone al determinismo científico, que se define como la confianza en la capacidad predictiva de las teorías científicas para anticipar acontecimientos futuros. En definitiva, para el determinismo científico, el futuro puede predecirse siguiendo procedimientos racionales.

Popper ataca el determinismo científico aduciendo que las teorías científicas no son completas, o sea, no son infalibles. Más bien, una teoría científica es como una red con la que tratamos de atrapar la realidad. Si las teorías científicas son un producto humano, y los seres humanos somos falibles, la teorías también lo son, de modo que no tienen una capacidad de predictibilidad total, como exige el determinismo.

En resumen, Popper argumenta que los seres humanos somos libres apoyándose en la falibilidad de las teorías científicas.

Por otra parte, en favor del indeterminismo también podemos argumentar con Popper que cuanto más complejo es un organismo, como el ser humano, más complicado es predecir su comportamiento. Además, si el determinismo científico fuera cierto, mediante la física y la fisiología deterministas se debería poder predecir cuándo y cómo cualquier artista va a crear una gran obra de arte, algo imposible.

LA FILOSOFÍA EN PERSONA

Edward N. Lorenz (1917-2008). Fue un matemático y meteorólogo que creó un modelo matemático para estudiar el comportamiento de la atmósfera y que propuso la teoría del caos, según la cual a un acontecimiento no le sucede necesariamente otro, sino uno entre varias opciones.

LA FILOSOFÍA EN PERSONA

Karl R. Popper (1902-1994). Fue un filósofo de la ciencia que propuso la «falsación» como método para comprobar si una teoría científica es verdadera, aunque siempre es una verdad provisional: se considera verdadera una teoría científica mientras que no se demuestre su falsedad.

Comprende, piensa, investiga...

1 1-2-4. ¿En qué consiste el mecanicismo? ¿Implica necesariamente la negación de la libertad humana? Debatid en clase sobre ello.

2 Apoyándote en la teoría del caos, explica el sentido del siguiente proverbio chino: «El aleteo de las alas de una mariposa se puede sentir al otro lado del mundo».

3 1-2-4. ¿El hecho de que las teorías científicas puedan estar equivocadas implica que los seres humanos somos libres, como dice Popper? Debatid en clase sobre ello.

4 EL SENTIDO DE LA EXISTENCIA

GLOSARIO

Ateísmo: es, literalmente, la negación de la existencia de Dios. Sin embargo, hay que distinguir entre el ateísmo teórico y el ateísmo práctico. En el primer caso, se niega la existencia de Dios con el fin de liberar al conocimiento científico de los vínculos religiosos. En el segundo, la negación abarca toda la existencia humana. Por otra parte, el ateísmo, en sentido estricto, no niega la religiosidad, sino solo la idea de divinidad (teísmo): hay religiones sin divinidades, como el budismo, que son religiones ateas. Se diferencia del agnosticismo en que este no considera importante la pregunta por la existencia de Dios, por lo que ni afirma ni niega su existencia.

LA FILOSOFÍA EN PERSONA

Max Scheler (1874-1928). Discípulo de Edmund Husserl, aplicó la fenomenología al ámbito emocional, más allá del intelectual, para descubrir la existencia del mundo de los valores, que son esencias puras y realidades materiales, intemporales y con validez absoluta.

4.1. El lugar del ser humano en la naturaleza

En la metafísica se ha reflexionado acerca del sentido de la existencia humana y sobre el lugar que los seres humanos, como especie, ocupamos en el universo. Desde esta perspectiva, la metafísica está estrechamente vinculada con la antropología filosófica, disciplina que ha intentado describir la naturaleza humana.

Dentro de la tradición occidental, como señaló Max Scheler, se pueden distinguir tres concepciones del ser humano que provienen de orígenes diferentes:

- La visión griega clásica: el ser humano es un animal racional y capaz de dominar la naturaleza. Además, solo dentro de la comunidad política se realiza plenamente.
- La concepción cristiana del ser humano: los seres humanos ocupamos un lugar privilegiado en la creación. Creados a imagen y semejanza de Dios, para los seres humanos, la vida solo es un tránsito hacia una vida mejor y su sentido se encuentra en la salvación.
- La comprensión del ser humano que ofrecen las ciencias naturales: los seres humanos somos el producto de la evolución biológica de los homínidos, que no se detiene en nuestra especie. La evolución no responde a un designio o a una intención providencial.

En última instancia, el sentido de la existencia humana ha sido uno de los problemas que en las religiones y en la reflexión filosófica se ha tratado de resolver desde diferentes puntos de vista.

4.2. Filosofía y religión

A lo largo de su historia, en la filosofía se han adoptado distintas actitudes ante las diversas confesiones religiosas, como ocurrió en la Edad Media, cuando en la teología se empleó la filosofía para fundamentar la fe religiosa.

Desde la filosofía se pueden adoptar diferentes perspectivas sobre el intento de dotar de sentido a la existencia humana desde la religión:

- El ateísmo: es la negación de la existencia de Dios, tanto en un sentido teórico (no es necesario para explicar el universo) como en un sentido práctico (para regular el comportamiento y la moralidad).
- El agnosticismo: es la actitud escéptica hacia la religión; es decir, no afirma ni niega la existencia de Dios, sino que considera que es una cuestión irrelevante para afrontar nuestra vida.
- El deísmo: la creencia en la existencia de Dios es necesaria para explicar el origen del universo; por tanto, es una creencia fundada racionalmente. Fe y razón son compatibles.
- El teísmo: se considera que la creencia en Dios tiene un fundamento emocional, no solo racional. Dios cumple una función emotiva y moral: inspirar la conciencia moral de los individuos.

No obstante, las tradiciones religiosas difieren de la filosofía, pues su objetivo es la salvación del individuo mediante la fe, mientras que la filosofía no busca la salvación, sino el conocimiento por sí mismo, sin aceptar los dogmas religiosos ni los límites de la fe.

anayaeducacion.es En el «Taller de filosofía» profundizad en la religiosidad desde el punto de vista de Unamuno y en el ateísmo.

4.3. La existencia en la filosofía contemporánea

En la filosofía contemporánea se ha planteado la pregunta por el valor y por el sentido de la existencia.

A finales del siglo XIX, el novelista ruso Fiódor Dostoyevski analizó las consecuencias de la inexistencia de Dios para la moral y para la civilización en su obra *Los hermanos Karamázov:* ¿qué ocurriría si Dios no existiese?, ¿tendrían sentido las normas y los valores morales que han regido la civilización cristiana europea?

Frente a una crisis radical de los valores religiosos tradicionales, estaríamos obligados a crear nuevos valores que permitan dotar de sentido a la vida humana. Este tipo de cuestiones generaron una profunda reflexión por parte de Nietzsche y de otras figuras de la filosofía, como, por ejemplo, Jean-Paul Sartre, sobre el sentido de la moral.

En general, frente a la brevedad de la vida y a la conciencia de nuestra mortalidad, se distinguen dos actitudes en la historia de la filosofía:

- La concepción de la filosofía como una reflexión sobre la muerte o la finitud de la vida humana: en la Antigüedad, ya Platón concebía la filosofía como una meditación sobre la muerte, como una preparación para la vida futura, en la que el alma se separaría del cuerpo.

  Para Montaigne, meditar sobre la muerte nos permite superar los miedos y las angustias, y vivir con libertad.

- La concepción de la filosofía como una reflexión sobre la vida humana: Epicuro ya había advertido del absurdo del temor a la muerte y de la necesidad de adoptar una actitud jovial.

  En el siglo XVII, Spinoza definió la filosofía como meditación sobre la vida, pues solo así se conseguiría una auténtica libertad. El sentido de la existencia no radica, pues, en enfrentarnos a la mortalidad, sino en buscar nuestro propio bien en esta vida.

LA FILOSOFÍA EN PERSONA

Epicuro
(341-270 a. C.). Fue un filósofo griego materialista para quien el máximo bien para el ser humano es el placer. Para disfrutar de él, hay que vencer los temores a las divinidades y a la muerte, que, mientras vivimos, no existe, y cuando morimos, ya no puede afectarnos.

Comprende, piensa, investiga...

1 ¿Cuál es la visión del ser humano en el cristianismo? ¿Qué consecuencias producen las ciencias en esta visión?

2  **El espejo.** Señala las diferencias entre «ateísmo» y «agnosticismo», y entre «teísmo» y «deísmo».

3  **Sumamos.** Leed y comentad en clase el discurso del gran inquisidor pronunciado por Iván Karamázov en la obra de Dostoyevski *Los hermanos Karamázov.* ¿Qué sentido atribuye Iván a la existencia humana?

TEXTUALMENTE

«Smerdiakov quitó el Isaac el Sirio de encima de los fajos de billetes y lo puso a un lado.

—Tome este dinero y lléveselo —suspiró Smerdiakov.

—¡Claro que me lo llevaré! Pero ¿por qué me lo das ahora, si por él mataste? —le preguntó Iván, mirándole con extraordinaria sorpresa.

—No lo necesito para nada —respondió Smerdiakov con voz temblorosa, haciendo un gesto de cansancio con la mano—. Tenía primero la idea de que con este dinero empezaría otra vida en Moscú, o mejor aún en el extranjero, este era mi sueño, sobre todo porque "todo está permitido". Fue usted quien me lo enseñó, la verdad, pues entonces me decía muchas veces: "Si el Dios infinito no existe, tampoco existe ninguna virtud, ni falta que hace". Fue usted, en verdad. Y así razoné yo.

—¿Y llegaste a la conclusión por tu propia mollera? —preguntó Iván con una sonrisa forzada.

—Bajo la dirección de usted.

—¿Y ahora, pues, crees en Dios, ya que devuelves el dinero?

—No, no creo en Dios —balbuceó Smerdiakov.

—¿Por qué lo devuelves, pues?

—Basta... ¡qué más da! —Smerdiakov hizo otra vez su gesto de fatiga con la mano—. Usted mismo, entonces, a cada paso decía que todo está permitido, y ahora, ¿por qué está tan alarmado? Hasta quiere ir a declarar contra sí mismo... ¡Solo que no ocurrirá nada de todo esto! ¡No irá usted a declarar! —concluyó otra vez Smerdiakov, con firmeza y convicción.

—¡Lo verás! —repuso Iván».

Dostoyevski, F., *Los hermanos Karamázov,*
Cuarta parte, Libro undécimo, § 8.

1 ¿Qué crees que quiere decir Dostoyevski poniendo en boca de Smerdiakov la afirmación de que si Dios no existe, todo está permitido? ¿Qué relación puede tener la existencia de Dios con nuestras acciones?

2 ¿Por qué Smerdiakov reprocha a Iván su conducta? ¿Qué te parece que valora más este personaje, la virtud o el dinero? ¿Por qué?

LA REALIDAD

Mapa mental

APRENDER A MIRAR

Big Fish

En los últimos momentos de la vida de Edward Bloom, su hijo William intenta reconciliarse con él.

Edward es un personaje peculiar, capaz de encandilar a todo el mundo con sus historias repletas de fantasía y de vivacidad. Sin embargo, su hijo William no puede creer las asombrosas aventuras que su padre le ha contado desde su infancia y tratará de reconstruir la auténtica historia de su vida.

Cuando William intenta descubrir qué hay de real y qué de fantasía en la vida de su padre, se lleva más de una sorpresa.

Ficción y realidad están estrechamente ligadas en la vida de Edward, y solo al final William se da cuenta de la necesidad de la fantasía y de la imaginación para dotar de sentido nuestra vida.

1) Describe cómo va evolucionando la actitud de William hacia su padre a lo largo de toda la película.

2) ¿Por qué crees que Edward Bloom utiliza la fantasía para contar sus anécdotas? ¿Son mentiras, como cree William?

3) Explica alguna de las aventuras que ha vivido Edward desde su punto de vista fantástico, y a continuación trata de describirla de forma realista.

4) ¿Qué crees que significa el final de la película? ¿Cómo ha cambiado la actitud de William? ¿Qué experiencias le han hecho cambiar?

Descubro lo que he aprendido

1 Según Aristóteles, ¿cuál es el cometido de la metafísica? ¿Y qué relación mantiene con las ciencias?

2 Explica las principales diferencias entre las críticas a la metafísica de Kant y del positivismo lógico. ¿Qué posición te parece más acertada? Justifica tu respuesta.

3 ¿Qué autor plantea la siguiente crítica a la metafísica: «el dualismo que implica la metafísica tradicional es síntoma de una visión pesimista de la vida humana y una moral que atenta contra la vitalidad»?

a) Wittgenstein.

b) Nietzsche.

c) Kant.

d) Hume.

4 ¿Cuál de las siguientes características no es una diferencia entre la concepción aristotélica de la naturaleza y la de la ciencia moderna?

a) La naturaleza puede ser dominada mediante el conocimiento: saber es poder.

b) La naturaleza es una realidad que se puede medir y cuantificar; no es suficiente describirla de forma cualitativa.

c) La naturaleza es una realidad dinámica y cambiante, no una realidad estable e inmutable.

d) La explicación del movimiento en la naturaleza no se debe a una causa final (teleología), sino a causas eficientes.

5 En el siglo XX se ha renovado el interés por la filosofía de la naturaleza. Explica las principales aportaciones de Hans Jonas a la reflexión sobre la filosofía de la naturaleza.

6 La Revolución Científica de la época moderna se apoyó en el modelo mecanicista de la naturaleza. Hoy en día, la biotecnología también puede tener impacto sobre nuestra noción de ser humano, por ejemplo, mediante la figura del cíborg. ¿Qué es un cíborg? ¿Qué diferencias hay entre un cíborg y un ser humano? ¿Puede ser libre un cíborg?

7 Explica por qué sostiene Karl R. Popper el indeterminismo con respecto al problema de la libertad humana. ¿Qué crítica plantea Popper al determinismo? ¿Estás de acuerdo con ella? Justifica tu respuesta.

8 ¿Qué posición sobre la existencia de Dios corresponde a esta definición: «la creencia en Dios tiene un fundamento emocional, no solo racional. Dios cumple una función emotiva y moral: inspirar la conciencia moral de los individuos»?

a) El deísmo.

b) El teísmo.

c) La teosofía.

d) Ninguna de las anteriores.

9 ¿Qué doble pérdida comenta Viktor Frankl en el texto? ¿Estás de acuerdo con que el vacío de sentido es la causa del conformismo? ¿Y del totalitarismo político? Justifica tu respuesta.

«El vacío existencial es un fenómeno muy extendido en el siglo XX. Ello es comprensible y puede deberse a la doble pérdida que el hombre tiene que soportar desde que se convirtió en un verdadero ser humano. Al principio de la historia de la humanidad, el hombre perdió algunos de los instintos animales básicos que conforman la conducta del animal y le confieren seguridad; seguridad que, como el paraíso, le está hoy vedada al hombre para siempre: el hombre tiene que elegir; pero, además, en los últimos tiempos de su transcurrir, el hombre ha sufrido otra pérdida: las tradiciones que habían servido de contrafuerte a su conducta se están diluyendo a pasos agigantados. Carece, pues, de un instinto que le diga lo que ha de hacer, y no tiene ya tradiciones que le indiquen lo que debe hacer; en ocasiones no sabe ni siquiera lo que le gustaría hacer. En su lugar, desea hacer lo que otras personas hacen (conformismo) o hace lo que otras personas quieren que haga (totalitarismo)».

V. Frankl, *El hombre en busca de sentido.*

10 En la historia de la filosofía, se pueden distinguir dos actitudes con respecto al objetivo de la filosofía: considerar que es una reflexión y una preparación para la muerte, o argumentar que es una meditación sobre la vida. ¿Cuál de los siguientes filósofos sostiene esta segunda posición?

a) Platón.

b) Séneca.

c) Montaigne.

d) Spinoza.

anayaeducacion.es Realiza la autoevaluación interactiva de la unidad.

11

VIDA Y EXISTENCIA

Existir y no solo vivir

Desde el punto de vista de la ciencia, la vida se define como la capacidad de algunos seres de administrar los recursos internos de su ser físico para adaptarse a los cambios de su medio. Implica una serie de procesos, como, por ejemplo, la autoorganización, la nutrición o la reproducción.

Además de la interpretación científica, desde la filosofía se han propuesto distintas perspectivas sobre la vida y se ha tratado de explicar cómo surge la vida a partir de la materia inerte.

En el caso particular del ser humano, vivir no se limita al simple desarrollo y al mero ejercicio de los procesos definitorios de la vida. En él, vivir es «existir»; esto es, estar en una circunstancia como contexto y decidir en cada momento lo que ha de hacer con su vida.

La existencia es vivir en el mundo, en el que hay objetos, instituciones, tareas y otras personas. El ser humano existente es el único ser capaz de preguntarse por el sentido de su ser.

La existencia humana se caracteriza por que no es un mero vivir pasivamente, sino un proyectarse hacia adelante para ir realizando las posibilidades que nuestra circunstancia nos presenta. En esta situación es decisiva la libertad, pues en cada momento el ser humano elige quién quiere ser y qué quiere conseguir.

La existencia es lo que la libertad hace de ella. Esta libertad está limitada de manera definitiva por la muerte, que es el fin de nuestra posibilidad de elegir, hecho que muestra la limitación y la provisionalidad constitutivas de la existencia.

En esta unidad vas a estudiar

- Qué es la vida y su concepción científica.
- Las teorías filosóficas sobre la vida.
- El significado de la existencia. y la diferencia entre vivir y existir.
- La relación entre la existencia y la temporalidad.

anayaeducacion.es Visualiza la presentación de la unidad.

¿ES DISTINTO EL SER HUMANO DE OTROS SERES?

Mientras existe, el ser humano es un conjunto de posibilidades (materiales, vitales, espirituales, temporales) con las que puede triunfar o fracasar. Eso dependerá del uso que haga de su temporalidad y de su libertad para construir su propia singularidad.

Materia

Es la sustancia física de la que se compone la realidad física. Son los átomos, las estructuras moleculares y las partículas subatómicas que determinan las características de los cuerpos inertes y de los vivientes.

Vida

Designa lo que es animado y se desarrolla. Es la característica propia de los organismos capaces de evolucionar, de interactuar y de adaptarse al medio, de transformar la energía y de reproducirse.

Espíritu

Se identifica con el alma o con la actividad mental de los seres humanos, pero es un misterio lo que separa la materia inerte de la materia viva, y lo que distingue la materia viva no consciente del ser humano consciente.

Tiempo

El tiempo subjetivo es la fuerza que poco a poco disuelve y destruye nuestra existencia; el tiempo objetivo es la duración que necesitamos para realizar la vida y el tipo de existencia que hemos elegido ser.

anayaeducacion.es En la «Biblioteca de textos» encontrarás un texto sobre el sentido de la existencia.

1

¿QUÉ ES LA VIDA?

GLOSARIO

Vida: es un fenómeno propio de organismos que son capaces de evolucionar, de interactuar con el medio, de transformar la energía, de reproducirse… Además de estas funciones básicas, los organismos vivos poseen una estructura genética común que es heredada por sus descendientes y también son seres capaces de tender hacia un orden y a conservar su estructura interna. Esta tendencia al orden interno no requiere de la intervención de factores extraños al organismo.

1.1. Sentidos de la palabra «vida»

La palabra «vida» designa lo que es animado y se desarrolla. Un ser vivo es un ser organizado, o sea, formado de partes heterogéneas que funcionan coordinadamente en beneficio del conjunto. Esa organización no le es impuesta desde fuera, sino que surge de su interior a partir de un germen o de una semilla.

Esta caracterización de la vida ha llevado a que desde la biología contemporánea, por ejemplo, por Jacques Monod y por François Jacob, se defina la vida como la propiedad de los seres dotados de un proyecto de morfogénesis autónoma.

En la Antigüedad, la observación de que los cuerpos muertos no conservan el calor ni se mueven llevó a pensar que el alma era responsable de su vitalidad, de su calor y de su movimiento. Se formuló, así, la teoría de un «alma del mundo» que era el origen de la vida en general.

En la filosofía materialista se contrapone a esa concepción del alma como origen de la vida el principio de que la organización de la materia viva se explica solo por el funcionamiento de leyes fisicoquímicas.

Contra la explicación materialista, en la filosofía vitalista se defiende que la materia viva está necesariamente impulsada por una fuerza metafísica, que se denomina de formas diversas (espíritu, voluntad, «impulso vital», etc.) y a la que se considera la fuerza o la actividad interna mediante la que actúa el ser que la posee.

En la biología contemporánea se reconoce que la vida organizada, en los sistemas vivientes vegetales o animales, incluye tal vez no un espíritu, pero sí información. Lo que distingue la materia inanimada de la materia viva, que está constituida por los mismos elementos fisicoquímicos, es la información o una organización de esos elementos que determina relaciones específicas entre ellos.

No existiría, pues, en el universo un elemento químico desconocido o misterioso responsable de la aparición de la vida. Por eso se siguen planteando los interrogantes acerca del abismo que separa la materia inerte de la materia viva, así como sobre la diferencia entre la materia viva no consciente y la materia viva consciente; o sea, el ser humano.

TEXTUALMENTE

«Todo artefacto es un producto de la actividad de un ser vivo que expresa así, y de forma particularmente evidente, una de las propiedades fundamentales que caracterizan sin excepción a todos los seres vivos: la de ser *objetos dotados de un proyecto* que a la vez representan en sus estructuras y cumplen con sus *performances* (tales como, por ejemplo, la creación de artefactos).

En vez de rechazar esta noción (como ciertos biólogos han intentado hacer), es, por el contrario, indispensable reconocerla como esencial para la definición misma de los seres vivos. Diremos que estos se distinguen de todas las demás estructuras de todos los sistemas presentes en el universo por esta propiedad que llamaremos *teleonomía*.

Se notará, sin embargo, que esta condición, aunque necesaria para la definición de los seres vivos, no es suficiente, ya que no propone criterios objetivos que permitirían distinguir los seres vivientes de los artefactos, productos de su actividad. […]

Por el solo examen de la estructura acabada y el análisis de sus *performances*, es posible identificar el proyecto, pero no a su autor.

Para lograrlo, es preciso un programa que estudie no solo el objeto actual, sino su origen, su historia y, para empezar, su modo de construcción».

J. Monod, *El azar y la necesidad*, 1.

1 ¿Cuál es, según Monod, una de las propiedades que caracterizan a los seres vivos? ¿Qué nombre le da?

2 ¿A qué criterios objetivos se refiere cuando dice que la condición anterior no es suficiente?

1.2. La vida según la ciencia

En las distintas ramas de la biología se trabaja con la hipótesis de que existen ciertas características que son comunes a todos los seres vivos, aunque en muchos casos no sean específicas de ellos y puedan estar presentes también en ciertas formas de materia inerte.

Esas características que son comunes a los seres vivos son las siguientes: el nacimiento, la autoorganización, el metabolismo (el crecimiento, la nutrición y la asimilación de la energía externa), la reproducción, la evolución y la capacidad de adaptación al medio, la homeostasis, la sensibilidad y, en algunos casos, la autonomía motriz. Comentemos algunas de ellas.

→ La autoorganización

Mientras que la materia inerte está sometida inexorablemente a la entropía, o sea, al paso del orden al desorden, el ser vivo evoluciona del desorden al orden.

Para lograr y para mantener ese orden, los seres vivos generan una entropía negativa que está regulada por procesos de homeostasis —o sea, de autorregulación para conservar la estabilidad interna— que controlan la organización de la vida frente a las amenazas del mundo externo.

No obstante, como sostiene el biólogo Ilya Prigogine y tal como se ha estudiado en la moderna física del caos, el orden y la autoorganización surgen del desorden, independientemente de esa cualidad de los seres vivos de invertir el proceso entrópico.

→ El metabolismo

Comprende un conjunto de funciones del organismo vivo destinadas a captar y a utilizar la energía y la materia externas necesarias para su conservación y para su reproducción.

En los organismos evolucionados, la nutrición es un proceso muy complejo, aunque se pueden señalar paralelismos con otros procesos que se dan en el mundo de la materia inanimada.

→ La reproducción

Es la capacidad de generar nuevos seres vivos. Tomada aisladamente, no es una característica específica de los organismos vivientes, ya que los cristales, por ejemplo, también presentan propiedades de reproducción semejantes.

Podemos comprobar que si sumergimos gérmenes de cristales en determinadas soluciones salinas, se reproducen indefinidamente siguiendo unas pautas de organización que copian del germen inicial introducido.

→ Evolución y capacidad de adaptación al medio

También en estas funciones se han podido comprobar algunos paralelismos entre los seres vivos y otras estructuras como, por ejemplo, las de la cultura.

Esta es la tesis que defiende, por ejemplo, Karl R. Popper en su concepción del «mundo tres», del ámbito de la cultura, que es capaz de evolucionar de un modo semejante a la evolución darwiniana.

Los seres vivos comparten una organización que los diferencia de la materia inerte, aunque están compuestos por los mismos elementos fisicoquímicos y están sometidos a las mismas leyes fisicoquímicas.

Comprende, piensa, investiga...

1. **La pregunta.** Según la biología contemporánea, ¿qué distingue la materia viva de la materia inanimada?
2. ¿En qué consiste la autoorganización como propiedad de la materia viva?
3. ¿Qué paralelismo hay entre la vida y la cultura en lo referente a la necesidad de los seres vivos de adaptarse al medio? Buscad información sobre los tres mundos de Popper y la capacidad de evolución del «mundo tres».

2
TEORÍAS FILOSÓFICAS SOBRE LA VIDA

GLOSARIO

Materia: se puede definir como la sustancia de la que están compuestos los objetos físicos. La materia, por tanto, se identificaría con los átomos, con las estructuras moleculares y con las partículas subatómicas que constituyen la realidad física. La materia ha de ser perceptible de algún modo y, según las más recientes teorías físicas, se caracteriza por poseer energía y no tanto masa, pues habría materia sin masa, pero no sin energía (como, por ejemplo, los fotones).

2.1. La vida en la tradición filosófica

En la tradición filosófica se ha afrontado el concepto de vida desde perspectivas distintas. Comentemos las posiciones más destacadas.

→ El hilozoísmo

Es la doctrina según la cual la materia y la vida son inseparables. Esto es así porque la materia tiene propiedades vitales, o bien porque la vida tiene su origen en la materia.

Los filósofos griegos de la escuela jónica o escuela de Mileto (Tales, Anaximandro, Anaxímenes) fueron hilozoístas.

→ El mecanicismo

En biología, esta teoría se caracteriza por la reducción de las leyes biológicas a leyes fisicoquímicas. Su propósito es incluir lo viviente en el nivel de lo físico, sin hacer de ello una excepción de la naturaleza.

Defendieron el mecanicismo filósofos como Descartes, La Mettrie, D'Holbach y Helvetius.

→ El organicismo

Es la doctrina en la que se interpreta el fenómeno de la vida a partir de la idea de organismo; por tanto, se concibe el cuerpo viviente como la estructura en la que cada parte se subordina y colabora en el funcionamiento del todo.

Representantes de esta teoría fueron Schelling, Schlegel y Novalis.

→ El vitalismo

Es la teoría en la que se explica la vida por la acción de una fuerza específica interna que impulsa una determinada clase de materia.

Se opone al mecanicismo, porque este reduce la vida al funcionamiento de leyes fisicoquímicas, y también al organicismo espiritualista, que explica la vida por la presencia de un alma o de un espíritu en la materia.

Son destacados filósofos vitalistas Dilthey, Troeltsch, Simmel, Bergson y Ortega y Gasset.

Los cuerpos, tanto de los objetos como de los seres vivos, son materiales y están sometidos a las leyes fisicoquímicas.

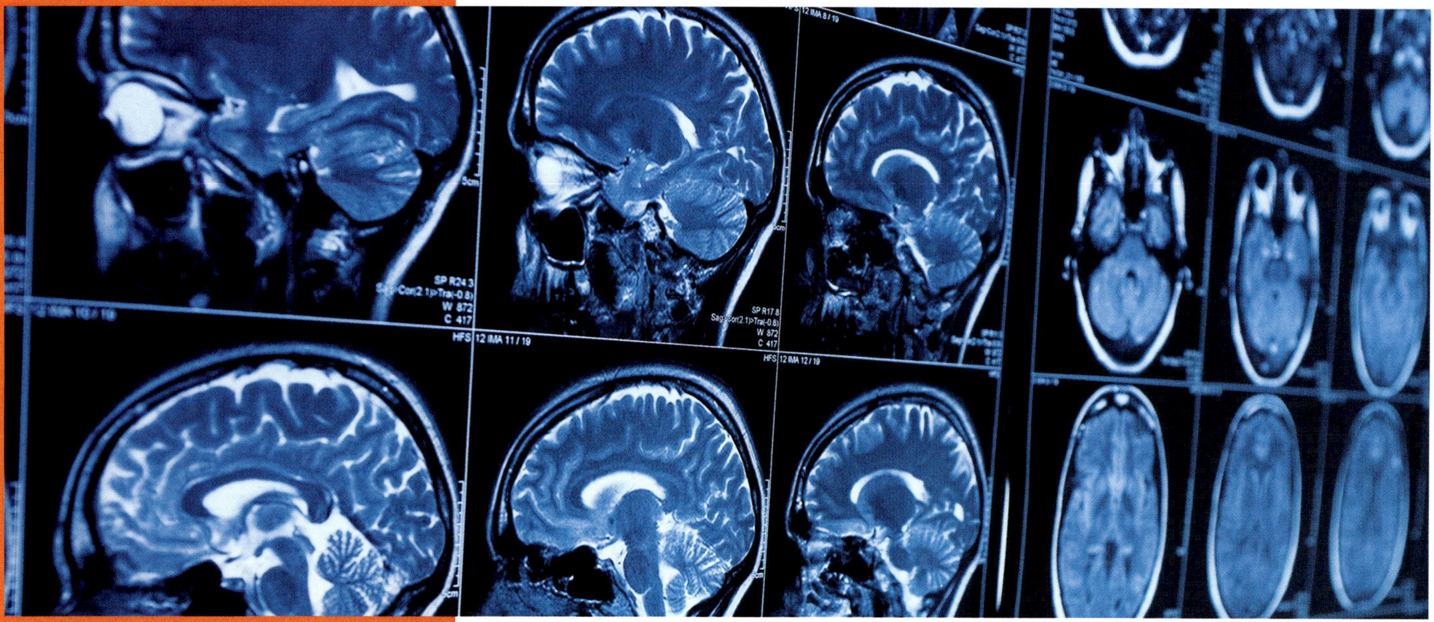

2.2. La vida y el alma

La diferencia entre materia y vida se produjo a partir del momento en que Aristóteles identificó la vida con el alma. Para este filósofo, el alma es el principio vital. Así, desde la perspectiva de su teoría hilemórfica (los seres están compuestos de materia y de forma), entendía la vida como fruto de la acción de un principio formal (el alma) estructurador de la materia, que ya posee la potencialidad de la vida.

Aristóteles estableció una jerarquía de almas o principios vitales:

- Un alma vegetativa, propia de las plantas, encargada de las funciones de nutrición y de reproducción.
- Un alma sensitiva, característica de los animales, encargada de las funciones de sensibilidad y de memoria.
- Un alma racional, específica de los seres humanos, encargada de las funciones de voluntad y de inteligencia.

Más adelante, ya en la Edad Moderna, Descartes negó la existencia de alma en los animales, a los que consideraba meras máquinas. Esta consideración estuvo determinada por el descubrimiento, por parte de William Harvey y de Miguel Servet, del automatismo de la circulación sanguínea, que es extensible también a las demás funciones fisiológicas del cuerpo: la digestión, la secreción hormonal, etc.

A partir de Descartes, esta idea del cuerpo vivo como animal-máquina, concebido como un autómata, se generalizó, especialmente en la filosofía materialista del siglo XVIII. No es que se niegue toda finalidad al funcionamiento de la vida, puesto que cualquier máquina existe con vistas a un fin; lo que se afirma es que esa finalidad puede explicarse mecánicamente, sin necesidad de recurrir a la hipótesis metafísica de un propósito o de una intención.

En esta línea, Marcello Malpighi (precursor de la biología celular) concibió el cuerpo como una conjunción de máquinas diminutas interrelacionadas, siendo el cuerpo total resultante un fenómeno emergente; esto es, un organismo diferente de los elementos que lo componen.

Comprende, piensa, investiga...

1 ¿Qué diferencia crees que hay entre que la materia tenga propiedades vitales o que la vida tenga su origen en la materia?

2 **Sumamos.** Buscad información sobre la concepción de Descartes del cuerpo vivo como una máquina y tratad de explicar por qué razones se extendió de manera tan generalizada.

3 **El espejo.** Compara las concepciones de la vida del hilozoísmo, del mecanicismo, del organicismo y del vitalismo.

TEXTUALMENTE

«Solemos decir que uno de los géneros de los entes es la entidad y que esta puede ser entendida, en primer lugar, como materia —aquello que por sí no es algo determinado—, en segundo lugar, como estructura y forma en virtud de la cual puede decirse ya de la materia que es algo determinado y, en tercer lugar, como el compuesto de una y otra. Por lo demás, la materia es potencia, mientras que la forma es entelequia. [...]

Por otra parte y a lo que parece, entidades son de manera primordial los cuerpos y, entre ellos, los cuerpos naturales: estos constituyen, en efecto, los principios de todos los demás. Ahora bien, entre los cuerpos naturales los hay que tienen vida y los hay que no la tienen; y solemos llamar vida a la autoalimentación, al crecimiento y al envejecimiento. De donde resulta que todo cuerpo natural que participa de la vida es una entidad, pero entidad en el sentido de entidad compuesta. Y puesto que se trata de un cuerpo de tal tipo —a saber, que tiene vida— no es posible que el cuerpo sea el alma: y es que el cuerpo no es de las cosas que se dicen de un sujeto, antes al contrario, realiza la función de sujeto y materia. Luego el alma es necesariamente entidad en cuanto forma específica de un cuerpo natural que en potencia tiene vida. Ahora bien, la entidad es entelequia, luego el alma es entelequia del cuerpo. [...]

Queda expuesto, por tanto, de manera general qué es el alma, a saber, la entidad definitoria, esto es, la esencia de tal tipo de cuerpo».

Aristóteles, *Acerca del alma*, II, cap. primero, 412a-b.

1 ¿Qué división de los cuerpos naturales hace el autor del texto? ¿De qué está compuesto «todo cuerpo natural que participa de la vida»?

2 ¿Cómo define Aristóteles el alma? ¿En qué sentido forma parte de los seres vivos?

3
LA EXISTENCIA

GLOSARIO

Existencia: aplicada al ser humano, la existencia se interpreta como la radical libertad del ser humano para crearse a sí mismo a partir de las decisiones que adopta para elegir entre un conjunto de posibilidades que se le presentan en su vida. En este sentido, el ser humano no tiene esencia, no es un ser definido por una serie de características que lo determinan (ser racional, animal social...), que hacen que sea de una manera específica. Es, pues, absolutamente diferente del resto de las cosas. Además, el ser humano que se hace a sí mismo es el individuo concreto, cada persona, y ese proceso solo termina con la muerte.

3.1. ¿Qué significa «existir»?

En sentido general, la existencia designa el hecho de ser y, en filosofía, se distingue de la esencia como se diferencia lo real de lo posible. Por ejemplo, es posible definir la esencia de un triángulo como un polígono de tres lados, aunque no exista el dibujo concreto de ningún triángulo, pues la existencia de triángulos concretos no afecta a su esencia.

En la Edad Media, en la filosofía escolástica se caracterizaba con ese término al ser que recibe su ser de otro. En concreto, Tomás de Aquino decía que todo ente es una esencia actualizada por el ser.

En la filosofía contemporánea, se comprende la existencia no como el simple hecho de ser o de existir, sino como lo que constituye la esencia del ser humano, que no es la especie humana o una noción general, sino el individuo humano considerado en su absoluta singularidad.

Aplicada, pues, al ser humano, la existencia no solo es estar vivo, sino que su esencia es su existencia. Para entender mejor el alcance de esta idea podemos recurrir a la etimología de la palabra «existir».

En latín, *existere* significa 'salir fuera de uno mismo', trascenderse, estar tendiendo hacia algo más allá de sí mismo. Lo que expresa es la necesidad del yo de no limitarse ni quedarse reducido a lo que ya es, sino de proyectarse continuamente hacia fuera y conocer el mundo, relacionarse con los demás individuos y desarrollar su proyecto de vida.

Esta proyección significa que todo ser humano vive su existencia en el mundo de manera contingente. Contingente designa lo que podría perfectamente no ser, o no haber sido, o ser de otro modo.

Nuestra existencia nos sitúa continuamente ante posibilidades que son siempre inciertas, y que, por tanto, nos pueden beneficiar o perjudicar. Al tener que elegir entre ellas sin saber con seguridad cuáles van a ser sus efectos y sus consecuencias, corremos el peligro de equivocarnos y de frustrar nuestro proyecto de vida.

El ser humano es, pues, siempre un conjunto de posibilidades con las que puede triunfar o fracasar, según el empleo que haga de su libertad de elección y de la responsabilidad que concierne a ese uso.

TEXTUALMENTE

«Por consiguiente, hay que concluir que esa realidad que es su ser, no puede ser sino única. Y por tanto resulta también que en cualquier otra realidad, fuera de ella, una cosa es el ser y otra su *quiddidad* o naturaleza, o forma. Por tanto, es necesario que en las inteligencias se dé el ser además de la forma, y por ello se ha dicho que la inteligencia es forma y ser. [...]

Ahora bien, todo aquello que conviene a una cosa, o es causado de los principios de su naturaleza, como lo risible en el hombre, o proviene de un principio extrínseco, como la luz en el aire por el influjo del sol. Pero no es posible que el mismo ser sea causado por la misma forma o *quiddidad* de la cosa, a saber, como causa eficiente, porque en este caso una cosa sería causa de sí misma, y una cosa se produciría a sí misma en el ser, lo cual es imposible. Por tanto, es necesario que toda realidad cuyo ser es distinto de su naturaleza, obtenga el ser por otro. Y porque todo aquello que existe por otro hay que reducirlo a lo que es por sí, como a la primera causa, es necesario que exista una realidad que sea la causa del ser de cuanto existe, por el hecho de que ella es solo ser; de otro modo se iría al infinito en la cadena de causas, porque todo aquello que no es solo ser tiene una causa de su ser, como hemos dicho. Queda claro, por tanto, que la inteligencia es forma y ser, y que recibe el ser del ente primero, el cual es solo ser, y este es la causa primera, que es Dios».

T. de Aquino, *Del ente y la esencia*, cap. IV, §§ 33, 34.

1 ¿Qué crees que quiere decir Tomás de Aquino con que el ser (la existencia) es distinto de la naturaleza (la esencia) de una cosa? ¿Qué ocurre si los identificamos?

2 ¿Cómo empiezan a ser los seres, según Tomás de Aquino?

anayaeducacion.es «Emprendemos» la elaboración de un informe sobre las diferencias entre la existencia humana y la vida de los demás animales.

3.2. Existir y vivir

Aunque un organismo se pueda describir como un entramado de órganos o de células con una determinada composición bioquímica, esta constitución no explica la diferencia entre lo vivo y lo inerte.

Para comprender lo que la existencia añade a la simple vida en el caso del ser humano, es preciso cuestionar el reduccionismo mecanicista que explica los fenómenos vitales a partir de las propiedades fisicoquímicas o bioquímicas de la materia.

En este sentido, desde el organicismo se sostiene que, a diferencia del finalismo extrínseco de las máquinas, los organismos vivos se caracterizan porque tienen un finalismo intrínseco; por ello, no solo tienen la fuerza motriz que también tienen las máquinas, sino que tienen, además, una fuerza autoformadora que se propaga a todas sus partes, y que no puede ser explicada por el solo mecanismo del movimiento.

El hecho de que la materia inerte y los seres vivos, incluido el ser humano, compartan algunas propiedades dificulta una delimitación más precisa de lo que son tanto la vida como la existencia humana.

En la biología actual se señala una unidad estructural a nivel molecular que permite una mejor delimitación del fenómeno de la vida. Según esta teoría, en su organización más básica, todos los seres vivos conocidos están constituidos por los mismos componentes; por eso, tienen en común la propiedad de la transcripción de su código genético esencialmente común, que es su característica mejor conocida.

Los elementos constitutivos del ADN muestran que plantas y animales comparten su base vital con lo humano, lo que da argumentos en favor de un origen común, como se postula en la teoría de la evolución.

Gracias a estos avances se han superado problemas como los de si la materia viva tiene características sustancialmente diferentes de las de los demás fenómenos naturales, o de si las leyes fisicoquímicas responden a todas las preguntas, pero, a su vez, se plantea la cuestión de qué lugar ocupa el ser humano en el mundo: si constituye una excepción en el mundo animal, o bien si es un animal más en todos los aspectos.

Las aportaciones de las ciencias, en general, y de la biología, en particular, no resuelven la cuestión del lugar que ocupa el ser humano en el mundo.

anayaeducacion.es Consulta la información sobre los Objetivos de Desarrollo Sostenible.

Comprende, piensa, investiga...

1 ¿En qué se distingue la existencia de la esencia, según Tomás de Aquino?

2 Explica con tus palabras la idea de que toda existencia humana es contingente.

3 ¿Qué problemas filosóficos sobre la existencia humana han quedado superados por las modernas teorías biológicas? ¿Por qué?

COMPROMISO ODS

Objetivos del proyecto de vida de los seres humanos

1 A nivel individual, ¿qué ODS consideras más importantes para realizar tu proyecto de vida? Justifica tu opinión.

2 En clase, ordenad los ODS en función de la importancia que pensáis que tienen para lograr que la humanidad realice un «proyecto de vida» común. Debatid sobre la posibilidades y acerca de las dificultades para cumplirlo.

4 EXISTENCIA Y TEMPORALIDAD

GLOSARIO

Temporalidad: la existencia humana tiene un carácter esencialmente temporal, pues está inevitablemente limitada por su finitud, ya que tiene un comienzo, cuando nacemos, y termina con la muerte. Además, nuestro tiempo es irreversible, pues no se puede volver atrás, y no se puede recuperar ni detener, por lo que inexorablemente nos conduce hacia la muerte, aunque es en el transcurso de nuestra vida cuando se nos ofrece un horizonte limitado de posibilidades sobre el que ejercemos nuesta libertad para construir nuestra existencia y darle un sentido.

Comprende, piensa, investiga...

1 **Mesa redonda.** Reflexionad e intercambiad vuestras opiniones acerca de si el transcurso irreversible del tiempo convierte nuestra existencia en un acontecimiento absurdo o no.

2 ¿Sería correcta la siguiente afirmación: «el tiempo real es el tiempo objetivo, mientras que el tiempo subjetivo es solo una simple sensación ilusoria»? Explica tu respuesta.

3 Investigad de qué formas ha intentado el ser humano a lo largo de la historia liberarse de la angustia que le produce saber que ha de morir.

4.1. La vivencia del tiempo

Tanto los seres humanos como todas las cosas del mundo están sometidas al tiempo: nacemos, crecemos, envejecemos y morimos. En este sentido, el tiempo es como un río en el que nos bañamos y que arrastra inexorablemente nuestras vidas.

Esta constatación suscita un asombro del que surge la pregunta por nuestra existencia y por su valor. ¿Es la vida humana una realidad insignificante? Si antes de nacer no éramos nada, y después de morir el mundo seguirá existiendo sin necesitarnos y sin que se note mucho que ya no estamos en él, ¿no convierte esta irrelevancia nuestra existencia en un hecho superfluo o absurdo?

La respuesta es «no», porque la conciencia del tiempo al que está sometida mi existencia debe ir siempre acompañada por la conciencia de mi libertad para proyectarla y para darle un determinado sentido.

El tiempo, entonces, no es solo la fuerza que poco a poco me disuelve y me destruye, sino también la duración que necesito para realizar esa existencia que yo he elegido ser.

Esta posibilidad no significa que pueda disponer del tiempo de mi vida como si fuera de mi propiedad. Esta idea se expresa en el lenguaje corriente cuando, por ejemplo, decimos: «¡Juan, no pierdas más el tiempo!», «¡Luisa, puedes tomarte tu tiempo!» o «Vamos a matar un poco el tiempo».

Evidentemente, no podemos hacer lo que queramos con nuestro tiempo, por la sencilla razón de que es irreversible, o sea, de que no podemos retroceder en el tiempo, y si lo perdemos, ya no es posible recuperarlo.

Para aprovechar y para administrar bien el tiempo, el ser humano suele traducirlo en espacio, para así poder medirlo. Es lo que hacen los relojes, los calendarios, las agendas y los horarios.

Estos artefactos de medida del tiempo nos marcan el tiempo objetivo, frente al cual existe la vivencia subjetiva del tiempo, que cambia de una persona a otra y según las situaciones. Por ejemplo, una hora de tiempo objetivo se nos suele pasar muy rápida cuando lo estamos pasando bien y, por el contrario, muy lenta cuando estamos tristes o si nos aburrimos.

En esta vivencia subjetiva del tiempo intervienen los recuerdos del pasado, que nos suscitan tal vez nostalgia por el tiempo que ya se fue y que no vamos a conseguir recuperar, y la anticipación del futuro, que despierta tal vez la esperanza, el miedo o la inseguridad ante nuestro porvenir.

4.2. La muerte

En la filosofía se ha pensado en la muerte a partir de la posibilidad de que ocurra en cualquier momento de nuestra existencia. A partir de este hecho, se extraen algunas conclusiones, por ejemplo la de la finitud o la limitación de nuestra vida, y no solo de nuestra vida, sino también de todas y cada una de las posibilidades que se nos ofrecen en la vida.

Todas esas posibilidades son limitadas y ninguna es ilimitada, ya que nuestra vivencia de ellas se acabará cuando llegue nuestra muerte. Martin Heidegger lo expresa así: «La muerte es la nulidad posible de las posibilidades humanas y de la existencia misma del ser humano».

En realidad, experimentamos el paso del tiempo como una especie de movimiento irreversible que lo conduce todo, y en el que todo va desapareciendo de manera constante. El instante presente se pierde en el pasado, que ya no es, para ser enseguida sustituido por otro instante futuro que todavía no existe.

Es difícil consolarse ante la realidad del paso inexorable del tiempo, aunque los seres humanos han buscado una y otra vez ese consuelo.

Por ejemplo, el filósofo griego Epicuro decía que no hay por qué temer a la muerte, ya que «mientras existimos, la muerte no existe aún para nosotros, y cuando la muerte nos llega, entonces somos nosotros los que ya no existimos».

La estructura temporal de nuestra existencia es tan implacable que el ser humano ha soñado siempre con liberarse del tiempo, bien a través de la esperanza religiosa en una eternidad después de la muerte, bien mediante la imaginación proyectada hacia un futuro en el que tal vez fuera posible viajar y desplazarse a través del tiempo.

Como lo muestran los restos paleontológicos de la prehistoria, desde la más remota antigüedad, la especie humana ha elaborado complejas creencias y elaborados mitos religiosos relativos a la muerte, acompañados de ritos funerarios destinados tanto a asegurar el descanso de las personas difuntas como a evitar su retorno al mundo de las personas vivas en la forma de fantasmas.

Varias figuras de la filosofía, como, por ejemplo, Platón, Montaigne o Schopenhauer, han considerado una de las tareas fundamentales de este saber la preparación para la muerte o, al menos, llevar a cabo una meditación sobre la muerte.

LA FILOSOFÍA EN PERSONA

Martin Heidegger (1889-1976). En un primer momento, inspiró el existencialismo por su doctrina sobre la finitud y sobre la temporalidad de la existencia humana como «ser-para-la-muerte». En su segunda etapa pretende recuperar la noción de la filosofía como la ciencia del ser.

TEXTUALMENTE

«81. Y, además del conjunto total de esos datos, es preciso darse cuenta del siguiente hecho tan importante, de que la turbación principal les viene a las almas de los hombres por considerar que esos seres celestiales son bienaventurados e inmortales y que tienen a la vez apetencias, realizan acciones y producen motivaciones contrarias a esos supuestos atributos, y por esperar o suponer, dejándose llevar de los mitos, de la existencia de algún terror eterno o bien dejándose llevar de la insensibilidad que hay en el hecho de estar uno muerto, por tener miedo como si fuera algo esa insensibilidad y nosotros mismos, y por sufrir esas experiencias en virtud no de unas ideas fundadas sino de cierta excitación completamente irracional, de donde resulta que las personas, al no definir bien ese terror, son víctimas de una turbación igual o incluso superior al miedo que sentirían de haber dado incluso por fundados esos terrores.

82. La imperturbabilidad consiste en estar libre de todas esas inquietudes y en tener en la mente el recuerdo permanente de los principios generales y fundamentales. De donde resulta que hay que prestar atención a todos los elementos de juicio, tanto a los que nos asisten permanentemente como a las sensaciones percibidas en un momento determinado, a las sensaciones comunes a todos en problemas comunes a todos, y a los particulares en problemas particulares, y hay que prestar atención también a todo tipo de evidencias presentes en cada uno de los elementos de juicio. Pues si prestamos atención a todos esos elementos de juicio daremos cuenta cumplida y acertada de las causas a partir de las que se originaron la turbación y el miedo [...]».

Epicuro, «Epístola de Epicuro a Herodoto», en *Obras completas*.

1 ¿Cuáles son las causas que provocan la perturbación de las almas de los seres humanos? ¿Es fundado o infundado ese terror, en opinión de Epicuro?

2 ¿En qué consiste, según el autor del texto, la imperturbabilidad? ¿Crees que es posible alcanzarla? Exprésalo con tus palabras.

anayaeducacion.es En el «Taller de filosofía» profundizad en la concepción de la muerte y en el miedo que nos provoca.

Recuerda seleccionar el material de trabajo de esta unidad para tu **portfolio.**

COMPRUEBA LO APRENDIDO

ORGANIZO MI MENTE

VIDA Y EXISTENCIA

Mapa mental

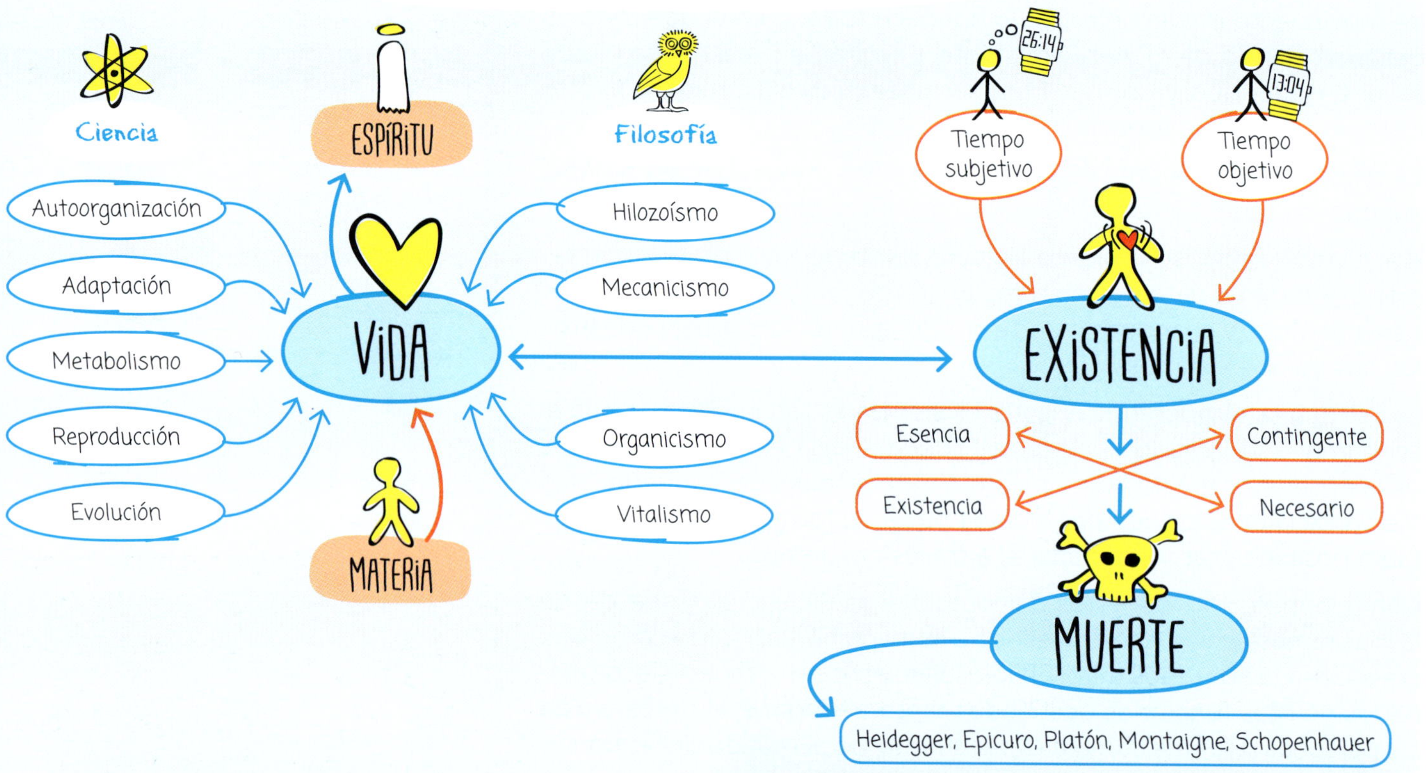

APRENDER A MIRAR

Vanidad, naturaleza muerta con retrato de un joven pintor

¿Cómo podemos aspirar a una existencia feliz si todos los bienes que podemos conseguir se relativizan por el carácter contingente y limitado de nuestra vida? La riqueza, el amor, la cultura..., nada resiste al paso del tiempo y a la llegada inevitable de la muerte.

Este es un tema ampliamente tratado tanto en la filosofía como en el arte y también en la religión, y se ha insistido en la vanidad de los afanes y de los deseos excesivos. Montaigne y Pascal, así como Epicuro o como Heidegger, por ejemplo, han insistido en la inestabilidad de la existencia humana, sometida a un cambio incesante.

En este cuadro de David Bailly se alude a la felicidad perdida, evocada por una acumulación desordenada de objetos y de símbolos de nuestro cruel destino como seres humanos.

1) El personaje del cuadro muestra un autorretrato de su vejez. ¿Cómo interpretas su actitud?
2) ¿Qué objetos de la mesa simbolizan el carácter efímero de la existencia humana?
3) ¿Qué crees que representa la calavera que hay en la mesa en la parte derecha del cuadro?
4) ¿Es preciso ignorar la muerte para ser feliz?

Descubro lo que he aprendido

1 ¿En qué se diferencian el materialismo y el vitalismo en lo que respecta a su interpretación de la vida?

a) Según el materialismo, la materia viva solo obedece a las leyes fisicoquímicas; para el vitalismo, está impulsada por una fuerza metafísica.

b) Según el materialismo, la materia viva está impulsada por una fuerza metafísica; para el vitalismo, solo obedece a las leyes fisicoquímicas.

c) Según el materialismo, la materia viva tiene su origen en un «alma del mundo»; para el vitalismo, surgió a partir de la actividad divina.

d) Según el materialismo, la materia viva surgió a partir de la actividad divina; para el vitalismo, tiene su origen en un «alma del mundo».

2 ¿Cuáles son las principales características comunes a cualquier ser vivo según la ciencia?

a) El metabolismo, la longevidad, el intercambio genético y la autoorganización.

b) La reproducción, el intercambio genético, la longevidad y la evolución y la capacidad de adaptación al medio.

c) La autoorganización, el crecimiento, la reproducción y la longevidad.

d) La autoorganización, el metabolismo, la reproducción y la evolución y la capacidad de adaptación al medio.

3 Relaciona cada teoría filosófica sobre la vida con su definición: (1) hilozoísmo, (2) mecanicismo, (3) organicismo y (4) vitalismo.

a) En esta teoría se reducen las leyes biológicas a leyes fisicoquímicas. Su propósito es incluir lo viviente en el nivel de lo físico, sin hacer de ello una excepción de la naturaleza.

b) Es la teoría que explica la vida por la acción de una fuerza específica interna que impulsa una determinada clase de materia.

c) En esta teoría, materia y vida son inseparables, porque la materia tiene propiedades vitales, o bien porque la vida tiene su origen en la materia.

d) Es la teoría que interpreta el fenómeno de la vida a partir de la idea de organismo: comprende el cuerpo viviente como la estructura en la que cada parte se subordina y colabora en el funcionamiento del todo.

4 ¿Basta la existencia de la materia para explicar la vida? ¿De qué modo se puede distinguir entre los seres vivos y la materia inerte?

5 ¿Qué diferencias puedes señalar entre las concepciones de Aristóteles y de Descartes sobre el alma?

6 ¿Qué problemas filosóficos sobre la existencia humana han quedado superados por los avances de la biología actual?

7 ¿Porqué no podemos considerar el tiempo de nuestra vida como nuestra propiedad o posesión?

8 ¿Sería correcto afirmar que el tiempo real es el tiempo objetivo mientras que el tiempo subjetivo no es más que una sensación ilusoria?

9 Atribuye estas ideas a sus autores: (1) Heidegger, (2) Epicuro y (3) Platón.

a) La muerte es la nulidad de las posibilidades humanas y de la existencia misma del ser humano.

b) Mientras existimos, la muerte no existe; cuando morimos, ya no existimos.

c) La preparación para la muerte, meditar sobre ella, es una tarea fundamental de la filosofía.

10 ¿Qué piensa Montaigne de la muerte? ¿Cómo podemos prepararnos para afrontarla?

«Dice Cicerón que filosofar no es otra cosa que disponerse a la muerte. Tan verdadero es este principio que [...] toda la sabiduría y razonamientos del mundo se concentran en un punto: el de enseñarnos a no tener miedo de morir. [...]

Es, pues, una de las principales ventajas que la virtud proporciona el menosprecio de la muerte, el cual provee nuestra vida de una dulce tranquilidad y nos suministra un gusto puro y amigable, sin que ninguna otra voluptuosidad sea extinta. [...] Mas la muerte es inevitable [...] y por consiguiente si pone miedo en nuestro pecho, es una causa continua de tormento, que de ningún modo puede aliviarse. [...]

No sabemos dónde la muerte nos espera; aguardémosla en todas partes. La premeditación de la muerte es premeditación de libertad; quien ha aprendido a morir olvida la servidumbre; no hay mal posible en la vida para aquel que ha comprendido bien que la privación de la misma no es un mal: saber morir nos libra de toda sujeción y obligación».

M. de Montaigne, *Ensayos*, «Que filosofar es prepararse a morir».

anayaeducacion.es Realiza la autoevaluación interactiva de la unidad.

12

CREATIVIDAD, ARTE Y PROCESOS CREATIVOS

La creatividad humana y su reflejo en el arte

La creatividad es la capacidad humana de producir nuevas ideas o nuevos conceptos, o también nuevas asociaciones entre ideas y conceptos conocidos, que habitualmente producen soluciones originales.

La creatividad, al igual que ocurre con otras capacidades del cerebro, como la inteligencia y como la memoria, engloba varios procesos mentales entrelazados que no han sido completamente descifrados todavía. Ahora bien, sí se sabe que el pensamiento original es un proceso mental que nace de la imaginación.

En cambio, no se sabe de qué modo difieren las estrategias mentales entre el pensamiento convencional y el pensamiento creativo, pero la cualidad de la creatividad puede ser valorada por el resultado final.

Saber pensar proporciona la capacidad de dar a los problemas de nuestra existencia soluciones imaginativas y creativas. Las grandes figuras de la ciencia, del arte, de la política o de la invención han encontrado soluciones a problemas que nadie antes había logrado resolver.

Un ámbito de especial relevancia de la creatividad es el arte, pues en las obras artísticas se muestra de forma privilegiada la capacidad creadora de cualquier artista.

La belleza del arte es un aspecto clave en la valoración de este tipo de obras humanas, aunque lo que entendemos por belleza ha cambiado a lo largo del tiempo y actualmente ni siquiera hay acuerdo en que haya una serie de características que definan qué es una obra de arte.

En esta unidad vas a estudiar

- El proceso creativo y sus etapas.
- Las fuentes de la creatividad.
- La creación artística y los elementos constitutivos de la obra de arte.
- Las distintas concepciones de la belleza.

anayaeducacion.es Visualiza la presentación de la unidad.

¿QUÉ PODEMOS CONSIDERAR UNA OBRA DE ARTE?

¿Qué nos permite diferenciar entre una obra de arte y un objeto cualquiera? Especialmente a partir de las vanguardias artísticas del siglo XX, nos hacemos esa pregunta. Hay obras de arte que consisten en objetos cotidianos, y que son arte. ¿Por qué es así?

El arte como sensación

Las obras de arte son objetos que nos producen sensaciones o emociones, intencionadamente buscadas, desde placer o bienestar hasta desasosiego o inquietud. Una obra de arte no puede dejarnos indiferentes.

El arte como voluntad

Una obra de arte es lo que decide cualquier artista. Es decir, un objeto se convierte en arte por la voluntad que cada artista imprime sobre él, sea creándolo, sea transformándolo o sea estampando su firma sobre él.

El arte como tradición

Una obra de arte debe responder a ciertos cánones o modelos establecidos por una tradición, de modo que solo son arte auténtico las obras que reúnen algunas de las características que definen un género artístico.

El arte como crítica

No puede entenderse el arte como una forma de creatividad que no tiene en cuenta los problemas de la sociedad en que surge. Así, el verdadero arte debería invitar a una reflexión crítica sobre nuestro presente.

anayaeducacion.es En la «Biblioteca de textos» encontrarás un texto sobre la influencia del inconsciente en la creatividad artística.

1
EL PROCESO CREATIVO

LA FILOSOFÍA EN PERSONA

Henri Poincaré (1854-1912). Fue un físico, matemático y filósofo de la ciencia para quien los principios de las ciencias naturales no son necesariamente verdaderos ni se pueden verificar experimentalmente, y en este sentido son convencionales, aunque no arbitrarios.

LA FILOSOFÍA EN PERSONA

Edward de Bono (1933). Es un psicólogo y fisiólogo que se ha especializado en el desarrollo de técnicas para enseñar a pensar y ha señalado la existencia de distintas formas de pensar, aunque es conocido por su propuesta del «pensamiento lateral» o pensamiento divergente.

1.1. El pensamiento creador

Existe una actividad mental creativa diferente de la capacidad de deducir conclusiones a partir de unos principios y de unas reglas bien definidos. Sin embargo, no es fácil precisar la naturaleza de esta actividad innovadora de la mente comúnmente llamada «pensamiento creador».

La creatividad no surge de manera sencilla. Es un proceso cognitivo que genera ideas nuevas o actualiza las ideas viejas.

En las diferentes teorías explicativas del proceso se insiste en aspectos concretos de esta explicación. Por ejemplo:

- En la escuela de la Gestalt se resalta la importancia de la flexibilidad o fluidez mental.
- En el conductismo se subraya la producción de asociaciones.
- En el psicoanálisis se vincula la génesis de la creatividad con la liberación de inhibiciones en el inconsciente.

Henri Poincaré estudió cómo un individuo transforma pensamientos aparentemente azarosos en una solución o combinación ideal, e identificó las fases de este proceso. Veámoslas.

- **Preparación**

La persona se sumerge en un problema que llama su atención, se informa y le da vueltas. En esta etapa, el individuo puede realizar investigaciones, plantear objetivos, organizar pensamientos y generar distintas ideas.

- **Incubación y maduración**

Mientras la persona comienza a procesar sus ideas, las va sintetizando utilizando su imaginación y empieza a realizar la creación. Durante esta etapa, el individuo no intenta buscar una solución de forma activa, sino que continúa reflexionando sobre la idea en su mente.

- **Iluminación o inspiración**

A medida que las ideas van madurando, la persona descubre la solución a cómo unificar sus pensamientos de un modo que tenga sentido. El momento de la iluminación puede suceder de manera inesperada.

- **Evaluación e implementación**

Cuando ha visto la solución, la persona valora si su idea vale la pena. En esta fase, el individuo puede realizar modificaciones, pedir consejo e iniciar la transformación de sus pensamientos en un producto final. También puede empezar a hacer bocetos o intentos e ir cambiando su idea hasta lograr un producto final satisfactorio.

1.2. El desarrollo de la creatividad

Existen diversas teorías en las que se exponen distintos procedimientos para desarrollar el pensamiento creativo. Una de las más conocidas es la del pensamiento lateral, diseñada por Edward de Bono.

El pensamiento lateral consiste en el conjunto de procesos destinados al empleo de información de modo que genere ideas creativas mediante una reestructuración inteligente de los conceptos ya existentes en la mente.

Este procedimiento se ha desarrollado como un instrumento para la aplicación consciente y deliberada de la perspicacia, entendida esta como la profunda y clara visión interna de un tema o de una parte de un asunto.

La finalidad del pensamiento lateral es la creación de nuevas ideas; por ejemplo, en el ámbito de la invención técnica. Pero esta invención de nuevos dispositivos técnicos es solo uno de los múltiples aspectos que derivan de la creatividad.

Una de las funciones más importantes del pensamiento lateral es la liberación del efecto restrictivo de las ideas anticuadas. Ello conduce a cambios de actitudes y de enfoques, a la visión diferente de conceptos inmutables hasta ese momento. La liberación del efecto paralizador que provocan las viejas ideas y el estímulo de nuevas ideas es una doble función del pensamiento lateral.

La perspicacia surge con la alteración de los modelos de informaciones existentes y con una subsiguiente estructuración en un orden distinto. Esta alteración de los modelos puede producirse deliberadamente, con lo que se origina una reordenación de la información que puede permitir la elaboración de nuevas soluciones.

Por eso, el principal objetivo del pensamiento lateral es la disgregación de los conceptos más o menos establecidos, para que pueda producirse su reestructuración automática.

El pensamiento lateral no es una forma deliberada del pensamiento, sino una cualidad innata que ciertas personas poseen y otras no. En este sentido, el uso y la práctica de las técnicas del pensamiento lateral permiten aumentar la capacidad creadora, además de constituir un estímulo para la concepción de nuevas ideas.

Tornillo aéreo de Leonardo da Vinci.
La creatividad surge de la liberación del efecto paralizador de las ideas viejas, que impide que surjan nuevas ideas.

TEXTUALMENTE

«No tenemos una intuición directa de la simultaneidad ni de la igualdad entre dos períodos de tiempo. Si creemos tener esta intuición se trata de una ilusión. La reemplazamos con la ayuda de ciertas reglas que aplicamos casi siempre sin siquiera pensar en ellas. Pero ¿cuál es la naturaleza de estas reglas? No existe una regla general ni rigurosa; utilizamos una multitud de pequeñas reglas aplicables a cada caso en concreto. Estas reglas no nos son impuestas y podemos divertirnos inventando otras; pero no podríamos descartarlas sin complicar enormemente la formulación de las leyes de la física, la mecánica y la astronomía. Por lo tanto elegimos estas reglas no porque sean ciertas, sino porque son las más convenientes, y podríamos resumirlas del siguiente modo: la simultaneidad de dos sucesos o el orden en el que se han producido, la igualdad entre dos períodos de tiempo, deben ser definidos de modo que la formulación de las leyes naturales sea lo más simple posible. En otras palabras, todas estas definiciones son solo el fruto de un oportunismo inconsciente».

H. Poincaré, *Ciencia y método.*

1 Según Poincaré, ¿de qué no tenemos una intuición directa? Si pensamos que la tenemos, ¿qué cree que ocurre en realidad? ¿Con qué reemplazamos esa ausencia?

2 ¿Cómo debe ser la formulación de las leyes naturales, según el autor del texto? Poincaré está hablando de la creatividad en la investigación científica. ¿Crees que es posible aplicar esa capacidad en la ciencia?

Comprende, piensa, investiga...

1 **Esquema.** Haz un esquema de las fases del pensamiento creador según Poincaré y pon un ejemplo de cada una de ellas.

2 Buscad información sobre la aportación de la escuela de la Gestalt al estudio de la creatividad y exponedla en clase.

3 Propón una definición del pensamiento lateral y explica su funcionalidad en relación con la creatividad.

2
FUENTES DE LA CREATIVIDAD

TEXTUALMENTE

«Como el germen común de los dioses y los hombres es el caos absoluto, noche, oscuridad, también las primeras figuras que la fantasía deja surgir de él son todavía informes. Un mundo de figuras informes y monstruosas tiene que hundirse antes de que pueda irrumpir el tierno reino de los dioses bienaventurados y permanentes. También en este sentido los poemas griegos siguen siendo fieles a la ley de toda fantasía. [...]

§ 31 El mundo de los dioses no es objeto ni del mero entendimiento ni de la razón, sino que hay que comprenderlo exclusivamente con la fantasía. No lo es del entendimiento, pues este solamente se atiene a la limitación; no lo es de la razón, pues esta solo puede representar la síntesis de lo absoluto y de la limitación fielmente (como arquetipo) en la ciencia; entonces, lo es de la fantasía, que lo representa en su imagen reflejada.

Aclaración: Con relación a la fantasía, defino la imaginación como aquello donde se forman y acogen las producciones artísticas, y a la fantasía como lo que las intuye exteriormente, las proyecta desde sí y, en igual medida, las representa. Es la misma relación que existe entre razón e intuición intelectual. Las ideas se forman en la razón y, por así decirlo, de la materia de la razón; la intuición intelectual es lo que las representa interiormente. En consecuencia, la fantasía es la intuición intelectual en el arte».

F. W. J. Schelling, *Filosofía del arte*, I, sec. segunda, §§ 30, 31.

1 ¿A qué pertenece el mundo de los dioses? Explica con tus palabras por qué Schelling rechaza tanto el entendimiento como la razón como origen del mundo de las divinidades.

2 ¿Qué diferencias establece el autor del texto entre la imaginación y la fantasía?

2.1. La imaginación

La imaginación es la capacidad mental de representar las imágenes de las cosas reales o ideales. También se trata de una imagen creada por la fantasía. En ocasiones, se utiliza este término para hablar de una idea o de una sospecha que no tiene fundamento, especialmente utilizada en plural. Significa también facilidad para crear, para idear o para proyectar cosas nuevas.

En psicología, se estudian la imaginación y los procesos creativos de la mente humana especialmente en el ámbito artístico, pero también en otros campos, ya que tanto la imaginación como la capacidad creativa permiten obtener, en general, soluciones nuevas, aportar puntos de vista diferentes y relacionar conceptos e ideas de una manera innovadora.

Se suelen distinguir dos tipos principales de imaginación, en función del tipo de imágenes que usa:

- La imaginación reproductora: utiliza imágenes percibidas a través de los sentidos. Requiere la intervención de la memoria, que es capaz de proporcionar imágenes visuales, auditivas o motoras.
- La imaginación creadora: utiliza imágenes no percibidas, siendo estas reales o irreales. En función de las imágenes que emplea, a su vez, la imaginación creadora puede ser más concreta o más abstracta y subjetiva.

Cuando la tarea de la imaginación creadora está orientada a actividades relacionadas con el arte se llama «imaginación artística». Se habla de «imaginación científica» cuando el objetivo de este proceso tiene una utilidad práctica.

En la filosofía antigua, la imaginación o sentido interno de la fantasía constituía el lugar de la representación sensible, en el que termina el proceso de la sensación y la percepción sensible se recoge y se reproduce en forma de imagen.

En el psicoanálisis son importantes las imágenes de los sueños, las fantasías diurnas y las transformaciones y las referencias simbólicas de estas como procesos motivacionales e instintivos que se ponen de manifiesto en las pruebas proyectivas y en la terapia psicoanalítica.

2.2. La personalidad creativa

Pensar sirve también para ampliar nuestra creatividad, para realizar cosas bellas o para ofrecer soluciones positivas e innovadoras a los problemas que se originan por creencias o por actitudes que deberían revisarse y cambiarse.

Los conceptos y las ideas no son algo que se encuentre solo en los libros o en la cabeza de intelectuales. Tampoco la belleza está solo en la mente de cualquier artista. Todo el mundo puede inventar y crear, y también se puede aprender a hacerlo. Para ello, existen estrategias que aumentan la creatividad. Una de las más productivas consiste en fijarse en funciones y en propiedades de los objetos o de las situaciones que no es típico asociar a ellos.

Hay una relación directa entre la creatividad y el entrenamiento. Es esencial para la creatividad el aprendizaje de ciertas técnicas y de determinados comportamientos mediante los que los individuos aprovechan la experiencia acumulada y transmitida por las generaciones anteriores.

Entre individuos de personalidad creativa pueden distinguirse, a grandes rasgos, dos grupos distintos: el artístico y el científico. Las características fundamentales son las mismas en ambos grupos, pero, en general, en el artístico es más habitual la expresión de la disconformidad, tanto en la vida como en el trabajo, que en el científico. Es corriente que haya artistas informales, pero es relativamente raro encontrar personas anticonvencionales en el ámbito científico.

Las individuos creativos de ambos grupos tienden, incluso, a ser más estables emocionalmente que las personas corrientes, y cuando no sucede así, su inestabilidad se manifiesta en forma de ansiedad, de depresión, de recelo social o de excitabilidad.

No existe una relación muy próxima entre la creatividad y el cociente intelectual (CI): es compatible ser una persona altamente creativa y tener una inteligencia normal, o poseer una gran inteligencia y carecer de capacidad creativa.

Se han hecho estudios sobre personalidades destacadas en los ámbito de la arquitectura, de la ciencia y de la literatura en los que se compara a individuos creativos y seleccionados en función de sus logros con sus colegas menos creativos. La diferencia entre los individuos altamente creativos y los relativamente no creativos no reside tanto en la inteligencia como en los rasgos de su personalidad.

En general se ha comprobado que el individuo creativo tiende a ser introvertido, intuitivo y a estar más interesado por el significado abstracto del mundo exterior que por su percepción sensitiva.

Comprende, piensa, investiga...

1 **El espejo.** Señala las diferencias entre la imaginación reproductora y la imaginación creadora, y pon ejemplos de cada una de ellas.

2 **Sumamos.** Por equipos, buscad información sobre distintas estrategias para fomentar y para aumentar la creatividad.

3 ¿Cuáles son los rasgos que definen de manera especial la personalidad creativa? Seleccionad a personas muy creativas en los ámbitos de la ciencia o del arte y, por equipos, analizad su personalidad.

Sorolla, *Autorretrato con fondo de mar.* El individuo creativo tiende a ser introvertido e intuitivo.

3
LA CREACIÓN ARTÍSTICA

GLOSARIO

Arte: actividad humana orientada a la creación de una obra bella. También se refiere al producto de esta actividad. El arte tiene principalmente una función expresiva y comunicativa, y responde a criterios estéticos (belleza, armonía...); puede trasladar ideas, valores..., mediante recursos plásticos, sonoros, lingüísticos o digitales. Aunque puede tener un sentido amplio, vinculado con otras formas de producción o de saber, el arte es la capacidad expresiva de los seres humanos mediante criterios estéticos.

GLOSARIO

Estética: término que proviene de la palabra griega *aisthesis,* que significa 'sensibilidad' o 'sensación'. La estética es la disciplina filosófica encargada del estudio, del análisis y de la crítica de la idea de lo bello, tanto natural como artificial, y del resto de criterios y de valores relacionados con el arte, como, por ejemplo, el gusto, la fealdad... También puede referirse a la teoría de las artes en general, a su definición y a su clasificación. Su carta de nacimiento se encuentra en el siglo XVIII con la obra de Alexander Baumgarten, que la definió como la ciencia sobre lo bello.

3.1. La estética como teoría del arte

Como teoría del arte, la estética estudia las razones y las emociones estéticas, así como las diferentes formas del arte. En concreto, le interesan:

- Por un lado, la teoría de lo bello o de la belleza, tanto natural como artificial.
- Por otro, el análisis y la valoración de las denominadas «bellas artes».

O sea, la estética se refiere a las obras creadas por el ser humano, distintas de las hechas por la naturaleza, y que provocan un sentimiento estético.

Sobre estas obras humanas, se plantea preguntas como: ¿en qué consiste una obra de arte?, ¿por qué y cuándo se considera bella una obra artística?, ¿qué sentimientos expresa y suscita el arte?, ¿imita el arte la naturaleza?, ¿es subjetiva u objetiva la percepción estética?

Para Platón, la palabra «arte» designa toda actividad humana regulada y ordenada para alcanzar un fin; por ejemplo, la conversación, la política, la navegación o la poesía.

Aristóteles delimita mucho más el concepto de arte, situándolo en el ámbito de la producción (distinto de la acción moral o política y de la ciencia). Para Aristóteles, arte es el hábito, acompañado de razón, de producir algo.

Ahora bien, los fundamentos de esta ciencia los establece, en realidad, Kant, que estudia los juicios de gusto cuando se aplican a lo bello y a lo feo.

Hegel añade a este planteamiento la idea de que la valoración de una obra de arte implica el estudio de la historia, para poder comprender su significado y su finalidad.

La estética contemporánea ha diversificado sus orientaciones, dirigiéndose al estudio de las formas en su desarrollo histórico, a la relación de la obra con cada artista que la crea o al esclarecimiento de la relación entre el arte y la sociedad.

3.2. Elementos constitutivos de una obra de arte

Las obras de arte son captadas por la percepción sensible, y suelen clasificarse en función del sentido o de los sentidos que predominan para su captación.

Por ejemplo, las artes plásticas (la pintura, la arquitectura, la escultura) están dirigidas a la percepción por medio del sentido de la vista; la música, por el del oído; la danza, por los de la vista y el oído; etc.

A continuación, analicemos brevemente los tres tipos de elementos que la percepción sensible capta y estima en una obra de arte.

Sensoriales

Corresponden a las cualidades sensibles de la obra. La percepción de estas cualidades no se limita a meros estímulos físicos (colores, texturas de los materiales, luz, movimiento, volumen, etc.), sino a una verdadera experiencia perceptiva.

anayaeducacion.es «Emprendemos» la grabación de un documental sobre la diferencia entre la artesanía y el arte.

Murillo, *Muchacha con flores.*

Las obras de arte son obras singulares e irrepetibles; por eso no se pueden encontrar rasgos comunes entre ellas.

→ **Formales**

Corresponden a la forma estética de la obra. No se reducen solo, pues, a su figura, sino que también se tiene en cuenta cómo está organizada la obra, cómo se relacionan entre sí los elementos que la conforman haciendo de ella una estructura significativa.

→ **Contextuales**

Remiten a hechos históricos o vitales, a conceptos, a mitos, a creencias religiosas o a otras referencias con las que está relacionada la obra de arte, el artista creador y la época de creación de la obra. Estos elementos muestran su encuadramiento espacio-temporal y subrayan la significación que aportan las condiciones sociales, culturales e históricas del arte.

3.3. Críticas a las teorías del arte

En la filosofía contemporánea se han criticado a veces las teorías del arte sosteniendo que se basan en un error: suponer que las obras de arte tienen rasgos o características comunes a la manera de condiciones necesarias para poder ser consideradas arte.

Desde este punto de vista se defiende que el análisis de las obras de arte ha de constituir una actividad crítica sobre obras singulares e irrepetibles, que comience por examinar y clarificar los términos y los conceptos que utilizamos para hablar del arte.

Comprende, piensa, investiga...

1 Resume las etapas de la ciencia estética.

2 ¿Qué son los elementos contextuales de una obra de arte y cómo contribuye su conocimiento a la comprensión de dicha obra?

3 ¿Por qué en la filosofía contemporánea se rechazan las teorías estéticas como erróneas y por qué se las critica?

TEXTUALMENTE

«La necesidad universal y absoluta de la que (en su aspecto formal) mana el arte encuentra su origen en el hecho de que el hombre es conciencia pensante, es decir, en el hecho de que de sí mismo hace *para sí* este aquello que él es y lo que en general es. Las cosas naturales son solo inmediatas de una vez, pero el hombre, en cuanto espíritu, se *duplica,* pues, en primer lugar, es como las cosas naturales, pero además e igualmente, es *para sí,* se intuye, se representa, piensa, y solo por este activo ser-para-sí es espíritu. Esta conciencia de sí el hombre la alcanza de dos modos: *en primer lugar, teóricamente*, en la medida en que en lo interno debe hacerse consciente de sí mismo, de lo que en el pecho del hombre se agita, de lo que en él incita e impulsa, y en general tiene que intuirse, representarse lo que el pensamiento encuentra como la esencia, fijarse y solo reconocerse a sí mismo en lo suscitado por sí mismo como en lo recibido del exterior. *En segundo lugar,* el hombre deviene para sí mediante actividad *práctica,* pues tiene el impulso a producirse a sí mismo en aquello que le es dado inmediatamente, que se dé para él exteriormente, y al reconocimiento igualmente a sí mismo en ello. En fin, lo cumple mediante la modificación de las cosas externas, a las que imprime el sello de su interior y en las que ahora reencuentra sus propias determinaciones. El hombre hace esto para, en tanto que sujeto libre, quitarle al mundo exterior su esquiva extrañeza y en la figura de las cosas disfrutar solo de una realidad externa de sí mismo. Ya el primer impulso del niño lleva en sí esta modificación práctica de las cosas externas; el muchacho lanza piedras al río y se admira de los círculos que en el agua se dibujan en tanto que obra en la que él obtiene la intuición de algo suyo».

G. W. F. Hegel, *Lecciones sobre la Estética,* Introducción III, A.

1 Según Hegel, ¿de dónde mana la necesidad universal y absoluta del arte?

2 ¿Crees que las obras de arte reflejan lo que son los seres humanos? ¿En qué medida? Orienta tu opinión apoyándote en el texto de Hegel.

anayaeducacion.es En el «Taller de filosofía» profundizad en las explicaciones de Van Gogh sobre su arte.

4

¿QUÉ ES LA BELLEZA?

COMPROMISO ODS

Ciudades y comunidades sostenibles

«Redoblar los esfuerzos para proteger y salvaguardar el patrimonio cultural y natural del mundo».

Objetivos de Desarrollo Sostenible, meta 11.4.

1 ¿En qué consiste el patrimonio de la humanidad? Averiguad los criterios que se siguen en la Unesco para otrogar este título a alguna obra artística o a algún ecosistema natural.

2 Estos criterios podrían servir como criterios para juzgar sobre la belleza. Elegid en clase diez obras de arte o lugares del mundo dignos de formar parte de este patrimonio.

3 Si alguno de estos lugares está en vuestra localidad o cerca de ella, organizad una visita.

anayaeducacion.es Consulta la información correspondiente al Objetivo 4.

4.1. La belleza como ideal objetivo

Platón sostiene que hay una belleza objetiva que tiene la realidad de una idea o un ideal y que habita en un mundo inteligible. Las cosas sensibles son bellas porque imitan o participan de ese ideal. A través del amor, que despierta la visión de la belleza en las cosas o en los cuerpos bellos, el ser humano se eleva al ideal mismo y conoce, así, la verdadera belleza.

Según Platon, las personas sabias no observan los objetos bellos para disfrutar de su forma artística sensible, sino que penetran en su interior para ver la forma ideal, la idea ejemplar, a la que tanto la naturaleza como el arte deben adecuarse. Esta finalidad representa relegar a un segundo plano el sentimiento agradable que produce el arte.

A diferencia de Platón, Aristóteles considera que la belleza pertenece a la forma sensible. El arte, según él, imita a la naturaleza, pero además perfecciona lo que ella deja inacabado.

Ya en la Edad Media, Tomás de Aquino definía lo bello como «aquello cuya vista agrada», y consideraba que una cosa es bella si reúne estas tres características: perfección, proporción o armonía, y luminosidad o esplendor. Son, pues, características que se refieren a la forma perceptible de la belleza y al conocimiento sensible de lo bello.

Más adelante, en el siglo XVIII, en la filosofía empirista se destacan en el arte sus componentes empíricos, que suscitan el gusto estético, y que nada tienen que ver con lo ideal objetivo y lo perfecto. El gusto estético se convierte, así, en una facultad humana específica, encargada de captar y de juzgar la belleza sensible. Consiste en la percepción del agrado que produce lo bello.

El gusto es, en suma, la facultad de apreciar las obras de arte mediante las sensaciones y la experiencia con independencia de reglas. También se lo define como el criterio del juicio estético, pues aunque la percepción de la belleza es diferente según los individuos, puede haber un criterio de gusto si recurrimos a la experiencia y a la observación de los sentimientos comunes.

La belleza libre, según Kant, es la que nos producen los objetos bellos de la naturaleza.

4.2. La belleza gusta desinteresadamente

Kant define la belleza como lo que gusta de forma desinteresada, universal y necesaria:

- Gusta de forma desinteresada porque gusta por sí misma, no porque nos produzca placer o porque sea moralmente buena.
- Gusta de manera universalizable, porque el placer que nos proporciona no lo concebimos como solo nuestro, sino que lo podemos atribuir a todas las personas.
- Gusta necesariamente, es decir, no gusta porque sea útil ni porque sea buena o perfecta, sino, simplemente, porque la percibimos, sin ninguna otra finalidad.

Kant distingue entre dos tipos de objetos bellos:

- De belleza libre: son los objetos bellos de la naturaleza; por ejemplo, las flores, el colorido de las nubes al ponerse el sol, etc.
- De belleza dirigidos a una finalidad: entre ellos se sitúan, por el contrario, la mayoría de las obras de arte, creadas con algún tipo de finalidad: religiosa, política, económica, etc.

4.3. La belleza en la estética contemporánea

En el siglo xx, la teoría de lo bello se vuelve muy compleja, pues se relaciona el efecto o sentimiento estético no solo con la facultad de juicio estético o de gusto, sino con condicionamientos sociales, psicológicos, culturales, económicos. La belleza es un elemento más junto a la comunicación, la psicología, la tecnología o la propaganda.

Por ejemplo, la sociología del arte ha criticado el ideal kantiano del arte como una contemplación desinteresada de un objeto bello con total independencia de las condiciones sociales en que se crea.

En el marxismo, el carácter estético específico de la obra de arte ha de relacionarse con el hecho de que es una obra humana creada en un espacio y en un tiempo concretos, y, por ello, es histórica y social.

Comprende, piensa, investiga...

1 **El espejo.** ¿Cuáles son las principales diferencias en la concepción de la belleza entre Platón y Aristóteles?

2 **Mesa redonda.** Debatid sobre si es posible una belleza desinteresada.

3 Elegid en clase una obra de arte contemporánea y debatid sobre en qué radica su belleza. A continuación, proponed individualmente la que os parezca más bella y explicad por qué la consideráis así.

TEXTUALMENTE

«Lo agradable, lo bello, lo bueno, indican tres diferentes relaciones de las representaciones con el sentimiento de placer y dolor, en relación con el cual nosotros diferenciamos unos de otros a los objetos o los modos de representación [...]. Se llama agradable a lo que deleita; bello, a lo que sencillamente complace; bueno, a lo que es estimado, aprobado, es decir, aquí en lo que se ha puesto un valor objetivo. El agrado vale también para los animales irracionales; la belleza solamente para los hombres, es decir, seres animales, pero también racionales, aunque no solo como tales (como espíritus, por ejemplo), sino a la vez como animales, pero lo bueno vale para todo ser razonable en general [...]. Se puede decir que de todas esas clases de satisfacción únicamente y solo la del gusto por lo bello es una complacencia desinteresada y libre; pues ningún interés, ni el de los sentidos ni el de la razón, coacciona aquí para la aprobación. [...]

Belleza es la forma de la finalidad de un objeto en cuanto es percibida en él sin la representación de un fin. [...]

Hay dos clases de belleza: belleza libre [...] y belleza solo adherente [...]. La primera no presupone concepto alguno de lo que el objeto deba ser; la segunda presupone un concepto y la perfección del objeto según este. Los modos de la primera llámanse bellezas (en sí consistentes) de tal o cual cosa; la segunda es añadida, como adherente a un concepto (belleza condicionada), a objetos que están bajo el concepto de un fin particular».

I. Kant, *Crítica del Juicio*, I, I, I, 5, 16, 17.

1 ¿Qué distinción hace Kant entre lo agradable, lo bello y lo bueno? ¿A quiénes dice que valen?

2 ¿En qué consiste, al parecer del autor, el gusto por lo bello? ¿Qué sientes cuando contemplas cualquier cosa que te parece bella?

ORGANIZO MI MENTE

LA CREATIVIDAD Y EL ARTE

Mapa mental

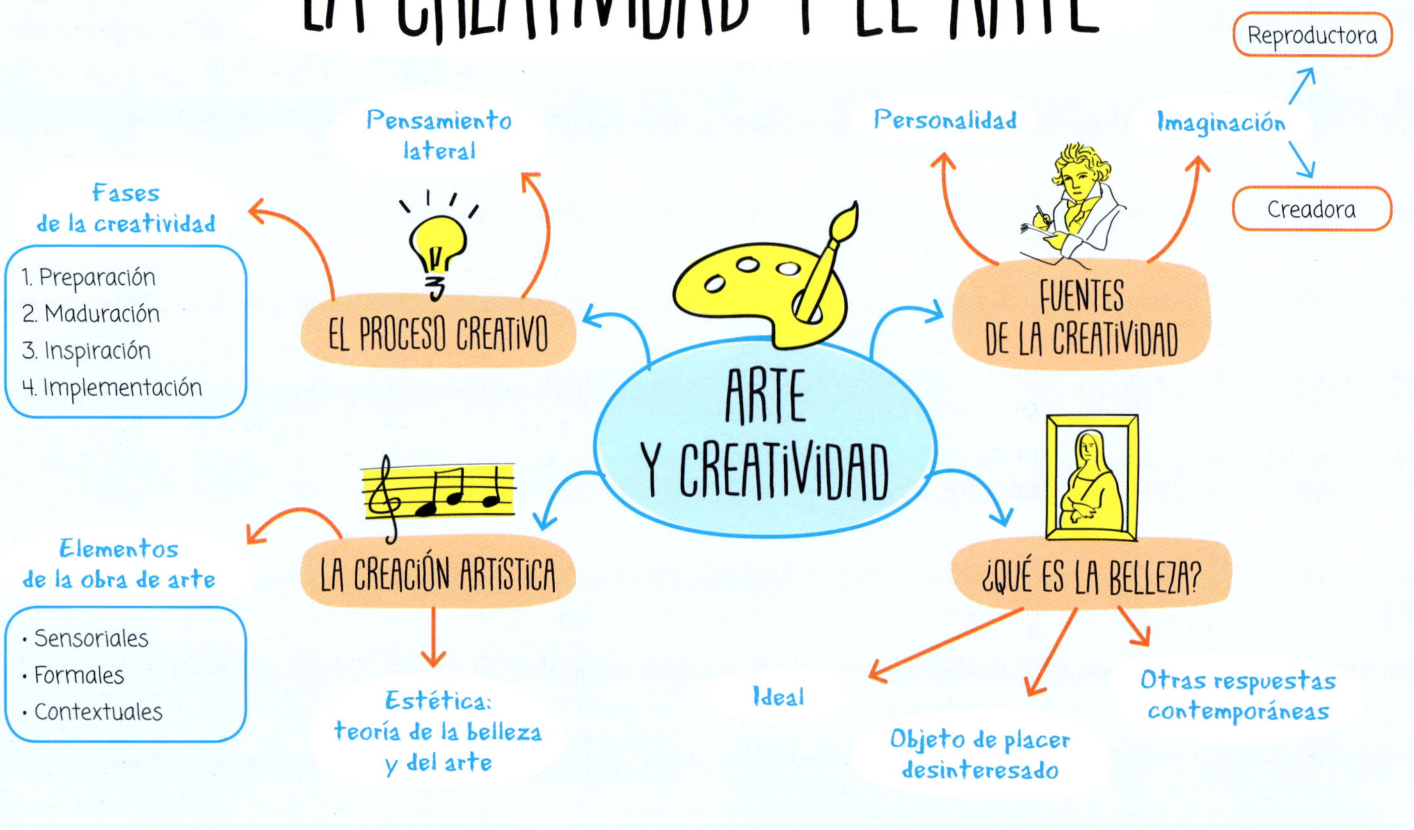

APRENDER A MIRAR

El encuentro del arte con la técnica

Actualmente, resulta habitual que los progresos de la técnica ofrezcan a cualquier artista nuevas capacidades de creación. En concreto, la arquitectura no cesa de superar las formas y los estilos tradicionales para abrirse a nuevos proyectos dominados por la imaginación y por increíbles formas estéticas para cuya realización la ingeniería ofrece cada vez mejores recursos técnicos.

Concretamente, el arquitecto Frank Gehry, autor del Museo Guggenheim de Bilbao, creó miles de elementos diferentes y que se adaptan perfectamente a la situación única que cada uno ocupa en el conjunto del edificio con ayuda de la informática.

El museo se inspira en la forma de un glaciar que se abre y que se cierra, y cuyo movimiento se expresa por la ondulación de curvas y de contracurvas que juegan con la luz.

1) Que el arte se ayude de la técnica, ¿significa que ya no es obra, principalmente, de la inspiración artística?
2) ¿Puede cualquier especialista en un saber técnico ser artista? Explica tu opinión al respecto.
3) ¿No contradicen obras como este museo la idea de que el arte y la ingeniería son actividades que no tienen nada en común?

Descubro lo que he aprendido

1 Según Poincaré, ¿a qué fase del pensamiento creador corresponde la síntesis de ideas y la reflexión para que esas ideas vayan tomando forma en la imaginación?

a) Preparación.

b) Incubación y maduración.

c) Iluminación o inspiración.

d) Evaluación e implementación.

2 Explica en qué consiste el pensamiento lateral y pon algún ejemplo de este procedimiento para desarrollar el pensamiento creativo.

3 ¿Qué tipo de imaginación utiliza imágenes no percibidas para diseñar un proyecto artístico o científico?

a) Imaginación creadora.

b) Imaginación proyectiva.

c) Imaginación reproductora.

d) Imaginación instintiva.

4 ¿Crees que se puede entrenar la creatividad? ¿Son directamente proporcionales la inteligencia y la creatividad? ¿Qué rasgos son característicos de un individuo creativo?

5 Explica la diferencia entre las nociones de «arte» de Platón y de Aristóteles. ¿Qué significa para cada uno de ellos? Pon algún ejemplo que permita aclarar la diferencia entre ambas interpretaciones.

6 ¿Cuál de los siguientes elementos no es uno de los tipos de elementos constitutivos de la obra de arte?

a) Elementos contextuales.

b) Elementos formales.

c) Elementos cognitivos.

d) Elementos sensoriales.

7 ¿Qué filósofo considera que la belleza posee las características de perfección, proporción o armonía, y luminosidad o esplendor?

a) Platón.

b) Tomás de Aquino.

c) Agustín de Hipona.

d) Aristóteles.

8 ¿Cómo define Kant la belleza? ¿Qué dos tipos de objetos bellos distingue? Explica la diferencia entre ellos y pon algún ejemplo que ilustre la diferencia.

9 ¿Cuál de las siguientes no es una de las características de la belleza según la definición de Kant?

a) Gusta necesariamente, es decir, no gusta porque sea útil ni porque sea buena o perfecta, sino, simplemente, porque la percibimos, sin ninguna otra finalidad.

b) Gusta de manera universalizable, porque el placer que nos proporciona no lo concebimos como solo nuestro, sino que lo podemos atribuir a todas las personas.

c) Gusta individualmente, porque es la expresión de la cosmovisión de una época y está ligada a un espacio y a un tiempo concretos, y, por ello, es histórica y social.

d) Gusta de forma desinteresada porque gusta por sí misma, no porque nos produzca placer o porque sea moralmente buena.

10 ¿Cómo se definen en el texto la actitud y la experiencia estéticas? ¿Qué propone el autor en la conclusión? ¿Crees que todas las personas podemos producir una obra de arte? ¿Qué condiciones debería reunir un «productor de arte»?

«La actitud estética es la actitud del espectador. En tanto tradición filosófica y disciplina universitaria, la estética se vincula al arte y lo concibe desde la perspectiva del espectador, del consumidor de arte, que le exige al arte la así llamada experiencia estética. Al menos desde Kant, sabemos que la experiencia estética puede ser una experiencia de lo bello o de lo sublime. Puede ser una experiencia del placer sensual. Pero también puede ser una experiencia "anti-estética" del displacer, de la frustración provocada por la obra de arte que carece de todas las cualidades que la estética "afirmativa" espera que tenga. Hoy en día, no son solo los artistas profesionales, sino también todos nosotros los que tenemos que aprender a vivir en un estado de exposición mediática, produciendo personas artificiales, dobles o avatares con un doble propósito: por un lado, situarnos en los medios visuales, y por otro, proteger nuestros cuerpos biológicos de la mirada mediática. Esto implica que el arte contemporáneo debe ser analizado, no en términos estéticos, sino en términos de poética. No desde la perspectiva del consumidor de arte, sino desde la del productor».

Boris Groys, *Volverse público*.

anayaeducacion.es Realiza la autoevaluación interactiva de la unidad.

Suma Piezas es un proyecto educativo de Anaya para Educación Secundaria.

En la realización de esta obra han intervenido:

EQUIPO DE EDICIÓN: Manuel Andaluz

DISEÑO, GRÁFICOS Y CARTOGRAFÍA: Patricia G. Serrano, Juan Carlos Quignon, Miguel Á. Castillejos, Miguel Á. Díaz-Rullo, Míriam Arribas, José María Gil, Rosario Regaño

MAQUETACIÓN: Antonio Mateo

CORRECCIÓN: Sergio Borbolla

EDICIÓN GRÁFICA: Reyes Gordo

FOTOGRAFÍA: Archivo Anaya (Candel, C.; Cosano, P.; Martin, J.; Martín, J. A.; Martínez, C.; Osuna, J.; Peñuela Py, E.; Vázquez, A.), AGE Fotostock (CSP_janaka; CTK Photo / Vaclav Salek; The Granger Collection; Worldsat International / Science Photo Library), Alamy / Cordon Press (AF archive; Allstar Picture Library Ltd; Artokoloro; ASP GeoImaging / NASA; dpa picture Alliance; Entertainment Pictures; Moviestore Collection Ltd; Pablo Sarompas; Pascal Mannaerts; TCD / Prod.DB), Dreamstime / Quick images (Bilal Kocabas; Bozza Ferdinando; Carollynn Tice; Chingyunsong; Dmitry Kalinovsky; Fsstock; Ian Andreiev; Lisa F. Young; Luca Campisi; Maya Kruchankova; Odeomaterialismum; Olena Yakobchuk; Saiko3p; Tananuphong Kummaru; Zixian), iStock / Getty Images (ai_yoshi; alex-mit; ALLVISIONN; alphaspirit; andreonegin; AndresGarciaM; archy13; AvigatorPhotographer; bozhdb; Brankospejs; Des Green; Diversity Studio; Eureka_89; EvgeniyShkolenko; Gary Tognoni; gpointstudio; hope1983; iammoto; Juan Rodriguez Pazos; koya79; ktsimage; Kuzmichstudio; lucadp; Magrig; Manu_Bahuguna; Mikhail Spaskov; monkeybusinessimages; Movus; olesiabilkei; Prostock-Studio; Rasica; rbv; Rudolf Erns; R; SeventyFour; Sinhyu; songqiuju; Tijana87; Visivasnc; whiteson; Максим Шмаков), 123RF y colaboradores

Fundación Bertelsmann
Por el empleo juvenil

ORIENTACIÓN ACADÉMICA Y PROFESIONAL: elaborada con el asesoramiento de la Fundación Bertelsmann

COMPROMISO ODS

Nuestras publicaciones mantienen el rigor en el uso y en la selección de los contenidos, en las imágenes y en el lenguaje, para cumplir con la **no discriminación** por razón de género, cultura u opinión.

Grupo Anaya considera la **responsabilidad social** y **medioambiental** uno de sus valores fundamentales. Por ello, se compromete a:

- mejorar nuestros resultados en materia de medio ambiente,
- reducir nuestras emisiones de carbono,
- hacer uso de los recursos naturales de manera responsable y
- eliminar cualquier impacto negativo de nuestra actividad en los bosques en peligro.

Dichos compromisos, entre otros, hacen que **el 100 % del papel utilizado** en nuestros libros tenga el sello **PEFC.**

Importante:

Las **actividades** propuestas en este libro deben ser realizadas en cuadernos u hojas sueltas; nunca en el propio libro.

Los **enlaces** a las páginas web que aparecen en este libro han sido revisados en la fecha de su impresión. La editorial no se hace responsable de las modificaciones o las anulaciones que se produzcan en ellos con posterioridad a dicha fecha.

© Del texto: Diego Sánchez Meca, Juan David Mateu Alonso, 2021.
© Del conjunto de esta edición: GRUPO ANAYA, S.A., 2021 - C/ Juan Ignacio Luca de Tena, 15 - 28027 Madrid
ISBN: 978-84-698-8397-6 - Depósito Legal: M-402-2021 - Printed in Spain.

Reservados todos los derechos. El contenido de esta obra está protegido por la Ley, que establece penas de prisión y/o multas, además de las correspondientes indemnizaciones por daños y perjuicios, para quienes reprodujeren, plagiaren, distribuyeren o comunicaren públicamente, en todo o en parte, una obra literaria, artística o científica, o su transformación, interpretación o ejecución artística fijada en cualquier tipo de soporte o comunicada a través de cualquier medio, sin la preceptiva autorización.

ET040582/1E1I - 8450093